中华优秀传统文化选讲

ZHONGHUA YOUXIU CHUANTONG WENHUA XUANJIANG

张同利 编著

天津出版传媒集团
天津教育出版社

图书在版编目（C I P）数据

中华优秀传统文化选讲 / 张同利编著. -- 天津 :
天津教育出版社, 2023.8
ISBN 978-7-5309-9009-4

Ⅰ. ①中… Ⅱ. ①张… Ⅲ. ①中华文化－通俗读物
Ⅳ. ①K203-49

中国国家版本馆 CIP 数据核字(2023)第 157487 号

中华优秀传统文化选讲
ZHONGHUA YOUXIU CHUANTONG WENHUA XUANJIANG

出 版 人	黄　沛
编 著 者	张同利
责任编辑	田　昕
装帧设计	郭亚非
插　　图	赵　涛
出版发行	天津出版传媒集团 天津教育出版社 天津市和平区西康路 35 号　邮政编码　300051 http : // www. tjeph. com. cn
经　　销	新华书店
印　　刷	天津中图印刷科技有限公司
版　　次	2023 年 8 月第 1 版
印　　次	2023 年 8 月第 1 次印刷
规　　格	16 开（787 毫米 × 1092 毫米）
字　　数	260 千字
印　　张	21.5
插　　页	3
定　　价	68.00 元

本书为2022年河南省研究生教育改革与质量提升工程精品教材项目《中华文化名人名作》（YJS2022JC38）成果，本书出版受到“河南省高等学校人文社会科学重点研究基地汉字文化研究中心”“甲骨文信息处理河南省特色骨干学科建设学科(群)”“汉语海外传播河南省协同创新中心”的资助。

序 言

国际中文教育研究生旨在培养胜任汉语作为第二语言教学的高层次、应用型、复合型、国际化专门人才，除了扎实的汉语言文化知识、较高的外语水平、较强的跨文化交际能力，该专业研究生还需要有较高的中华文化素养和传播能力。注重中华优秀传统文化的传承、发展和弘扬，提升文化素养，坚定文化自信，强化传播能力，在多元共生、平等对话的基础上建立彼此的理解和尊重，促进中外语言和文化交流，传播中华优秀文化，是国际中文教育研究生培养的题中应有之义。

国际中文教育研究生的专业背景较为多样，中华优秀传统文化基础较为薄弱，对此的学习意识和兴趣也较为淡薄。尽管本专业研究生中华优秀传统文化的学习实有必要，但其中哪些内容是他们需要的、感兴趣的、有用的，什么样的形式更能让他们在较短的时间内获得较为宽广、切实、生动的中华优秀传统文化知识和素养，清晰平易地知晓中华优秀传统文化的根本要义和主要特征，从而为其国际中文教师职业生涯奠定良好的文化基础，依旧值得研究。

目前整体来看，国际中文教育专业研究生的中华优秀传统文化课程主要有两种，一种是概论式的泛文化教学，一种是技巧性的才艺教学，前者综合概述中国的地理、历史、文字、建筑、文学、艺术、宗教、风俗等，后者研习中国画、书法、剪纸、中国结、太极拳等。这两种传统文化课程便于本专业研究生在较短时间内了解中华优秀传统文化概况，并能够熟练掌握几种有代表性的中华优秀传统文化技艺，一定程度上可以解决“燃眉之急”，符合专业发展和人才培养的基本需求。但不无遗憾的是，概论式的泛文化课程缺少对传统文化精髓的深入剖析和精到讲解，于研究生阶段的学习而言，研究思维和研究能力的培养是极为重要的，泛泛而谈、蜻蜓点水般的“概论”式教学显然不够。中华才艺课程也存在一定的局限性，很多独具特色、内涵丰富、魅力十足、操作性强的优秀传统技艺，如瓶花、中国香等均未纳入讲授范围；且现有的才艺教学存在“重技轻道”的倾向，才艺课讲授忽视或淡化了技艺所承载的思想文化底蕴，学习者对传统技艺的来龙去脉知之甚少，往往只知其然不知其所以然，这与中华才艺“器以载道”的传统是背道而驰的。

《中华优秀传统文化选讲》正是针对上述现状与不足设计的，根据目前国际中文教育学科专业发展及人才培养的实际需求，突出专题性、实用性、时代性。

专题性。本书不作全面概论，而是从中华优秀传统文化中选取若干有意义的话题，打深井、挖深坑，进行较为详尽的爬梳论证，解析其文化内涵与思想精髓，并发掘其当代价值与意义。这样的专题式选讲，对提高本专业研究生的传统文化素养，培养其研究能力是极为有益的。

实用性。充分考虑教学对象的学习兴趣和接受需求，构建文化讲述、文本解读与实践训练三个路径。文化讲述以专题的形式，深入挖掘有内涵、有趣味、有价值且有操作性的文化事象；传统文化文本的选编，力求精要，文本整理不作烦琐考证、注释，只辅以平实译文，帮助学习者阅读和理解文本内容；在以上二者基础上，选取三个富有中华文化特色的项目，进行实践训练，以提高本专业研究生的国际中文教学和中华文化传播能力。

时代性。立足于中华优秀传统文化根基，汲取传统文化精华与要义，传承与弘扬优秀传统文化，坚定文化自信，同时，又具有当下意识和国际视野，从思想意识、价值观念、民族特色、时代内涵等入手，围绕国际中文教学能力、中华文化传播能力的培养，注重文化育人、实践操作，赋予静态的传统文化以鲜活的生命力和独特新颖的呈现形式。

本书以文化素养提升和专业应用能力为导向，以国际中文教师的职业需求为目标，落实立德树人根本任务，在文化解析、文本选编和课程实践中全方位融入育人理念，围绕国际中文教学能力、中华文化传播能力和跨文化交际能力的培养，构建中华优秀传统文化选讲和精读两个课程模块。《中华优秀传统文化选讲》分为上、下两编，上编“选讲”包含思想、文学、生活三个内容板块，并附三个实践项目，形成文化与实践相结合的格局。思想篇力图发掘传统思想中的人生观与修身论，从而为本专业研究生提供人生观与价值观的参照；文学篇主要讲述古典诗词鉴赏和传统吟诵，提高学习者的古诗词鉴赏能力，并掌握一定的传统吟诵技巧和篇目，助力国际中文教学；生活篇从传统生活中撷取香事、瓶花等几个颇具特色的文化事象，透析其文化内涵，点化其现代价值。实践项目则结合文化选讲和作品选读，选择三个具有中华文化特色且易于操作的项目，组织学生练习。下编“精读”作为单独的课程模块呈现，同时也是“选讲”的辅助和参考文献，节选各个时期有存世文献的部分中华优秀传统文化名作，亦包含思想、文学、生活三个板块，在整体框架上与“选讲”相照应，但考虑到中华优秀传统文化内容的丰富性，选编范围略有扩充。入选作品要求精当简明，作品编选强调文献的可靠性，所有入选作品均选择较好版本，校对比勘，并翻译成白话文，为中华优秀传统文化选讲提供扎实的文献依据。

中华优秀传统文化是中华民族数千年积累的人文硕果，是思想与智慧的结晶。有学者说：“许多许多的历史，才可以培养一点点传统，许多许多的传统，才可以培养一点点文化。”在漫长的历史长河中，传统文化的积淀与形成实为不易。现实生活纷繁芜杂、稍纵即逝，充满迷茫与不确定，正是这绵延不绝的传统文化不断照亮我们的现实，赋予现实生活以美好，赋予现实生活以意义。我们传承和弘扬中华优秀传统文化，是为更好地认识和把握现实。中华优秀传统文化的学习与研究，其目标在于此，其意义也在于此。

目 录 CONTENTS

上编 选讲

下编　精读

◆【哲学思想】

◆【古典诗词】

上编 选讲

◆【修身处世】

第一讲
老子的生命哲学与人生智慧

人生天地间，头顶天，脚踏地，与天地鼎足而立，是为“三才”。若从物理学角度而言，中国古人的认识实在“大胆”，因为作为物质存在，与天和地比较起来，人体确乎渺小得不能再渺小。但从人类感知来说，“我”的尺寸和大小又决然不只是区区七尺（长度单位，1 市尺合 1/3 米）之躯、百八十斤，目力所及和足迹所至都在“我”的“势力范围”内，凡“我”所感所知处均属“我”的存在，天也没有那么大，地也没有那么广，于“我”而言，天地只在“我”视野范围内，如蛋壳般包裹着“我”，“我”与天地为一体。于是乎，人类之生命与天地万物之生命息息相关。然而，“天地无终极，人命若朝霞”，与天地宇宙、日月江河比较起来，人的生命毕竟短促，只如朝霞一抹、昙花一现。向死而生是鲜血淋漓的残酷现实，所有“阳光灿烂的日子”和“激情燃烧的岁月”终将归于沉静。既然如此，人生何为？这是所有人都要面对和思考的问题。有人说，中国人只关注现实人生，不关注生命的终极问题，大错特错！死亡是反向影响生命历程和人生建构的，不管是有意还是无意，事实上所有现实人生的灿烂、激情、美好、幸福，都是我们在用生命绽放向那场预期大考交出的答卷:“生如夏花之绚烂,死如秋叶之静美。”

中国的生命哲学,用心于如何调节我们的生命,运转我们的生命,安顿我们的生命。与西方哲学将生命作为理性与超越的工具不同,中国哲学更重视活泼泼的现实人生,其核心是人的生命与生活。无论是从宇宙论、本体论、存在论、价值论,还是认识论、方法论的层面,中国哲学始终围绕人的生命存在本身展开,其中的概念与范畴,诸如道与理、仁与义、理与气、心与性,等等,都以人为核心,在人与自然、人与社会、人与人的关系中运思挥发,始终从人的主体性入手,构建人生的价值和意义。

早在先秦时期,老子就对生命问题进行了深入思考,提出了很多哲学创见。他强调生命的主体性,提倡善待生命,在生命策略上讲究以退为进,由此生发的很多人生理念饱含睿智,现在看来,仍有较强借鉴意义。

老子及其生命哲学

老子大约生活在春秋时期的公元前 571 年至前 471 年之间,和孔子一个时代。传说孔子曾经向老子讨教学问,还说孔子曾经把一些藏书交给老子保管,但遭到老子拒绝。据说老子活了一百六十多岁,也有人说活了二百多岁。老子晚年的时候,周王室衰败不堪,老子辞掉官职,骑着一头青牛往西去,守卫函谷关的官员叫尹喜,他观察天象,发现一团紫气从东往西来,知道有圣人降临,于是热情接待了老子。在尹喜的要求下,老子留下了五千言的《道德经》,然后骑着青牛往西去了,不知所终。我们现在能够看到的《老子》或者说《道德经》据说就是这部著作。这部著作只有五千多个字，但在中国哲学史上，在中国思想史上，影响都极大，是一部词意锤炼的“哲学诗”，其中充满了对人生富有启发性的观念。

老子的生命哲学，不但以生命作为自己哲学的出发点、明确提出关爱生命的主张，还对生命的产生、生命的过程、生命的价值、生命的存在方式等进行多方面多层次的思索和论证，并以极为抽象的概念——“道”把天地万物、社会、历史与人完全有机地囊括在内，对生命进行超越时空的抽象化、系统化建构，这正是老子生命哲学的不朽魅力所在，对于当代生命哲学的发展以及生命问题的解决有着重要的指导价值。此外，老子的生命哲学肯定人的生命的基础性、本真性，进而从肯定生命出发，和谐地解决人与自身、人与社会、人与自然的关系，无疑为当代诸多与人类生存相关问题的解决提供了难得的思路。

关于生命的本源，老子称之为“道”，什么是“道”呢？他说：

有物混成，先天地生。寂兮寥兮，独立不改，周行而不殆，可以为天下母。吾不知其名，强字之曰“道”。①

道之为物，惟恍惟惚。惚兮恍兮，其中有象；恍兮惚兮，其中有物。②

有一个浑然一体的东西，在天地形成以前就存在。听不见它的声音，也看不见它的形体，它独立长存而永不休止，可以为天地万物的根源。我不知道它的名字，勉强叫它“道”。从老子的表述来看，“道”孕育了万物，但这个“道”到底是个什么样子呢？老子也说不清楚，只是说它虽然恍恍惚惚，但是有迹象，虽然恍恍惚惚，但是有实物。这个恍恍惚

①陈鼓应著《老子注译及评介》，中华书局，1984年，第159页。
②陈鼓应著《老子注译及评价》，中华书局，1984年，第145页。

惚的“道”，我们可以用上古时期神话传说中的另一个形象来作为参照。上古神话中有个叫作混沌的东西，《论衡·谈天》：“元气未分，浑沌为一。”[①]“浑沌”就是混沌，《庄子》也说，混沌这个家伙，像个大皮囊，胖乎乎的，浑身火红，六只脚、四个翅膀，没有头眼。这个混沌正是我们祖先关于宇宙诞生的一个生动想象，非常类似于老子所说的“道”。可以设想，我们那些聪明的先祖望着浩瀚的天地宇宙，冥思苦想：到底世界是怎么诞生的，生命是从哪里来的呢？他们没有限于类似西方的宗教痴迷，他们更愿意相信存在一个虽不清晰，但具体实有的“自然”的“道”。

生命有来源，就有去处。我们要到哪里去呢？老子说：

> 致虚极，守静笃。万物并作，吾以观复。夫物芸芸，各复归其根。归根曰静，静曰复命。复命曰常，知常曰明。不知常，妄作凶。[②]

在致虚和守静的状态，周围的万物蓬勃生长着，万物纷纷纭纭各自返回它的本根。返回本根叫作静，静叫作回归本原，回归本原是永恒的规律，认识永恒的规律叫作明，不认识永恒的规律，轻举妄动就会出乱子。这里回归本根的状态叫作“观复”，就是屏心静虑对周围事物的体味和观察，从万物纷纭的物质运动中悟得生命归处的道理。

可见，在老子看来，生命就是一个源于大自然“道”的物质实体，经历蓬勃纷纭的生命过程后，又重新归于静。那么生命鲜活的原本状态是什么样子呢？“人法地，地法天，天法‘道’，‘道’法自然”。[③]“‘道’常

---

①（汉）王充著，张宗祥校注，郑绍昌标点《论衡校注》，上海古籍出版社，2013 年，第 217 页。

②陈鼓应著《老子注译及评介》，中华书局，1984 年，第 121 页。

③陈鼓应著《老子注译及评介》，中华书局，1984 年，第 159 页。

无为而无不为”。[①]生命广大无边,周流不息,纯任自然,就是说保持它原本如此的样子,“道”是顺其自然的,然而没有一件事物不是它所为的。“天地之间,其犹橐龠乎!虚而不屈,动而愈出”。[②]“万物并作,吾以观复。夫物芸芸,各复归其根。归根曰静,静曰复命”。[③]天地是一个处于虚空状态的风箱,但它却具有无限创造的因子,天地运行,万物便生生不息。但生命的本原状态是静,一切终归都要回到静。

关于生命的过程,老子说:

> 出生入死。生之徒,十有三;死之徒,十有三;人之生,动之于死地,亦十有三。夫何故?以其生生之厚。[④]

人出世为生,入地为死。属于长寿的,占十分之三,属于短命的,占十分之三,人过分地奉养生命,妄为而走向死路的,也占了十分之三,为什么呢?因为奉养太过度了。人生在世,大约有十分之三是长寿的,十分之三是短命的,这些都是自然的死亡。另有十分之三的人,本来可以活得长久,但是因为贪心太重,恣意妄为,破坏了纯任自然的生命过程,自己伤残了身体,糟践了生命。想想我们的人生,的确如此!人们的生命历程中掺杂了太多非自然因素,导致人的生活逐渐偏离了自己的本性,而这是有损于人的寿命的。

老子认为,生命的价值首先在于生命本身,没有其他。老子说:“名与身孰亲?身与货孰多?得与亡孰病?甚爱必大费;多藏必厚亡。故知足不辱,知止不殆,可以长久。”[⑤]名声和生命比较起来,哪一样更亲切?生

---

①陈鼓应著《老子注译及评介》,中华书局,1984年,第203页。
②陈鼓应著《老子注译及评介》,中华书局,1984年,第74页。
③陈鼓应著《老子注译及评介》,中华书局,1984年,第121页。
④陈鼓应著《老子注译及评介》,中华书局,1984年,第250页。
⑤陈鼓应著《老子注译及评介》,中华书局,1984年,第234页。

命和货利比起来哪一样更贵重？得到名利和丧失生命哪一样更有害？过分爱名必定付出重大的耗费，过分藏货必定招致重大的损失。常人多数轻视生命而热衷名利，贪得无厌而不顾危亡。老子在这里唤醒世人：生命的价值首先在于生命本身，人的生命历程中生命本身才是最珍贵的。

在老子看来，生命的价值，主要体现在生命的独立性、完整性与永恒性三个方面。老子说："故'道'大，天大，地大，人亦大。域中有四大，而人居其一焉。"[①]人是"道天地人""四大"之一，不从属于某个神秘的神，而且老子还认为，"我无为，而民自化"，[②]人的生命也不从属于任何其他的人，不要去干涉别人的生命过程。老子还提倡"不尚贤，使民不争；不贵难得之货，使民不为盗；不见可欲，使民心不乱"，希望人们不要崇尚物欲、名利，人的生命应该从过度物质追求和感官享受中解脱独立出来。

在老子看来，现实人性是不完整的，只有回归到自然如此的"道"，才能获得人性的圆满。"五色令人目盲；五音令人耳聋；五味令人口爽；驰骋畋猎，令人心发狂；难得之货，令人行妨"。[③]五色是指青、赤、黄、白、黑，五音是指宫、商、角、徵、羽，五味是指酸、苦、甘、辛、咸，老子认为，缤纷的色彩使人眼花缭乱，纷杂的音调使人听觉不敏，饮食过度使得舌不知味，纵情狩猎使人心思放荡，稀有的货品使人行为不轨。总之现实世界的各种欲望彻底打乱了人的自然本性。想想现在的都市人生，很多人一味追求欲望的满足与发泄，生命的本然已然残缺不堪，老子的这段描述，不禁让人心生感慨！

---

①陈鼓应著《老子注译及评介》，中华书局，1984 年，第 159 页。
②陈鼓应著《老子注译及评介》，中华书局，1984 年，第 275 页。
③陈鼓应著《老子注译及评介》，中华书局，1984 年，第 104 页。

老子说："天长地久。天地所以能长且久者，以其不自生，故能长生。是以圣人退其身而身先，外其身而身存。"[1]天地之所以能够长久，是因为它们的一切运作都不为自己，所以能够长久。所以有道的圣人把自己退在后面反而能赢得爱戴，把自己置于度外反而能保全生命。生命是脆弱的、有限的，死亡是必然的、不可抗拒的，只有顺应自然之"道"，无私无为，将生命融入宇宙的大道中，提升了的精神生命才能获得永恒的价值。

老子的人生智慧

以通常的眼光看，人类从自然状态中走出来，获得越来越多的社会性，这是人的进化、文明的进步。但在道家看来，人失去原初的自然性和淳朴性，恰恰是对大道的背离，其结果是使人走向了异化。科学技术是人类最强有力的手段，它给人类生活带来的影响和改变是任何力量都难以比肩的，人类也从科技的发展中获得了巨大的福祉。但是，由于人们任意放纵自己的欲望，滥用手段，往往自觉不自觉地把自己变为科技的奴隶，我们的生命失去了独立性，我们的情感生活和内心世界变得空虚和混乱。老子的一些说法可能会给我们提供人生的智慧和灵感。

知止。老子曰："持而盈之，不如其已。揣而锐之，不可长保。金玉满堂，莫之能守；富贵而骄，自遗其咎。功遂身退，天之道也。"[2]执持盈

①陈鼓应著《老子注译及评介》，中华书局，1984 年，第 83 页。
②陈鼓应著《老子注译及评介》，中华书局，1984 年，第 89 页。

满，不如适时停止；显露锋芒，锐势难保长久；金玉满堂，无法守藏；富贵而骄，自取祸患；功业完成，含藏收敛，合于自然的道理。老子这段话说出了我们常人知进不知退、善争不善让的祸害，让人适可而止。贪位慕禄的人，往往得寸进尺，恃才傲物的人，总是耀人眼目，这都深藏着祸害，是我们应该警惕的。例如，张良知止，知退。刘邦封功臣，要给张良三万户的封地，张良推让，愿得留一地足矣，卒封留侯。再如，萧何知止，知退。萧何在辅佐刘邦平定天下的过程中，功劳卓著，清正廉洁，爱民如子，深得皇帝和百姓信任，但功名盖主绝对不是好兆头，于是他在别人的劝说下故意侵夺民间财产，自毁名节，刘邦听了后反倒开心和释怀了。反之，韩信不知止，功高盖主，锋芒毕露，最终招致杀身之祸。

有一回，孔子到鲁桓公的庙堂上参观，看到一只倾斜易覆的器皿，孔子向守庙的人问道："这是什么器皿？"守庙的人回答说："这是放在座右作为劝诫的器皿。"孔子说："我曾听说过这样的器皿，空了它便倾斜，适中时它就端正，满了就会倾覆。英明的君主以此来作为最好的鉴戒，所以常常将它放置于座位的右边来警示自己。"说完，孔子回过头来对弟子们说："放水进去试试看。"于是，一位弟子把水灌了进去，恰到好处时，它便端正，然而继续加水，水满了它就倾覆。孔子看了，叹息道："唉！一切事物哪有满而不覆的道理呢？"子路疑惑，进一步向夫子问道："敢问夫子，要保持满而不覆的状态，有什么办法吗？"孔子回答说："聪明睿智而能自安于愚，功盖天下而能谦让自持，勇力足以震撼世界却能守之以怯懦，拥有四海的财富，但能谦逊自守，这就是所说的谦抑再加谦抑的方法啊！"

知止，是一种藏于智慧者心中的默契，这种默契让人做事不突破界限，既有回旋余地，又能进退有据。老子所谓"知止"并不是让人们畏缩不前，更不是消极隐退，而是要人们在完成功业后，不把持，不占有，不露锋芒，不咄咄逼人，学会收敛含藏。

崇俭。老子曰："我有三宝，持而保之。一曰慈，二曰俭，三曰不敢为天下先。慈故能勇；俭故能广。"①俭，许慎《说文解字》释为"约也"，段玉裁注其意为"不敢放侈"，②即用而不尽用。老子人生修养论上的"俭"，在表层意义上，是在一切运作活动方面，包括财物使用、社会政治活动、劳心劳力，等等，都应适度，用而不尽用。在深层意义上，则是主体精神向素朴的道回归的关键一步，通过这种方式达到主体精神的自由。后退一步天地宽，崇俭抑奢，少了一些奢欲之心，多了一份恬淡自然，烦恼少了一些，心境广了一些，人生因此更充实，精神因此更富足。

韩非子说，"周公曰：冬日之闭冻也不固，则春夏之长草木也不茂，天地不能常侈常费，而况于人乎？故万物必有盛衰，万事必有弛张，国家必有文武，官治必有赏罚，是以智士俭用其财则家富，圣人爱宝其神则精盛，人君重战其卒则民众，民众则国广。是以举之曰：俭故能广"。③盛衰消长、伸缩张弛是大自然的辩证法，万事万物都不能违背。寒冬时节万物的收敛才有春夏的枝繁叶茂，人们爱惜自己的精神，少做劳神费力、枉费心机的事情才能保持精力旺盛。

"俭"与"止"相比较，"止"是一种尺度，一种界限。就财物而言，"止"在于把界限内的财物看作是自己可以支配的，而界限外的是不能染指的，这也就是"知止"。"俭"则更进一层，"俭"不仅承认界限，知止，而且在"我"的范围内更向内收缩一层，行为主体在这一界限之内，就比不俭者、侈放者多出了一层生命的天地，而所拥有的这层生命的天地，也就是主体精神的自由。所谓"俭故能广"，就是这个意思，其中

---

①陈鼓应著《老子注译及评介》，中华书局，1984 年，第 306 页。
②（汉）许慎撰，（清）段玉裁注《说文解字注》，上海古籍出版社，1988 年，第 376 页。
③（战国）韩非著，王先慎集解《韩非子集解》，上海书店，1986 年，第 111 页。

的“广”指的就是这种生命的天地，主体的自由。追求自由是人的本性，有觉性的人为外物所役时，常常会出现空虚无聊的情绪，这便是自由的呼声，当我们对外在物质等追求的欲望退缩时，必然会获得更多精神自由的空间。

弃智。老子曰：“古之善为道者，非以明民，将以愚之。”①从前善为道的人，不是让人们精巧，而是使人们淳朴。“绝圣弃智，民利百倍；绝仁弃义，民复孝慈”。②抛弃智慧巧辩，人们可以得到百倍的好处；弃绝伪诈，人们可以恢复孝慈的天性。“其政闷闷，其民淳淳；其政察察，其民缺缺”。③政治宽厚，人民就淳朴；政治严苛，人民就狡黠。通常看来，智慧是好的，智慧是人思考和探求真理、分析和解决问题的能力，拥有智慧是走向成功、把握人生的重要基础，所以人们崇尚和追求聪明才智，但智慧也导致了人性欲望的膨胀，带来了虚伪和巧诈，带来了人类社会的各种争斗，带来了自然的破坏甚至毁灭。智慧是一把双刃剑，菜刀本是用来切割食物的，但有人却用它杀人；现代的高科技本是用来提升人类福祉的，但有人却用它来犯罪。老子提醒我们，须用辩证的思维，看到智慧的另一面。老子的弃智，绝对不是抛弃智慧，而是要人们抛弃巧诈、伪诈，抛弃小聪明，而去追求宽厚纯朴，大智若愚的更高境界。有人工于技巧，惯于矫饰，常好张扬，事事计较，精明干练，吃不得半点亏，实在是小聪明、小智慧；有人看起来糊涂，达观大度，不拘小节，真诚朴实，这才是大智。

处下。老子曰：“江海之所以能为百谷王者，以其善下之，故能为百谷王。”④江海之所以能够成为许多河流所汇往的地方，因为它善于处

---

①陈鼓应著《老子注译及评介》，中华书局，1984 年，第 299 页。
②陈鼓应著《老子注译及评介》，中华书局，1984 年，第 134 页。
③陈鼓应著《老子注译及评介》，中华书局，1984 年，第 279 页。
④陈鼓应著《老子注译及评介》，中华书局，1984 年，第 303 页。

在低下的地位，所以能成为河流汇往之地。老子在这里用江海来比喻人的处下居后，非常形象地描画出了一种具有博大胸襟气度和包容能力的高远人生境界。处下是一种态度，是一种智慧，是一种极高的人生修养。处下能够养精蓄锐，蓄势待发。古代很多有成就的人就是运用处下的智慧，韬光养晦、蓄势待发、顺势而动，最后取得了卓越功勋。比如越王勾践"卧薪尝胆"的故事，越王勾践贵为一国之君，在敌营里喂马当马夫，低声下气，忍辱负重，实际是在养精蓄锐，积聚实力。他为了不引起吴王夫差的注意，才把自己弄得连普通老百姓都不如，最后连吴王夫差都忽略了他，至此他才顺势而动，终于报仇雪耻。于我们而言，如果你在群众面前能够处下，就能得到群众的拥护；在孩子面前能够处下，就会成为孩子的朋友；在领导面前能够处下，就会得到领导的信任；在强者面前能够处下，就会得到强者的保护；在专家面前能够处下，就会得到专家的指导；在朋友面前能够处下，就会得到朋友的友谊；在父母面前能够处下，就会让父母感觉到你的感恩和孝顺；在爱人面前能够处下，就会得到爱人的呵护；在对手面前能够处下，就会用智慧巧妙躲过劫难。"吃亏是福""占小便宜吃大亏"，如果你处处都想比别人强，处处都占别人便宜，处处都高人一等，表面上看你暂时占了上风，但"高高在上"的后果是谁也不愿意和你在一起，你会受到大家的孤立和排斥。

守弱。老子曰："人之生也柔弱，其死也坚强。草木之生也柔脆，其死也枯槁。故坚强者死之徒，柔弱者生之徒。是以兵强则灭，木强则折。强大处下，柔弱处上。"[①]在对万事万物仔细观察后，老子有一个惊人的发现：坚强是死亡的特征，而柔弱是活物的特征。人在生的时候身体是柔软的，人死后身体变得僵硬。草木生长时是柔弱的，死亡后变得枯

---

①陈鼓应著《老子注译及评介》，中华书局，1984 年，第 330 页。

槁。所以,坚强是通向死亡之途,柔弱是通向生存之路。人们做事逞强反而容易失败,坚硬的树木容易折断。这里揭示的是老子“坚强处下,柔弱处上”的辩证法原则。《说苑·敬慎》讲了一个老子的故事,说老子的老师常摐病得很重,老子去问候老师:“先生病得不轻啊,就没有遗教可以点拨弟子吗?”老师说:“你即便不问,我也有话告诉你。”他张开嘴让老子看:“我的舌头还在吗?”老子说:“是的,还在。”“我的牙齿还在吗?”老子说:“已经掉光了。”老师就问他:“你懂得这是什么意思吗?”老子说:“舌头保存得好好的,岂不是因为它柔软么?牙齿掉光了,岂不是因为它刚硬么?”老师说:“嘿嘿,是了。天下之事已尽在其中了,我没有更多的话告诉你啦。”[①]据说,老子受此启发而发现了“柔胜刚,弱胜强”的道理。当然,老子所谓的守弱,并非一味柔顺、示弱,更不是怯懦、唯唯诺诺,而是主张做事情应该有信心和耐心,付诸确实的努力去等待和争取变化。为人处世,要懂得顺势而为,有让与和舍弃,懂得进退有时,屈伸有度,沉着冷静。要有一种平和的心态,要有一种坚守的信念,要有一种无为而无不为的境界。

不争。老子曰:“圣人处无为之事,行不言之教;万物作而弗始,生而弗有,为而弗恃,功成而弗居。夫唯弗居,是以不去。”[②]有道的人以无为的态度来处理世事,实行不言的教导,万物兴起而不造作事端,生养万物而不据为己有,抚育万物而不自恃其能,功业成就而不自我夸耀。正因为它不自我夸耀,所以它的功绩不会泯灭。老子要求人们发挥自己的创造力,而不可放任占有的冲动。所谓“生”“为”就是人们去工作、去创建,去贡献自己的力量,去成就大众的事业,去顺应自然规律发挥

---

①卢元骏注译《说苑今注今译》,天津古籍出版社,1988年,第317—318页。
②陈鼓应著《老子注译及评介》,中华书局,1984年,第60页。

人类的努力，然而努力得来的成果却不必占为己有。“圣人不积，既以为人己愈有，既以与人己愈多。天之道，利而不害；人之道，为而不争”。[①]有道的圣人不私自积藏，他尽量帮助别人，自己反而更充足，他尽量给予别人，自己反而更丰富。自然的规律，利物而无害，人间的行事，施为而不争夺。弗洛姆说：“爱是培养给予的能力。”老子在这里说的“为人”“与人”就是给予的能力与行为。圣人的伟大就在于他不断帮助别人，而不私自占有。我们这个世界的所有纷乱，无不源于人们放任私己的意欲，竞相争夺：争名、争利、争功。为了解决和消除这个症结，老子才提出了“不争”的思想。不争不是消极放弃，而是要人们顺应自然之道，发挥自己的能力，去做事、做成事，但得来的成果却不必全部占为己有，这显然是极高的道德行为和人生境界。

英国人兰德有几句诗说得好：“我和谁都不争，和谁争我都不屑；我爱大自然，其次就是艺术；我双手烤着生命之火取暖；火萎了，我也准备走了。”[②]人生苦短，人生何为？让我们感悟生命、珍惜生命，思索人生、充实人生，让我们用哲学的思想洞彻生命的真谛，用智慧的双眼照亮鲜活的人生。

---

①陈鼓应著《老子注译及评介》，中华书局，1984年，第348页。

②杨绛著，罗俞君选编《杨绛散文》，浙江文艺出版社，1994年，前言。

第二讲

孟子的人性观与修身论

孟子大约出生在周安王十七年（公元前 385 年），孟子一生大多数时间都在周游列国，向君王提出自己的政治主张，同时广招弟子，著书立说，以孔子的后继者自居。除了出生地与孔子相近，孟子在很多方面都像孔子，长期过着私人讲学的生活，中年以后，带着一帮弟子（在人数多的时候据说有几十辆车子，几百名弟子）周游天下，游说诸侯，希望推行自己的政治主张。尽管他常常受到君王的热情接待，并受到丰厚馈赠，但他的言辞过于激烈，有时候让人下不了台，不得不“王顾左右而言他”，[①]他的很多主张充满理想主义色彩，看起来非常美好，但并不符合列国纷争的时代需求。孟子在七十多岁以后，觉得自己的主张得不到君王的赏识，便决定不再出游，和他的弟子万章等人闭门著述，沿着孔子思想的路数，“作《孟子》七篇”。[②]

①杨伯峻译注《孟子译注》，中华书局，2010 年，第 37 页。

②（汉）司马迁撰《史记》（第 7 册），中华书局，2013 年，第 2834 页。

孟子的性善论

孟子的思想主要展现在这部《孟子》当中。孟子的思想都是基于他对人性的认识。他说“人之所以异于禽兽者几希，庶民去之，君子存之”，[①]意思是人和禽兽不同的地方只是那么一点点，一般百姓丢弃了它，君子保存着它。“人之所以异于禽兽者几希”的主要意思是强调人和禽兽的相同处多，不同处少，就是说人的本性中兽性多，人性少，说得明确一点，孟子并不否认人性的恶，恰恰相反，他认为人性中类似于禽兽的劣根性占了绝大多数，因此，孟子的“性善论”并非简单的所谓“人之初，性本善”，而是指出人的恶性很多，善性稀少，但也正是因为如此，才更需要珍惜这一点点善性。孟子并未在人与动物相同的“恶”上做文章，他发现和抓住了人性中和禽兽不同的那么一点点善良的光芒，按照这个逻辑，似乎更能警醒世人：人和禽兽不同的善性就那么一点点，你再不去呵护它，那你和禽兽还有什么区别吗？一个人总得有点怜悯心吧？一个人如果看到有个小孩子要掉到井里去了，应该有惊骇担心怜悯的心理，这种心理的产生，并不是因为你和这个孩子的父母关系好，也不是因为你要用此博取名誉，也不是因为你听着孩子的哭声才这样的。一个人总得有点同情心，看到别人的苦难，即便你不能帮忙，至少你不要大笑或嘲笑吧，看到别人有困难你不去帮忙，别的人去帮忙，你至少不说风凉话吧？一个人总得有点羞耻心，你即便不能做到文质彬彬，至少要有在公共场合的道德自律吧？你可能无法做到富贵不能淫，威武不能屈，但你至少要有基本的人格尊严和做人底线吧？一个人总得有点谦让的心，家里有几个梨子，有大有小，你没有主动把大的

①杨伯峻译注《孟子译注》，中华书局，2010年，第176页。

给长辈，那至少你要等着长辈挑了你再挑吧？清康熙年间的大学士张英，有一天收到家信，说家人为了争三尺宽的宅基地，与邻居发生纠纷，要他用职权疏通关系，打赢这场官司。张英阅信后坦然一笑，挥笔写了一封信，并附诗一首："千里修书只为墙，让他三尺又何妨？万里长城今犹在，不见当年秦始皇。"家人接信后，让出三尺宅基地。邻居见了，也主动相让，结果成了现在的六尺巷。一个人总得有点是非曲直的心，我们经常说，对的就是对的，错的就是错的，这是很简单的道理！你即便不能做到仗义执言，向邪恶势力、错误行为说不，但至少不要不分青红皂白，做恶人的帮凶。人类区别于禽兽的善心本来就不多，如果我们连这一点点的同情心、羞耻心、谦让心、是非心都没有了，那简直都不是人了！

事实上，孟子正是抓住了人之所以为人的弱点，并由此入手，期望把我们带到道德修养、人性善良的阳光中来。孟子说："恻隐之心，仁之端也；羞恶之心，义之端也；辞让之心，礼之端也；是非之心，智之端也。"[①]"端"，《说文解字》曰："从立，耑声"。[②]按照"说文"的意思，"端"是物的初生之象，"上象生形，下象其根"。[③]孟子说，人性中有善的萌芽、端倪，有了这个萌芽、端倪当然是好的，但这绝不意味着人性善的完成，只是说人性之中有道德的禀赋和潜质，人在这善端的基础上，通过后天的扩充、存养才能逐步进入良善的境界。唯其如此，这四个"端"，这四个善性的萌芽才尤其显得珍贵。缘乎此，我们必须找到或者找回我们本性中的这种禀赋和萌芽，然后细心呵护，善加存养，尽力修为。

---

①杨伯峻译注《孟子译注》，中华书局，2010年，第72—73页。

②（汉）许慎撰，（宋）徐铉校定《说文解字》，中华书局，1963年，第216页。

③（汉）许慎撰，（宋）徐铉校定《说文解字》，中华书局，1963年，第149页。

求其放心

孟子在修养论上就不同情形讲了很多话。他说:“仁,人心也;义,人路也。舍其路而弗由,放其心而不知求,哀哉!人有鸡犬放,则知求之;有放心而不知求。学问之道无他,求其放心而已矣。”[①]孟子说,仁是人的心,义是人的路。放弃了那条正路不走,丧失了善良的心而不晓得去寻找,可悲啊!一个人的鸡和狗走丢了,都知道去寻找,善良的心丧失了,却不知道去寻求。学问之道没有别的,就是把丧失的善良之心找回来而已。那么什么是“放心”?即什么是我们丧失的本心呢?孟子有段“鱼与熊掌”的议论,我们大家都很熟悉,说“鱼,我所欲也,熊掌亦我所欲也;二者不可得兼,舍鱼而取熊掌者也。生亦我所欲也,义亦我所欲也;二者不可得兼,舍生而取义者也”。[②]又说“一箪食,一豆羹,得之则生,弗得则死,呼尔而与之,行道之人弗受;蹴尔而与之,乞人不屑也。万钟则不辩礼义而受之。万钟于我何加焉?为宫室之美、妻妾之奉、所识穷乏者得我与?乡为身死而不受,今为宫室之美为之;乡为身死而不受,今为妻妾之奉为之;乡为身死而不受,今为所识穷乏者得我而为之,是亦不可以已乎?此之谓失其本心”。[③]在鱼和熊掌、生和义面前,我们不能兼而有之的时候,舍弃次要的鱼和生,取熊掌和义,这原本是我们基本的道义选择。而且,原本我们也是有廉耻之心的,在一小筐饭和一小碗汤就可以保全你生命的情况下,如果用轻蔑的语调喊着你,如果用脚踢着给你吃,连饥饿的过路人和乞丐都不会吃,我们当然也不

①杨伯峻译注《孟子译注》,中华书局,2010年,第247页。
②杨伯峻译注《孟子译注》,中华书局,2010年,第245页。
③杨伯峻译注《孟子译注》,中华书局,2010年,第246页。

会去吃。但现在我却为了住宅的华丽、妻妾的侍奉、贫穷人的感激，不管礼义廉耻，接受了他人的丰厚馈赠。过去宁死都不肯接受的，今天却为了满足我的那些物质的、虚荣的各种欲望，放弃了我的本心。很明显，孟子所谓本心，正是以上所说的人性中善良的禀赋，这里指的是羞耻之心。在现实中，我们可能为了满足自己的某种欲望，丢弃了原本善良的天性，这就需要我们把它找回来。

孟子对这种丢掉了本心，丧失了羞耻之心，为升官发财、为虚荣之心不择手段的人，进行了辛辣的嘲讽。他讲了一个寓言，说齐国有个人和一妻一妾共同生活，这个人每次外出，都是吃得胀鼓鼓、喝得醉醺醺回家。妻子问跟他一起吃饭的都是些什么人，他说都是有钱有地位的人。妻子对妾说，丈夫每次出去，都是酒醉饭饱才回家，问他跟谁在一起吃喝，他说都是有钱有地位的人。可是，从来也不曾见有显贵体面的人到家里来，我要暗中看看他到底去什么地方。第二天清早起来，妻子便悄悄地跟踪丈夫。在城里走了半天，没有谁停下来与这个人打招呼交谈。最后他走到东门城外的坟墓中间，向那些扫墓的人乞讨残羹剩饭，一个地方不够，又四下里看看，再到别的扫墓人那里去讨。原来，这就是他天天酒醉饭饱的方法。妻子回去，把看到的一切告诉了妾，她们两人在院子里大骂，哭成一团，说："丈夫是我们指望依靠过一辈子的人，没想到现在却是这个样子！"丈夫却一点也不知道，还得意扬扬地从外面回来，在妻妾面前大耍威风。这个人的丑恶嘴脸让人恶心，真是虚伪小人、无耻之徒的生动写照！难怪他的一妻一妾都觉得羞耻，抱头痛哭了。

还有一种丢掉了本心的人，擅长伪装，具有较强的隐蔽性，甚至连他自己都觉得自己是个善良的人，是个好人。哪种人呢？就是"乡原"。对于这种人，孔子批判说，"乡原，德之贼也"，[①]认为这种人是败坏道德

①杨伯峻译注《论语译注》，中华书局，2009 年，第 184 页。

的。孟子更加形象地描述说,这种“好好先生”一会儿批判狂放果敢的人说,你们太不尊重人了,太不尊重领导了,为什么这么志高气大呢?又批评高洁孤傲的人说,你们那么清高干吗呢?为什么这么落落寡合呢?生在这个世界上,为这个世界做事,只要过得去就行了。孟子说“阉然媚于世也者,是乡原也”,①一个“阉”一个“媚”,真正把好好先生的嘴脸写活了。这种人,你要指责他,却又举不出什么大错误来,要责骂他,却也没有什么可以责骂的,他只是同流合污,为人好像老实忠诚,行为好似方正淡泊,大家都喜欢他,他自己也以为自己是正确的、清高的,但本质上他是一个媚世者。这种人没有一点道德底线,也没有一点行为准则,趋炎附势,唯唯诺诺,左右逢源,八面玲珑,四面讨好,把好处占尽,却还讨个大好人、大善人的名声。这种人言行不一,嘴上一套背后一套,实际是奸诈的伪君子。朱熹说:“乡原是个无骨肋底人,东倒西擂,东边去取奉人,西边去周全人,看人眉头眼尾,周遮掩蔽,唯恐伤触了人。”②王永彬《围炉夜话》也说:“孔子何以恶乡原,只为他似忠似廉,无非假面孔。”③可见,乡原之人就像墙头上随风摇摆的狗尾巴草,混淆是非,自欺欺人,难得糊涂,他丧失了人性善中的道德因子而不自知,比以上孟子说的不顾礼义廉耻接受丰厚馈赠的人和那个有一妻一妾的齐人更加不要脸,更加无耻。孟子曰:“人不可以无耻,无耻之耻,无耻矣。”④人不能没有羞耻,若有羞耻之心,那还算过得去,但若是羞耻之心都没有了,不知羞耻的那种羞耻,才是真的不知羞耻啊!

---

①杨伯峻译注《孟子译注》,中华书局,2010年,第317页。
②(宋)黎靖德编,王星贤点校《朱子语类》(第4册),中华书局,1986年,第1477页。
③(清)王永彬著《围炉夜话》,三秦出版社,2018年,第15页。
④杨伯峻译注《孟子译注》,中华书局,2010年,第279页。

赤子之心与大丈夫

孟子说:“大人者,不失其赤子之心者也。”[①]意思是,有道德的人,便是能保持那种像婴儿一样善良天真纯朴率直之心的人。怎样保持这颗“赤子之心”呢?孟子有他的独到表述。他说“我善养吾浩然之气”“其为气也,至大至刚,以直养而无害”,[②]其实他说得并不复杂,他存养的“浩然之气”,就是人性与禽兽相比,很难得的那一点点自身固有的善性的萌芽和端倪,所谓“直养而无害”,就是让自己的浩然之气从四个“端”那里自然而然地生发出来,不要去干预它,遏制它,为此,他还专门讲了一个揠苗助长的寓言。说宋国有个人怕自己的禾苗长不高,把自己的禾苗往上拔,累了一天回家,对家人说,可把我累坏了,我帮禾苗长高了,但他儿子到田里一看,禾苗都枯萎了。孟子这个寓言的本意是告诉我们,培养“浩然之气”的时候,要顺应我们的善端和本性,不要去人为干预或助长。孟子还说,对“浩然之气”的培养,还应当配合正义的积累,而且不是偶然的正义行为就能取得的。就是说,这种“浩然之气”的培养,需要守住和存养自己本身的善心,同时还要持续不断地积累善念、善行来夯实其修养的根基。从这里看,孟子的道德修为并非单纯的养性功夫,其中还包含了现实人生中实实在在的道德实践。

在孟子的思想中,有一种经过艰苦修养可以最终获得的理想人格,那就是“大人”“大丈夫”。他说:“居天下之广居,立天下之正位,行天下之大道;得志,与民由之;不得志,独行其道。富贵不能淫,贫贱不

---

①杨伯峻译注《孟子译注》,中华书局,2010年,第174页。

②杨伯峻译注《孟子译注》,中华书局,2010年,第56—57页。

能移，威武不能屈，此之谓大丈夫。”[①]与“大丈夫”相对的就是“小丈夫”，指那些只贪图口腹之欲、物质享受的“饮食之人”，类似于我们现在所说的芸芸众生，饮食男女。前面那个有一妻一妾的齐人就是其中的一个代表。这样的人，唯利是图，不顾道义，在孟子看来，战国时期像苏秦、张仪那样纵横捭阖，摇唇鼓舌，奔走游说，朝秦暮楚的纵横家、政治投机者，就是这样的“小丈夫”。与之相反，“大丈夫”是指那种具有道德和精神力量的人，他浑身充溢着至大至刚的“浩然之气”，他高扬主体的道德人格，即使在艰难困苦、强权暴力面前，也具有高度的自主性和独立性，他坚持自己的理想和主张，刚正不阿，积极进取，无所畏惧，坚忍不拔，甚至可以舍弃自己的生命。孟子的这种理想人格，在道德秩序崩溃的战国时期和物欲横流的当今社会尤其显得珍贵，值得我们深思。陈寅恪在给王国维先生撰写的碑铭中说，“思想而不自由，毋宁死耳”，又说，“先生之学说，或有时而可商。惟此独立之精神，自由之思想，历千万祀，与天壤而同久，共三光而永光”。在狼烟四起的战国时代，孟子发出“民贵君轻”的振聋发聩之音，当面言辞激烈、毫无保留地批判君王，毫无疑问，孟子本人就是那样一位具有“浩然之气”、高尚人格的“大丈夫”。

①杨伯峻译注《孟子译注》，中华书局，2010 年，第 128 页。

做到不动心

孔子说,四十而不惑,孟子自称"四十不动心"。[①]所谓不动心,就是明辨事理,气定神闲,从容不迫,面对纷繁芜杂、利欲扰攘的社会人生,保持内心定力,不为外界是非名利所惑。不动心,不是不去动心,而是心不为所动,不去动心是消极逃避,内心不为所动,是敢于直面问题、正视问题,努力解决问题,在这个过程中,保持不为所动、不受干扰的内在定力。如何做到"不动心"呢?其实孟子说得已经很清楚了,"持其志,无暴其气",[②]要长久地保持道德追求的志向,坚定自己的思想意志,不要滥用自己的意气情感。北宋程颐解释说,"心有主,则能不动矣",[③]人的一生如若目标明确,一以贯之,心无旁骛地做事做人,自然就不为外事外物所动了。

孟子说:"养心莫善于寡欲。"[④]在人性的修养上,不管是儒家、道家还是佛家都认为克制人的欲望是修身养性的不二法门。所谓"养心莫善于寡欲",是指自我修养高尚品德、善良本心的最好方法就是减少物质上的、精神上的、心理上的各种欲望。对此,他进一步阐释说:"其为人也寡欲,虽有不存焉者,寡矣;其为人也多欲,虽有存焉者,寡矣。"[⑤]一个人如果欲望很少,那么他内心即使有迷失的部分,也是很少的;一个人如果欲望很多,那么他内心即使有保存的部分,也是很少的。俄国的托尔斯泰曾讲过一个小故事,有一个人想从地主那里得到一块土

①杨伯峻译注《孟子译注》,中华书局,2010年,第55页。
②杨伯峻译注《孟子译注》,中华书局,2010年,第56页。
③(宋)朱熹《四书集注》,岳麓书社,1987年,第331页。
④杨伯峻译注《孟子译注》,中华书局,2010年,第315页。
⑤杨伯峻译注《孟子译注》,中华书局,2010年,第315页。

地，地主对他说，日出的时候，你从我这里往前跑，跑一段就用铁锨做个标记，只要你在太阳落山前赶回来，做上标记的土地都归你。那人就拼命地跑啊跑，一直跑到太阳偏西了，他还不知足。好在太阳落山时他终于回来了，但此时他已经精疲力竭，刚回来就摔了跟头倒地死了。地主命仆人捡起那把铁锨，挖个坑把他埋了，其实他最后需要的土地只有从头到脚六英尺（英美制长度单位，1 英尺合 0.3048 米）那么一小块。[①]

做人难，修养德行，专心致志，做个有道德的人更难。现实生活中，我们一不小心就从修行的列车上脱轨了。有人夸你两句，你就高兴极了，就手舞足蹈起来，有人说你两句不好听的，你就心情郁闷。总之就是别人的随口一说，就能让你心思动摇，失去定力。对此，孟子说："有不虞之誉，有求全之毁。"[②]意思是，生活中有意料不到的赞扬，也有过于苛求的诋毁。想不到的或者过分的恭维随时会来，初次见面也许有人会说"久仰大名"，如果有人做了功课，他还会说"啊呀，某先生，我读过你写的文章，真是好文笔呀！"其实一个人一旦有了一定的社会地位或者财富，那些恭维你的话就会如滔滔江水，不求自来，一开始你可能还不以为然，时间长了你或许就飘飘然起来，逐渐上了当，慢慢变得自以为是，自我感觉良好，言谈举止渐露自满神色，让人感受到一股骄气和傲气。我们都不是圣人，我们做事情不可能做到所有人都满意，即便我们本着一颗公心做事，还是会有人有不同的意见，何况有的人自己不去做事、自己做不好，还喜欢盯着别人，要求别人必须做好。当然，还有人不管好坏，他都要诋毁一番，在他的嘴里从来都没有好事，从来都没有人能做好，这样的"求全之毁"，又何必跟他计较呢？一个人活在世

---

①［美］威廉·贝内特编著，何吉贤主译《美德书》，中央编译出版社，2006 年，第 162—170 页。

②杨伯峻译注《孟子译注》，中华书局，2010 年，第 165 页。

界上，有人莫名其妙说你好，其实你或许没有那么好，有人莫名其妙诋毁你，其实你也没有那么坏。也许人家就是随口一说，也许人家是无意为之，我们又何必那么在意呢？还是把更多的精神去专心一致地养心，心无旁骛地做事吧。

孟子还说过一段很有意思的话：

> 人之于身也，兼所爱。兼所爱，则兼所养也。无尺寸之肤不爱焉，则无尺寸之肤不养也。所以考其善不善者，岂有他哉？于己取之而已矣。①

孟子说，人们对自己的身体都是很爱护的，都爱护便都保养，没有一尺一寸的皮肤肌肉不爱护，没有一尺一寸的皮肤肌肉不保养。考察他养护得好不好，得看看他注重身体的哪一部分了。孟子的这段话是在提醒我们：我们向来为了一日三餐绞尽脑汁，天天盯着自己的体重忧心忡忡，常常为了脸上的一条鱼尾纹心生顾虑，但我们都忘记了保养最为重要的部分，那就是我们的心。

①杨伯峻译注《孟子译注》，中华书局，2010 年，第 248 页。

第三讲

阳明心学与人生修为

王阳明回乡养病

明朝大儒王阳明及其心学，大家或多或少都有那么一点了解。王阳明，名守仁，自号阳明子，他为什么叫作阳明子呢？明弘治十五年(1502年)，31岁的王阳明向朝廷上书，请求回乡养病，获得批准后，他便回到余姚，筑室于四明山之阳明洞。阳明洞是道教三十六洞天的第十一洞天，这里风景秀丽，适合静心休养。王阳明在这里修筑了茅舍，开始练习导引之术。这就是他自号阳明子的由来。

王阳明学习道教导引之术，主要是由于他的身体不好。他在《传习录》中曾有一段话说他早年学习朱熹格物致知积劳成疾的事情：

> 众人只说格物要依晦翁，何曾把他的说去用？我着实曾用来。初年与钱友同论做圣贤要格天下之物，如今安得这等大的力量？

因指亭前竹子，令去格看。钱子早夜去穷格竹子的道理，竭其心思，至于三日，便致劳神成疾。当初说他这是精力不足，某因自去穷格。早夜不得其理，到七日，亦以劳思致疾。遂相与叹圣贤是做不得的，无他大力量去格物了。①

钱友同“格”竹子不成，王阳明说，“你精力不足，看我格，我格，我用大力量格!”然后过了不久，“啊!我也不行，我晕倒了!”看来，王阳明当年确曾因为格物“劳神成疾”。聚精会神“格”竹子，未必会直接导致生病，但他苦心向学，钻研学问，因而累得身体不好倒是事实。朱熹讲“一草一木亦皆有理”，王阳明想破脑袋，呕出血也没“格”出结果来！但他年轻时就是这样执着，即便影响身体健康，也在所不惜。据说他的父亲为了阻止他熬夜读书，让下人不要把灯烛放到他的房间里，而王阳明呢，等到父亲睡了以后，照旧秉烛夜读。王阳明在二十多岁的时候得了严重的肺病，当时没有抗生素类药品，肺病几乎就是绝症，稍不注意就会咳血，据说王阳明得了高人的药方，每天服用少量砒霜，才得以维持生命。对于王阳明服用砒霜，简单说两句。我们知道，道教修炼分为内丹、外丹，外丹是用炉鼎烧炼金石，配制药饵，养生治病。唐代时，砒霜被正式运用于医药行业，唐初问世的《太清丹经要诀》中有“造砒丹法”，孙思邈《备急千金要方》卷十二记载一味太一神精丹，其主要成分就是砒霜。王阳明在阳明洞养病期间，他的朋友上虞人许璋指点他用外丹中的一味砒霜来治疗肺病，据说用药后身体大为好转。至于具体药方和药剂用量我们不得而知，但王阳明因为长期服用砒霜，脸色青中透黑，广额高颧，极度清瘦却也是事实。

王阳明这次回到家乡养病之前，于弘治十二年（1499 年），就是他

①（明）王守仁撰《王阳明全集》，上海古籍出版社，2011 年，第 136 页。

28 岁那年考中进士，然后观政工部，观政就是实习。王阳明就在工部参与一些与土木工程有关的工作。在此期间，朝廷派他到河南浚县，主持建造威宁伯王越的坟墓。据说，王阳明骑马前往浚县的路上，经过一处险要的关口，坐骑受到惊吓，从马上跌落，胸部受到撞击，当时就吐了不少血，加重了本来就有的肺病。弘治十三年（1500 年），王阳明在刑部任职，当时又得了结核性支气管炎，咳嗽得很厉害。弘治十五年（1502 年），在一次外出审查罪犯的途中，他的病情加重，卧床不起。于是他才向朝廷请假，回家养病。

这个威宁伯王越这里顺带也说两句。王越生于河南浚县，死后亦归葬于河南浚县。王越是王阳明非常佩服的一个人，是文采与胆略兼具的通才，特别是用兵打仗，公认的有古之名将风度。当年驻防大同的时候，王越曾带领一队士兵巡视边防，同行的还有保国公朱永。可是刚出城没多远，就一头撞上了胡人的大部队。朱永一时不知所措，王越当机立断，挥兵抢占制高点，居高临下，主动进入攻击位置。敌兵一时摸不清虚实，虽然人数众多，但不敢进攻，双方一直僵持到日暮。王越看看天色暗下来，于是命部队悄悄从山后撤退，朱永率七百人走在前头，王越率三百人殿后。王越给部队下了命令：敢出声者，斩；敢回头者，斩；敢越次出列者，斩。严厉的“三斩”令保证了上千人的队伍宛如一条寂静的长蛇，悄无声息地游动在夜幕中。就这样急行五十里（长度单位，1 里合 500 米）后，队伍终于安全抵达大同城下，一人不失，一件兵器没丢，创造了一个奇迹。这样的临阵不乱，指挥若定，汉代名将李广也不过如此。对于这样的前辈，向来喜好兵法和布阵的王阳明自然是敬仰不已的。督造王越墓是一个瞻仰先辈踪迹和向先辈致敬的机会。当然，我们更感兴趣的是，这样的机缘事实上也证明王阳明后期的赫赫军功不是无源之水、无本之木，是大有来历的。还有一个有意思的细节，王越墓如期建成后，王越家人拿出大量金钱表示感谢，王阳明谢过他们的好意后，只要了一样东西，那就是王越征战多年的随身佩剑。这把佩剑见证了王越的军功，具有象征意义。这件事也再次说明王阳明的精神世界中，对这位功劳卓著的老前辈军事业绩的仰慕。

王阳明的功名业绩当然也很大了。有人说他是中国历史上极为罕见的“立德、立功、立言”三不朽的圣人，还有人说他是可以与孔子、孟子、朱熹三人并肩而立的大儒。与此前的三位比较起来，王阳明不只是进一步拓展了儒学的领地，完善了儒学的思想体系，而且把他的“良知”“致良知”“知行合一”等心学思想运用到他的人生和功业中。在波澜壮阔、艰难困苦的环境中，他以极其罕见的定力、毅力和恒心，从容面对，取得了许多功勋。明正德十四年（1519 年），他以微弱的兵力和高明的计谋平定了宁王朱宸濠的叛乱，明世宗登基后，擢升他为南京兵部尚书，不久，又加封他为新建伯。自古以来，中国的文人士大夫，或立德、或立言、或立功，但能够做到“三不朽”的实在是少数。

王阳明有那么多的功名业绩我们不讲，为什么偏偏要讲他的病呢？因为要理解王阳明的心学思想，必须理解这个人，要理解这个人，除了他的功劳卓著，恐怕他的个体生命体验也是绕不开的话题。正是因为体弱多病，王阳明才把更多的精力投入精神生活和内心世界的探求上，最为明显的表现就是他曾经痴迷于道教和佛教。弘治元年（1488 年），17 岁的王阳明到江西洪都娶亲，新婚的那天，他竟然离家出走了，在山里一个叫铁柱宫的道观住了一宿，有个头发花白的道士授予他神仙养生之术。由这件事可见年轻的王阳明脱却尘俗、追求精神超越的功夫已经超过了一般人。我们知道，每个人的一生中，无论你身居何位，无论你有多大成就，都要面对生老病死的威胁，如果得了一种伴随终生的疾病，它时时威胁着你的生命，折磨着你的肉体和精神，你自然无时无刻不想解除这种痛苦，重新获得生命的活力。王阳明大概曾希望借助佛、道的精神力量来应对病痛的折磨。

再回到弘治十五年。据说,王阳明在阳明洞修习了一个多月的导引术后,感觉阳神已经能够自由出入身体了,就是俗称的"开天眼"了,这样就有了"千里眼"能够预知未来。有一天,他对身边的童子说,今天有四位相公来访,你到五云门去迎接他们吧。童子在门口等了一会儿,果然有王阳明的四个朋友来访。大家都很惊讶,但后来有人让他帮忙预测未来,王阳明拒绝了,因为他只是要通过静坐,超越世事,修身养性。

就在王阳明修行的这段时间里,尽管他也曾暂时地忘却了尘世烦扰,获得了一些精神的安宁,但他的心中永远都有一份挥之不去的牵挂,那就是他年迈的祖母和生他养他的父亲。终于有一天,他恍然大悟:"此孝悌一念,生于孩提,此念若可去,断灭种性矣。"[①]王阳明终于悟得人的修行如果以断绝孝悌之念为代价,无异于断灭种性矣,而佛、道二家,皆提倡修行要弃绝人伦,放下对亲人恩爱之念,这与王阳明的孝亲观念和家国志向完全是背道而驰的。于是他毅然决然下山去了。

龙场悟道

在王阳明的人生历程中还有一件需要留意的大事就是龙场悟道。

弘治十八年(1505 年),明孝宗朱祐樘去世。从明太祖初年(1368 年)至此,一共 278 年的大明王朝,刚好处在半数的时刻。据《明史》记

①(明)冯梦龙、邹守益原著,张昭炜编注《王阳明图传》,上海古籍出版社,2021 年,第 22 页。

载,“明有天下,传世十六,太祖、成祖而外,可称者仁宗、宣宗、孝宗而已”。[①]太祖、成祖、仁宗、宣宗是明代开国四君主,之后君主,可称者只有孝宗一人,这段话颇有意味。孝宗一朝有“弘治中兴”之称,于政治、军事上积极有为,经济、民生上休养生息,孝宗大体是一个贤明的君主。孝宗本人勤于政事、宽厚仁慈、躬行节俭、不近声色,一生只娶一个皇后,在中国君主群里也是独此一家。但孝宗英年早逝,给大明中兴蒙上了阴影。孝宗朱祐樘只比王阳明大两岁,去世时才 36 岁,这一年,王阳明 34 岁。从弘治九年(1496 年)到弘治十六年(1503 年),王阳明的父亲王华曾长期担任皇家讲席的主讲官,为孝宗皇帝讲学。如果孝宗高寿,或许可以成就一段千年一遇、君明臣贤的理想图景也未可知,但历史来不得半点假设。孝宗去世,年仅 15 岁的儿子武宗继位,宦官趁机把持朝政。武宗朝的宦官被称为“八虎”,“八虎”首推刘瑾。宦官专权这个封建王朝的顽疾愣是活生生把大有可能的贤君名相图景,化为一场王阳明出生入死自我成圣的大戏。

正德元年(1506 年),给事中戴铣等人上书武宗,弹劾刘瑾,直言皇上新政,宜亲君子、远小人,矛头直指朝中“八虎”。不想武宗宠幸刘瑾,戴铣等人反被打入大牢。王阳明当时还是兵部武选清吏司主事(正六品),与戴铣等为同年进士,于是上书《乞宥言官去权奸以彰圣德疏》,试图救出戴铣等人。王阳明上书的结果,不仅没有救出戴铣等人,反因忤逆圣意,被斥与同党为奸,责王阳明受廷杖四十,入东厂锦衣卫大狱,六个月以后,贬为贵州龙场驿驿丞。宣过圣旨,几个衙役把王阳明按倒在刑部大堂上一顿暴打。四十廷杖打完,王阳明皮开肉绽,昏死过去。廷杖,说白了,就是脱掉裤子,用军棍当众打屁股。廷杖最早始于东汉明帝,明朝时成为一种制度。廷杖一般由栗木制成,打人的一端削成

①(清)张廷玉撰《明史》,中华书局,1974 年,第 196 页。

槌状，且包有铁皮，铁皮上还有倒钩，一棒击下去，其惨痛情状可想而知。这些从科举里千辛万苦杀出一条出路，以纲纪天下、倡明圣学为己任的读书人，被施与一种连普通人都觉得羞辱的惩罚，可以想象，一顿廷杖过后，什么士人尊严、人生抱负统统都在顷刻化为乌有，剩下的只是痛入骨髓的屈辱和失败感。

正德元年的新年，王阳明是在狱中度过的。从他在狱中写的诗歌中可以大致体会他的心情：

> 幽室魍魉生，不寐知夜永。惊风起林木，骤若波浪汹。①

魑魅魍魉在四下翻飞舞动，大风呼啸着吹过树林，如排山倒海之势。

> 屋罅见明月，还见地上霜。客子夜中起，旁皇涕沾裳。匪为严霜苦，悲此明月光。月光如流水，徘徊照高堂。胡为此幽室，奄忽逾飞扬？②

在严霜苦寒、月光如水的深夜，狱中的王阳明落泪彷徨，忧思苦闷。

> 囚居亦何事？省愆惧安饱。瞑坐玩羲《易》，洗心见微奥。乃知先天翁，画画有至教。包蒙戒为寇，童牿事宜早；蹇蹇匪为节，虩虩未违道。《遯》四获我心，《蛊》上庸自保。俯仰天地间，触目俱浩浩。③

囚居狱中，反省又反思。他想从易理中寻找出路。无奈天地浩渺，

①（明）王守仁撰《王阳明全集》，上海古籍出版社，2011 年，第 746 页。
②（明）王守仁撰《王阳明全集》，上海古籍出版社，2011 年，第 747 页。
③（明）王守仁撰《王阳明全集》，上海古籍出版社，2011 年，第 747 页。

满眼迷茫。

> 箪瓢有余乐，此意良匪矫。幽哉阳明麓，可以忘吾老。①

他又企图从孔颜之乐中重新获得一线生机。他甚至还写了首《绝命诗》：

> 学道无成岁月虚，天乎至此欲何如；生曾许国惭无补，死不忘亲恨不余；自信孤忠悬日月，岂论遗骨葬江鱼；百年臣子悲何极，日夜潮声泣子胥。②

这首诗中，他想到了自己曾经弘扬儒道、为国尽忠的人生追求，把自己的孤忠和冤屈与屈原、伍子胥作比，可见此时的绝望，真的是连死的心都有了。王阳明这次被投入大牢后绝望困顿的心路历程是他龙场悟道的预演和前奏，龙场悟道已经拉开了帷幕。

很快，他被谪贬至贵州龙场（今贵州省贵阳市修文县龙场镇）当龙场驿驿丞。与此同时，他的父亲王华也被赶出北京，调任南京吏部尚书。在去往贵州龙场的路途中，王阳明还被刘瑾派人追杀，好在他装作跳水自尽，躲过一劫。到了龙场以后，王阳明发现这里的条件十分恶劣，连住的房子都没有，他只好和仆从盖了一间只有肩膀高的茅草屋。其《初至龙场无所止结草庵居之》生动描写了当时的情形："草庵不及肩，旅倦体方适。开棘自成篱，土阶漫无级；迎风亦萧疏，漏雨易补缉。"③更为要命的是这里时常面临粮食短缺的问题，经常是吃了上顿没有下顿，王阳明只好亲自动手焚烧草木，开荒种地。另外，他们与当地的土

---

①（明）王守仁撰《王阳明全集》，上海古籍出版社，2011 年，第 747 页。
②钱明《王阳明散佚诗汇编及考释》，《浙江学刊》2002 年第 6 期。
③（明）王守仁撰《王阳明全集》，上海古籍出版社，2011 年，第 768 页。

人语言不通,交流不畅。过了一段时间,仆从们都郁郁寡欢。王阳明只好亲自给他们做饭,还给他们唱诵诗歌、民谣,或者讲笑话,帮他们驱散压抑和苦闷。这有些像孔子当年在陈国陷入绝境的情况。《王阳明年谱》对此有详细的描述:

> 龙场在贵州西北万山丛棘中,蛇虺魍魉,蛊毒瘴疠,与居夷人鴃舌难语,可通语者,皆中土亡命。旧无居,始教之范土架木以居。时瑾憾未已,自计得失荣辱皆能超脱,惟生死一念尚觉未化,乃为石墩自誓曰:"吾惟俟命而已!"日夜端居澄默,以求静一;久之,胸中洒洒。而从者皆病,自析薪取水作糜饲之;又恐其怀抑郁,则与歌诗;又不悦,复调越曲,杂以诙笑,始能忘其为疾病夷狄患难也。因念:"圣人处此,更有何道?"忽中夜大悟格物致知之旨,寤寐中若有人语之者,不觉呼跃,从者皆惊。始知圣人之道,吾性自足,向之求理于事物者误也。①

仕宦生涯的凶险经历,让他超脱了荣辱得失,但对于生死,他还是没能够参透,于是他就在"石墩"端居冥想。他所说的"石墩"是什么呢?他的龙场悟道是坐在石头上还是躺在石棺里?这是一件很有意思的事情。民间文化学者对此很感兴趣,众说纷纭,有人煞有介事地说王阳明是在石棺里悟道的。不过我们认为,石棺悟道,实在是有些凭空臆想,大概是受了武侠小说的影响,脑洞大开的结果。结合王阳明的生活经历和身体状况,以及上文所述,不难理解,阳明先生并没有亲自或请人打造石棺,更不是像某些书上描述的是任凭大雨淋在身上,或是躺在棺材里悟道,而是将形似石棺的地下洞穴当成石棺。事实上,王阳明初至龙场,驿站里没有什么事务,每天就坐在山洞里读《易经》,还将山洞

①(明)王守仁撰《王阳明全集》,上海古籍出版社,2011 年,第 1354 页。

命名为“玩易窝”，写了《玩易窝记》。在此情形下，他把山洞比喻成石棺，体悟生死，最终悟道。

有人指出，王阳明龙场悟道有这样几个先决条件：早年立下了追求圣贤的志向，并进行了艰苦的探索；博览群书，精通儒释道；长于官宦之家，经历仕宦沉浮；被贬龙场，可以澄心静虑，专注内省；龙场偏远地区乡亲热心帮助，让他体会到人间温情和人性良知。

在经历了一番沉思体悟后，王阳明恍然顿悟，随即欢呼雀跃。他后来有诗句说：“抛却自家无尽藏，沿门持钵效贫儿。”[①]“无尽藏”是佛教用语，意谓无穷无尽、广大无边的佛德，王阳明在这里用它来比喻自己内心广大无边的良知。王阳明突然悟得：原来超凡入圣之道，并不在外在世界的追求中，而是在于每一个人的内心。原来每一个人的人性中本来就具有光明和至善，每个人都可以通过看顾内心的光明和至善，悟得生命的意义，从而能够真正获得安宁和快乐。那个光明和至善的东西就是“良知”。王阳明良知学的提出是基于他深刻的生存体验，如陈来先生所说，王阳明的龙场悟道“与他经历了复杂事变所获得的深刻的个人体验密切相关，是他自己的生存智慧的升华，是心灵经历艰苦磨炼发生的证悟”。[②]王阳明贬官到龙场面临五大苦难：一是环境艰险，二是居无定所，三是生活无着，四是疾病缠身，五是官吏迫害。每个人生经历都是不易的，人的生命体验和价值追求，正如那艰难绽放的依米花（一种生长在非洲戈壁滩的小花，它的根深入地下，通常要花费五年时间来完成扎根工作，然后一点一点地积蓄养分，一节一节地顽强生长，在第六年春天，它才能开出美丽夺目的花朵，用六年的时间来

---

①（明）王守仁撰《王阳明全集》，上海古籍出版社，2011 年，第 870 页。

②陈来著《有无之境：王阳明哲学的精神》，生活·读书·新知三联书店，2009 年，第 185 页。

换取一次美丽、一次辉煌)。王阳明龙场悟道的时候,已经37岁。龙场悟道绝非灵光一闪的简单"顿悟",更不是阳明心学的终结,它只是意味着王阳明与程朱理学分道扬镳、走向良知心学的第一步。"天泉证道",即王阳明与弟子钱德洪、王畿在府邸天泉桥上讨论"四句教言"(无善无恶心之体,有善有恶意之动,知善知恶是良知,为善去恶是格物)一事,才意味着王阳明良知学说的成熟与圆满。龙场悟道之前的王阳明,一般人们均认为他学有"三变",即"驰骋于辞章""出入二氏""豁然有得于圣贤之旨"。[①]从此以后,他致力于弘传儒家正学,将心学的发展历史性地推到了高峰。而他之所以能"豁然有得于圣贤之旨",龙场悟道是一大关键。他从37岁在龙场大悟"格物致知"之旨,又于38岁在龙场悟得"知行合一"之旨,到50岁在江西确定"致良知"为学说宗旨,经历了一个长期、渐进的过程,这是从摆脱程朱理学的"性体"走向"良知"心学的悟道过程,是从"百死千难"的人生坎坷经历中彻悟"良知"本体的思想智慧。

王阳明的大彻大悟,显然也离不开他的实践性功夫,是一个渐修的过程。诚如他自己所说:"再用功半年,看如何?又用功一年,看如何?功夫愈久,愈觉不同。"[②]《论语》说:"生而知之者,上也;学而知之者,次也;困而学之,又其次也。"[③]事实上,在漫长的中国历史文化进程中,真正能够做到"生而知之"的人少之又少。子贡曾赞美孔子说:"固天纵之将圣,又多能也。"孔子听到后,谦虚地回答道:"吾少也贱,故多能鄙事。"[④]可见孔子也只是认为自己不过"多能"而已,不敢以"生而知之"的圣人自居。孔子的另一段话说得更明白:"我非生而知之者,好

①(明)钱德洪著,朱炯点校整理《钱德洪集》,宁波出版社,2019年,第39页。
②(明)王守仁撰《王阳明全集》,上海古籍出版社,2011年,第106页。
③杨伯峻译注《论语译注》,中华书局,2009年,第175页。
④杨伯峻译注《论语译注》,中华书局,2009年,第87页。

古，敏以求之者也。”[1]王阳明的人生历程也是一个循序渐进，一步步追求人生道德修养的典范。他也不是“生而知之”者，更不能夸大为“神人”“奇人”。他用一生的生命实践活动来“求道”“行道”，只能算是一个“困而学之”或“学而知之”者。但正如《礼记·中庸》所言，“或生而知之，或学而知之，或困而知之，及其知之，一也”，无论是生而知之、学而知之还是困而知之，在格物致知、知行合一、参透良知的道路上，是千蹊万径，殊途同归。

良知：阳明心学的核心

阳明心学的核心概念就是“良知”二字，但这两个字并不是他先提出来的。《孟子·尽心上》：“人之所不学而能者，其良能也；所不虑而知者，其良知也。”[2]意思是人不用经过学习就能做的，是良能，人不用经过考虑就知道的，是良知。王阳明说：“良知者，孟子所谓‘是非之心，人皆有之’者也。是非之心，不待虑而知，不待学而能，是故谓之良知。是乃天命之性，吾心之本体，自然灵昭明觉者也。”[3]孟子有所谓“恻隐之心，人皆有之；羞恶之心，人皆有之；恭敬之心，人皆有之；是非之心，人皆有之。”[4]是说人的天性是善良的，同情心、羞耻心、恭敬心、是非的判断力等都不是外界赋予的，而是天赋本性。显然，孟子所说人判断是

①杨伯峻译注《论语译注》，中华书局，2009 年，第 70 页。
②杨伯峻译注《孟子译注》，中华书局，2010 年，第 283 页。
③（明）王守仁撰《王阳明全集》，上海古籍出版社，2011 年，第 1070 页。
④杨伯峻译注《孟子译注》，中华书局，2010 年，第 239 页。

非好坏的能力是基于人性善的角度提出的。王阳明还说，良知是人人都有的，良知自在人心，不管是圣贤还是普通人，从古至今都是相同的。古人看到别人行善，就像自己做了好事，看到别人作恶，就像自己做了坏事，看到百姓饥饿痛苦，就像是自己受了饥饿痛苦一样，有一个人没有过上好日子，就好像是自己把他推到沟里去一样。他们并不是故意这样做以取信于天下，而是致其良知以求得自己的心灵满足与快乐。

良知是人的天赋本性，是人心的本来面目，但人的良知在社会环境的影响下，逐渐被私欲蒙蔽了，就如被云雾遮蔽的太阳和落满尘土的镜子。王阳明说，在唐尧、虞舜、夏商周时期，民风淳朴，在学校里，主要是培养人的品德，而人的才能各有不同，有的擅长礼乐，有的擅长政治，有的擅长教化，有的擅长农事，学校根据他们的德性因材施教，根据个人的德性让他们终身担任同一职位，大家共同努力，安居乐业，只看被任用者才能是否称职，而不以身份高低分轻重，不以职业性质分好坏。当时的人只知道兢兢业业，安于职业本分，互相提供生活必需品，没有相互攀比羡慕的意思。但夏商周三代以后，圣人之学没落，霸术兴起，管仲、商鞅、张仪、苏秦等人天天探讨富国强兵的学说、倾轧欺骗的计谋、攻打讨伐的策略，他们借助外在的技能欺天骗人，来满足自己的私心。渐渐地，人们在知识上相互夸耀，在权势上相互倾轧，在利益上相互争斗，在技能上相互攀比，在名声上相互竞争。管钱粮的还想管军事和司法，在郡县做官的还想到省里主管人事和财政，位居检察官职位的大僚还眼巴巴看着宰相的位子。贪欲之心无限扩张，肆意弥漫，就像决口的江河，无法堵塞，就像无底的深洞，永无边际。王阳明的这段古今对比，略有厚古薄今的嫌疑，但也说出了事情的真相，我们甚至可以拿来比照自己，似乎也能照出我们的影子。

也正是因为人的良知被遮蔽，甚至被泯灭，这才导致了人们的种种痛苦和困惑。人类有生理的、心理的、精神的各种层面的生存需求，人们会因为自己的种种需求得不到满足而懊恼，但满足之后，人的懊恼似乎并不会减少，甚至有可能会更严重。人的耳目口鼻四肢，为了满足自己的私欲，好听、好看、好吃、好闻、好做，但时间一长，美声让人耳聋，美色让人眼花缭乱，美味让人口味败坏，驰骋畋猎让人心思摇荡。人们好名，听到有人赞誉就高兴，听到有人诋毁就闷闷不乐，还动不动就喜欢给别人当老师，有一点点成绩就忍不住要到处宣扬，生怕大家不知道；人们很难控制自己的情绪，得意时就喜不自禁，失意时就怒气冲天；人们虚伪，不敢坦然面对自己的过失，喜欢遮遮掩掩；人们傲气凌人，自高自大，刚愎自用，不把别人放在眼里；人们醉心于物质世界，心思荡漾，终日懵懵懂懂、浑浑噩噩，不知道自己在干啥，一颗原本安分的心，从此不在肚子里，满脑子闲思杂虑，有事没事瞎忙，一刻也不得安宁；人们要么不经考虑，肆意妄为，要么说空话、大话，不作为。

如何才能解决这些烦人的问题，让人生变得快乐而有意义？人们通过不同的路径尝试了很多种解答。老子教人“功成身退”“绝伪弃诈”、教人崇尚简约、教人守弱。佛教教人学会放下，说生命中那些得不到的、握不住的，都要学会放下，一念放下，万般自在，所谓放下，就是要放下那些自私的欲望和心头的恶念，放下那些无谓的执着和顽固的偏执；又说人能做到事事知足了，就能控制自己无限膨胀的欲望，不能控制六根欲望的人，自然就得不到安详。儒家说，“克己复礼为仁。一日克己复礼，天下归仁焉”①“圣贤千言万语，只是教人明天理，灭人欲”，②要求人们克制自己的欲望，不为外物所诱惑，更不可以为所欲为，从而回归天理和人道；又说，人能去除自己的私欲，就能心宽体胖，上无愧于天，下无愧于人，其中的快乐可想而知。可见，道家、佛家、儒家都不约

---

①杨伯峻译注《论语译注》，中华书局，2009 年，第 121 页。

②（宋）黎靖德编，王星贤点校《朱子语类》（第 1 册），中华书局，1986 年，第 207 页。

而同地认识到同样的问题:克制乃至去除自己过度膨胀的私欲,是找回自我,获得内心满足和安宁,从而获得人生快乐的唯一途径。

克制自己的私欲是修养论的问题,在王阳明这里,他有一套自己的理论,值得我们思考和借鉴。大体说来,主要有这样几点:要在立志、省察克治、知行合一、事上磨炼。

阳明心学与人生修为之一:要在立志

王阳明说:"大抵吾人为学紧要大头脑,只是立志。"[①]这句话的意思是,做学问最重要的就是要立志。当然,王阳明这里指的学问,是指致良知的学问,就是找回自己与生俱来的良知的学问。王阳明说这句话是为了回答学生的疑问,他的学生周冲写信问他说:老师,您说"平常功夫只是立志",我最近是越来越明白了。我跟朋友一起研讨,我的志向越来越健壮旺盛,生机勃勃的,但是我一旦离开了跟朋友探讨致良知这个学问的环境,就觉得志向微弱,甚至有时候还会忘掉,遇到事情就会困惑。王阳明说,所谓困惑、遗忘的毛病,只不过还是因为志向不坚定、不确切,好色之徒从来没有忘了美色的诱惑,就是因为好色的欲念真切。自己的痛痒自己最清楚该抓挠哪里,别人是帮不上忙的。王阳明说的是大实话。无论做什么,都要先立志,就像走路,你先要确定要到哪里去,然后无论遇到什么困难,都要坚决地迈步前行,必须有昂扬的斗志和坚定不移的信念,才有可能到达你的目标,而这一点,只有你自己内心明确了,才能做到,才能做好。

---

①(明)王守仁撰《王阳明全集》,上海古籍出版社,2011 年,第 65 页。

王阳明有一个很好的儒学传承家庭，他 11 岁便开始有了“读书做什么”的问题意识。私塾老师教他读书是为了考进士，显然与王阳明读书“学做圣贤”的终极目标差别很大。换句话说，王阳明 11 岁便有了读书“学做圣贤”的志向，如何步入圣贤的境界在他看来就是人生“第一等事”和人生的第一价值追求。但此时只是“有志成圣”，而非“立志成圣”，他说：“孔子，圣人也，犹曰‘吾十有五而志于学。三十而立’。立者，志立也。”[①]既然连孔子都在 15 岁有志求学，直到 30 岁才能正式立志，可见立志并非一朝一夕、一蹴而就的功夫。也正如有人所言，此时“该如何实践这理想，他并未找到方向。对他来说，做圣贤还只是一句空话，他的生命依然处在动荡不安的情况，他尚未能真正触及儒学成圣之学的精义，因此儒学自然也就无法真正安顿他动荡的灵魂”，故此才有其龙场悟道之前的学有“三变说”。[②]以此为出发点，可以大致勾勒他人生的三个关键场景：34 岁在京师与湛若水一见定交，“共以倡明圣学为事”，[③] 37 岁在龙场中夜大悟“圣人之道，吾性自足”，[④]57 岁逝世前两月，过访湛若水住宅未遇，遂留有题壁诗云：“落落千百载，人生几知音。道同著形迹，期无负初心。”[⑤]最后临终遗言为“此心光明，亦复何言”[⑥]八个大字。由此可以清楚地看到王阳明一生均以圣学的发扬光大为职志，即使遭遇再多的艰难挫折，在价值理想的坚守上他却始终如一。“立志”在佛教中称作“发心”，成佛之前的菩萨有五十二阶位，第一个阶位就是发心菩萨，说明一旦发心就踏上了修行的路途。儒家的“立

---

①(明)王守仁撰《王阳明全集》，上海古籍出版社，2011 年，第 290 页。
②黄明诚《王阳明安顿生命的智慧》，转引自黄懿《人贵立志——王阳明的立志观及其表现》，《人文世界》(第十六辑)，贵州大学出版社，2015 年，第 275—276 页。
③(明)王守仁撰《王阳明全集》，上海古籍出版社，2011 年，第 1352 页。
④(明)王守仁撰《王阳明全集》，上海古籍出版社，2011 年，第 1354 页。
⑤(明)王守仁撰《王阳明全集》，上海古籍出版社，2011 年，第 880 页。
⑥(明)王守仁撰《王阳明全集》，上海古籍出版社，2011 年，第 1463 页。

志”同样为人生终极发展方向的开始,不但宗教性的价值理想开始呈现于眼前,而且必须毕生朝着其所明示的方向努力。这就是为什么孔子讲“十五志于学”,将“志学”视为人生明确的努力方向并因此产生价值意义的开始。所以,王阳明说,立志是致良知的“大头脑”,是要害。良知这个东西,经王阳明那么一点破,大家突然发现人生修为的上好境界原来人人都有,原来是如此简便,不就是那个至真至纯的是非之心嘛。于是很多人都想找回自己的良知,从此也可以摆脱诸多烦恼,证得良知,心中敞亮。但很快大家发现,找回良知实属不易,因为我们的心思受了太多的私欲遮蔽和困扰,需要坚定不移的志向和长年累月的坚守,才能把私欲一层一层地剥除掉,恢复到良知的本真面目。所以王阳明说,“紧要大头脑,只是立志”。

阳明心学与人生修为之二:省察克治

如果有了志向,接下来就是实实在在的斩草除根、拔除私欲的修为功夫了。致良知的修为功夫,简要地说就是省察克治。王阳明说:

> 省察克治之功,则无时而可间,如去盗贼,须有个扫除廓清之意。无事时,将好色、好货、好名等私欲逐一追究搜寻出来,定要拔去病根,永不复起,方始为快。常如猫之捕鼠,一眼看着,一耳听着,才有一念萌动,即与克去,斩钉截铁,不可姑容与他方便,不可窝藏,不可放他出路,方是真实用功,方能扫除廓清。①

①(明)王守仁撰《王阳明全集》,上海古籍出版社,2011 年,第 18 页。

王阳明说，这种功夫在任何时候都不能中断，就像铲除盗贼，必须有彻底扫除的决心。没事的时候，把那些好色、贪财、好名的私欲一一搜寻出来，一定要拔去病根，让它们永不复生，方才感到快意。就像猫捉老鼠，一边用眼睛看着，一边用耳朵听着，刚刚有私念萌生，立刻就把它克制掉，态度坚决，斩钉截铁，不可有丝毫姑息，不给它留有一点余地，更不能窝藏它，网开一面让它逃走，这才是真正下功夫去除私欲，这才能扫除干净。

所谓省察克治，就是要求人们时刻保持清醒的自我思想反省和自我道德约束，因为在王阳明看来，人的私欲就像地上的尘土，天天生出，一天不打扫便又积一层，克制私欲就像人走路一样，走过一段路才认识这段路，走到岔路口，有疑惑便要想办法解决，然后再往前走，这样才能慢慢到达想去的地方。人的私欲随时都会在意念间产生，王阳明说“如今一说话之间，虽只讲天理，不知心中倏忽之间已有多少私欲”。[①]因此，在道德修为过程中，不可有丝毫的懈怠和疏忽。对于省察克治，历朝历代不乏成功的例子。明朝的徐溥为检点自己的言行，别出心裁地想了一个办法：他在案头放了两个瓶子，每当自己做了一件坏事、说了一句坏话、起了一个坏念头时，就在一个瓶子里放一粒黑豆，而自己行一件善事、说一句善言，就在另一个瓶子里放黄豆。开始时，黑豆多，黄豆少，他就不断地省察克治，渐渐地，黄豆和黑豆数量持平，他就再接再厉，更加严格地要求自己，久而久之，瓶中黄豆越积越多，黑豆屈指可数，而徐溥的道德品质也随之提升，终成一代名臣。

在省察克治，去除私欲的功夫上，要学会做减法。王阳明说：“吾辈

---

①(明)王守仁撰《王阳明全集》，上海古籍出版社，2011 年，第 28 页。

用功只求日减，不求日增。减得一分人欲，便是复得一分天理。何等轻快洒脱！何等简易！”[①]人的私欲越多，心理负担越重，烦恼也就越多。比如说，人有好名之欲。王阳明有个学生叫孟源，他就有好名的毛病，喜欢在大家面前显摆自己。有一天，一个人来向王阳明请教最近省察克治的功夫，他在旁边插话说：“咦！你这些都是捡拾的我过去的家当！”王阳明就批评他说：“闭嘴吧！你的老毛病又犯了！”薛侃和王阳明讨论人们沽名钓誉的坏毛病，薛侃说：“自打去年起，我觉得自己的这个毛病减轻了，但最近认真反省，发现依然如故啊，我还是听到赞扬就高兴，听到批评就郁闷，这不是老毛病又犯了吗？”王阳明说：“正是这样。沽名钓誉与求真务实相对，务实的心多一分，逐名的心就少一分，全是务实的心，那就全无求名的心。”古人说“疾没世而名不称”[②]“声闻过情，君子耻之”，[③]都是说君子最怕的是得了一些与自己实际不相符的名声，这样的名声还是越少越好吧。

古人云“年五十，而有四十九年非”，[④]人生一世，实在是要不断地对自己的道德意识进行省察检讨，这样才能稳得住心神、抵得住诱惑、经得起考验，使自己的人生行稳致远，使自己的心境敞亮洒脱。

阳明心学与人生修为之三：知行合一

阳明心学，很久以来被一些人看成唯心的学问、务虚的学问。这种

---

①（明）王守仁撰《王阳明全集》，上海古籍出版社，2011 年，第 32 页。
②杨伯峻译注《论语译注》，中华书局，2009 年，第 164 页。
③杨伯峻译注《孟子译注》，中华书局，2010 年，第 175 页。
④（汉）高诱注《淮南子注》，上海书店，1986 年，第 9 页。

误读，很大程度上源于对王阳明“心外无物，心外无事，心外无理”[①]的理解偏差。王阳明所说的“心外无物”，既不是陆九渊所说的“宇宙便是吾心，吾心即是宇宙”，[②]也不是贝克莱所说的“存在就是被感知”。[③]其实，王阳明在世时，就曾有人提出质疑，引发中国哲学史上著名的“岩中花树”公案。有一次，王阳明和他的朋友游览南镇，一位朋友指着山岩中一棵花树问：“先生说心外没有事物，像这花树，在深山中自开自落，和我们的心有什么关系呢？”王阳明说：“你未看此花时，此花与汝心同归于寂。你来看此花时，此花颜色一时明白起来。便知此花不在你的心外。”[④]我们必须正确理解王阳明的这段回答，才能真正领会其本意。“你未看此花时，此花与汝心同归于寂”中，“寂”是关键词。“寂”从宝盖头，是房子的意思，下面的“叔”原意是手去捡豆器，也有说是捡法杖，不管是豆器还是法杖，都是祭祀用的礼器。“寂”常和“寞”在一起，甲骨文的“寞”是上下草丛中一个太阳，意即太阳下山了。祭祀完成，神灵退去，收拾起祭祀的器物，这种状态即寂寞。古人认为，失去了心中的价值归属，人的精神没有了依托，才是寂寞。“你来看此花时，此花颜色一时明白起来”。什么叫“明白”？日月合为明。而白，非指颜色，在甲骨文里，白是一口多舌的意思，形容一个人在极尽表达、反复陈说。现在王阳明回答的意思就清楚了，针对花存在不存在这个问题，朋友问的是一种物理存在，王阳明回答的是一种价值存在。王阳明的“心外无物”，说的是“心”乃生发意义的源泉，人类外在的世界因为人的“心”而获得意义和价值，当你没有看这花时，这花不是不在，而是没有因你的

---

①(明)王守仁撰《王阳明全集》，上海古籍出版社，2011 年，第 175 页。
②(宋)陆九渊撰，叶航点校《陆九渊全集》，上海古籍出版社，2022 年，第 339 页。
③[英]乔治·贝克莱著《人类知识原理》，商务印书馆，2010 年，第 23 页。
④(明)王守仁撰《王阳明全集》，上海古籍出版社，2011 年，第 122 页。

心而获得价值和意义，当你来看这花的时候，这花美丽的颜色获得了你的体认、欣赏、赞叹，从而获得了“美丽”的价值和意义，因此说这花不在你的“心”外，而是因了你的“心”而获得价值意义。还有学者指出：

> 中文之“物”固是至大无外之公名，万事万物、有形无形，皆可以“物”名之。然王阳明“心外无物”之“物”乃“行动物”，“岩中花树”作为“现成物”类似于阳明“事亲”和“事君”之“亲”与“君”，而不属于阳明“行动物”之范畴。“看花”方为“物”，一如“事亲”“事君”之为“物”。“看花”之“看”亦如“事亲”“事君”之“事”，是“关照”下的“观看”，故“心”与“花”之意向相关性不是一纯粹意识之相关性，而是一扎根于与物同体的生存实感的相关性、一“有厚度的”、嵌在肉身之中的意向相关性。[①]

就是说，阳明心学核心压根儿就不是唯物还是唯心的问题，对“岩中花树”的认知也不是存在与否的问题，而是是不是“行动物”的问题，再说得具体点就是它是不是在“我心”“关照”下的问题，王阳明的“物”并不是泛称的“身外之物”，而是切身的、与“视听言动”等身体官能紧密相关的“感应物”“行动物”，它本身就属于实践哲学的范畴。

心灵是身体和行为的主宰，把知和行连在一起来说，才是对王阳明心学的正解。其实，王阳明的心学是实实在在的实践哲学，他提倡“知行合一”，而且用自己的一生身体力行这条铁规戒律。人世间最常见的说法是“我什么都知道，但我就是做不到”，针对这样的事实，王

①陈立胜《王阳明“心外无物”论——〈传习录〉“岩中花树”章新解》，《中原文化研究》，2015 年第 1 期。

阳明的说法是:“未有知而不行者。知而不行,只是未知。”①做不到就不是真知道,真正的知道就是能做到。“知者行之始,行者知之成:圣学只一个功夫,知行不可分作两事”,②知为行的开始,行为知的结果,知、行是一个统一的整体。王阳明举例说,如果只是把礼节讲求得恰当,便认为是知孝敬知至善,那么现在的演员在舞台上恰当地表演了许多对父母保暖防寒、侍奉赡养的礼节仪式,也可以称为至善了。又说所有学习思辨的功夫都是为了行为实践,比如学习孝,就必须侍奉父母,亲身实践孝道,然后才能称得上学习认知,如果只是空口白牙说说孝的大道理,那就可以称为孝吗?学射箭就必须张弓射箭,射中靶子;学书法就必须铺纸握笔,动手写字。就如那岩间的花树,只是有花,并无意义,真正去看花、欣赏花,它才有了美的价值和存在意义。那么有人又问:既然知和行是一个整体,你为什么还要分开来说呢?王阳明说:之所以既说一个知,又说一个行,只是因为世间有一种人,懵懵懂懂、迷迷糊糊地由着自己的性子去做,一点也不思索考虑,只是肆意妄行、胡作非为,所以必须跟他讲个“知”的道理,他才能行得正确。还有一种人,空空洞洞、糊里糊涂,凭空去想,一点也不愿意脚踏实地付诸行动,只是主观猜想,所以你必须跟他讲个“行”的道理,他才能获得正确的认知。王阳明说得多好!把知、行分开说,是希望人们有意识地对知和行分别加以研究,这恰恰是为了强调“知行合一”的重要性,因为世上多的是肆意妄为、胡作非为和好说空话、不干实事的人。王阳明的忠实拥护者曾国藩也曾经说过,影响人生成败的无非就是“傲”与“惰”两个字,“傲”就是自高自大,往往导致冥行妄作,“惰”就是不想改变,往往不想着躬行。

---

①(明)王守仁撰《王阳明全集》,上海古籍出版社,2011 年,第 4 页。
②(明)王守仁撰《王阳明全集》,上海古籍出版社,2011 年,第 15 页。

阳明心学与人生修为之四:事上磨炼

怎样做到“知行合一”呢?其重要方法就是“事上磨炼”。佛、道的修炼都讲究静坐,儒家也有讲静坐的,澄思静虑,清心寡欲,更容易在澄明的境界中发现良知。但在实际操作过程中,有人发现,静坐的时候万事都好,一旦遇上事情却又不行了,“静时亦觉意思好,才遇事便不同”。[①]对此,王阳明说:“是徒知静养而不用克己工夫也。如此,临事便要倾倒。人须在事上磨,方立得住,方能‘静亦定,动亦定’。”[②]人必须在事情上磨炼,功夫才会有长进。如果只是一味好静,遇到事情就慌乱,终究是不会有进步的。那种一味求静的功夫,似乎是在收敛,其实却是放纵沉溺。正如说佛、道背弃人伦,恰恰是为着满足自己的一点私欲一样,这种一味求静的功夫是放纵自己沉溺和逃避于僻静处,不敢从容面对人生的实际问题。很多时候,我们干不好事,老觉得自己“没有时间”,主要是心思太乱,想法太多。“心者身之主也”,[③]有人说“寻常意思多忙,有事固忙,无事亦忙”,[④]就是说有事没事“瞎忙”“心忙”,王阳明说“有个主宰,故不先不后,不急不缓,虽千变万化,而主宰常定,人得此而生”[⑤]“虽酬酢万变,常是从容自在,所谓‘天君泰然,百体从令’。若无主宰,便只是这气奔放,如何不忙”?[⑥]心是我们行为的主心骨,只要能够做到心思恒定,泰然不动,就能从容应对千变万化的人情世故。王

①(明)王守仁撰《王阳明全集》,上海古籍出版社,2011 年,第 14 页。
②(明)王守仁撰《王阳明全集》,上海古籍出版社,2011 年,第 14 页。
③(明)王守仁撰《王阳明全集》,上海古籍出版社,2011 年,第 53 页。
④(明)王守仁撰《王阳明全集》,上海古籍出版社,2011 年,第 34 页。
⑤(明)王守仁撰《王阳明全集》,上海古籍出版社,2011 年,第 34 页。
⑥(明)王守仁撰《王阳明全集》,上海古籍出版社,2011 年,第 34—35 页。

阳明在平定朱宸濠叛乱的时候，尽管战事纷繁，硝烟弥漫，但他无论在军中还是城内，总是不忘给周围的谋士、学生和朋友讲学。据说，有一次伍文定部队战事不利的消息传来，他正在讲论学问，他听了消息后，缓缓站起来下令斩杀指挥官，然后又回到讲席座位上。在座的人都惊悚得不得了，王阳明说，不过是战事有点小问题，这样的措施是兵中常事，不用介意。又有一回，有人来报说擒获了朱宸濠，这可是大事呀！但王阳明也只是询问了一下情况，当场论功行赏完毕后，又回到座位上。在座的人都面露喜色，王阳明却镇定自如地说，不过是听说朱宸濠被活捉了而已，这个消息应该是真的。说完，他又继续讨论刚才的话题。据说，后来有人向王阳明讨教用兵的战术，王阳明说，用兵哪里有什么战术？专心于学问，不为物欲所蒙蔽，养心不动，临事不慌乱，能够做到如《周易·震卦》所谓“震惊百里，不丧匕鬯”，[①]霹雳闪电，风云滚滚，犹能镇定自若，才是真正用兵之术。

事上磨炼还要在人生的变故中历练修行。陆澄跟随王阳明在南京鸿胪寺任上，突然收到家信，说儿子病危。陆澄心里又急又忧，难以承受这个打击。王阳明说，这时候正该在身心修养上下功夫，如果放过这个机会，平时讲学又有什么用？人就是要在关键时候磨炼身心。父亲爱儿子是最为深切的感情，但是这要有个中正适度，超过这个度就是私欲。七情六欲一旦发作，往往过分的多，不足的少。有一点过多就不是本心，必须进行调节使之适中。在王阳明看来，要做到“知行合一”，就是要在人情事变的历练中成长，从一言一行到富贵、贫贱、患难、死生等都是人情事变，在人的一生中，这些都有无数的不确定性，许多事情和变故具有突发性、偶然性，无法提前做出预测和准备，没有规律和经验可循，往往是“一波未平，一波又起”，甚至“多点冒烟、到处起火”。这

①陈鼓应、赵建伟注译《周易今注今译》，中华书局，2015年，第445页。

样的人情事变对人的心理承受能力、综合协调能力、局面把控能力，当然还有最重要的人生修为等都提出了严峻的考验。

王阳明“事上磨炼”的说法，具有极强的现实意义。现代教育培养了许许多多高水平高学历的知识分子，但知识分子必须勇于把所学知识运用到现实工作生活中来，才能把学到的书本知识、专业知识通过践行变成真正价值和真知灼见，“实践出真知”，做了才是知道，别人干事，你只是指手画脚，讲大道理，那只能说你是未知，甚至是某种无知。所以，心学讲的是面对困难重重、干扰重重的纷繁芜杂的日常工作和生活，要不畏凶险，迎难而上，要拿得起，要敢担当。

王阳明的一位下属长期听他讲学，他说：“先生的学说很好，只是我要处理的文件繁多，案子复杂，没有时间去学。”王阳明听了这话后说：“我什么时候叫你离开文件、案子凭空去做学问了？你既然要处理案件，就在处理案件上做学问，这才是真正的‘格物’。比如审理案件时，不能因当事人回答无礼而发怒，不能因其言辞委婉周密而高兴，不能因厌恶说情而故意惩罚他，不能因其哀求而屈意答应他，不能因自己事务繁杂而随便断案，不能因别人罗织罪名诽谤陷害而按他们的意愿处治。以上讲的情况都是私心的表现，只有你自己知道，必须认真反省体察克治，唯恐心中有丝毫的偏私而错判了是非，这就是‘格物’‘致知’。处理文件、审理案子都是实实在在的学问，如果脱离了具体事务去做学问，反而会落空。”判案是如此，任何职业、任何工作都是如此。有朋友讲过一件事，说他有一回参与某个面试，面试的一位男生精神萎靡，穿着很不好，回答问题简直就是混乱，朋友又瞅了一眼，发现男生的初试成绩也不好，理论上来说，他肯定是不能入围的。但在最后的合议环节，有人随口提了一句，看起来这位男生生活比较困难。这位评委的话大概是出于个人的直观感受，并非有意为之，却影响了大家的判断，最后这位男生居然被录取了。这个看似善良的“合谋”是是还是非、对还是错呢？无论如何，至少有一点是清楚的：大家的“好心”其实是受了个人偏私偏好的影响，本质上是私心私欲。可见，确如王阳明所说，仅仅局限于理论的探讨是远远不够的，工作和生活日常中方能见真知。

最后简要说一说“致良知”以及“事上磨炼”所需要的心理状态。一共两句话。

第一句是：莫问收获，只问耕耘。这是曾国藩的一句名言，他说，在人生的修为上要注意诚意慎独，“不为圣贤，便为禽兽；莫问收获，只问耕耘”，①曾国藩是阳明心学的忠实信徒，他的这句话应该与王阳明的类似说法有关。王阳明说，人生修为就像种树，“初种根时，只管栽培灌溉，勿作枝想，勿作叶想，勿作花想，勿作实想。悬想何益！但不忘栽培之功，怕没有枝叶花实”？②意思是说，刚刚生根时，只管培土灌溉，不要想着生枝、长叶、开花、结果，空想是没有用的，只要不忘培土灌溉，不怕没有枝、叶、花、果。在个人修为上，你只管循着自己的良知做事就好，且不要想着立即就能得到什么，曾国藩的那句“莫问收获，只问耕耘”的话，大致就是这个意思。

还有一句是：顺其自然，安之若素。王阳明经常喜欢引用《中庸》的一段话：“素富贵，行乎富贵；素贫贱，行乎贫贱；素夷狄，行乎夷狄；素患难，行乎患难。君子无入而不自得焉。”③他在用的时候减省了一下，“便是‘素其位而行，不愿乎其外’‘素夷狄行乎夷狄，素患难行乎患难，无入而不自得’矣”，④就是顺其自然而行事，不要做超出条件之外的事，身处夷狄，就做在夷狄能做的事情，身处患难之中，就做在患难中

---

①覃富鑫选注《帝王名人对联》，广西人民出版社，1993年，第147页。
②（明）王守仁撰《王阳明全集》，上海古籍出版社，2011年，第16页。
③（汉）郑玄注，（唐）孔颖达正义《礼记正义》，中华书局，1980年，第1627页。
④（明）王守仁撰《王阳明全集》，上海古籍出版社，2011年，第16页。

能做的事情,因时因地制宜,无论什么情况下都怡然自得,再加上《中庸》中的几种情况,就是身处富贵,就做富贵中应该可以做的事情,身处贫贱就做贫贱中应该做的事情。总之是要“顺其自然,安之若素”,按照自己的本分,老老实实去做事、去修行,去找回自己的良知,获得人生价值,体会人生快意。

王阳明说,“人胸中各有个圣人”,[①]人人都可以通过努力证得良知,超凡入圣。无论你身处何地,身居何位,无人能替你看顾自己的内心。一个人的成功与否,世人都以财富和地位去判断,但一个人的幸福与否,却只在你的内心感受。你一生的结果皆出于心,你一生的真实只在你的努力工作,默默耕耘,亲力亲为,戮力实践。

王阳明说“此心光明,亦复何言”,[②]罗曼·罗兰说“真正的光明绝不是永没有黑暗的时间,只是永不被黑暗所遮蔽罢了”。[③]真诚希望大家发下宏愿,证得良知,去除心魔,获得内心光明。

---

①(明)王守仁撰《王阳明全集》,上海古籍出版社,2011 年,第 105 页。

②(明)王守仁撰《王阳明全集》,上海古籍出版社,2011 年,第 1463 页。

③[法]罗曼·罗兰著,傅雷译《约翰·克里斯多夫》,人民文学出版社,1957 年,译者献词。

第四讲

曾国藩的处世之道

曾国藩的生平与业绩

1872年3月初，两江总督曾国藩走路、说话均已不大灵便，同时，他还患有严重的肝病，导致右眼失明，左眼仅剩微弱光感。3月12日，曾国藩午饭后到花园散步，走着走着觉得半侧身子不好使，长子曾纪泽把他扶到书房的太师椅上，曾国藩端坐三刻，悄然离世。曾国藩去世后，震动朝野，皇帝辍朝三日，以示尊重和哀悼。

曾国藩出生于湖南长沙府湘乡（今湖南省娄底市双峰县），他的祖辈世代为农，父亲曾麟书一个秀才考试折腾了17回，直到43岁那年才考上。曾国藩也算不上太聪明，但在科举方面要比他父亲强得多，23岁考中了秀才，24岁又考中了举人，紧接着到北京参加会试，连考两年都没考上，又过了两年，曾国藩中进士三甲第42名，赐同进士出身。明清科举分为三甲，一甲、二甲、三甲等级依次降低，一甲赐进士及第,二甲赐进士出身,三甲赐同进士出身。这个"同"字,大有文章,就像现在的"同等学力",其实是不同等,"同进士"就是类似进士,比进士低但又高于举人。据说,曾国藩纳了一个美貌的小妾,喜欢得不得了,跟学生一起吃饭,说到这个"如夫人",随口出了个上联"如夫人不如夫人",有个学生才思敏捷,也随口对出了下联"同进士不同进士",曾国藩听了,脸色大变,拂袖而去。这说明,"同进士"出身是曾国藩的心病。曾国藩不擅长考试,但在仕途上却顺风顺水,青云直上,从 1840 年到 1849 年,十年的时间里,他连升十级,由从七品的翰林院检讨升迁为从二品的兵部侍郎,时年只有 38 岁。1852 年,因母亲去世,曾国藩回家守孝。他守孝的那段日子,正赶上太平天国运动席卷半个中国。面对严峻的形势,咸丰皇帝任命了 43 位团练大臣,希望通过训练民团来解决朝廷军队战斗力不强的问题。曾国藩也在团练大臣之列,43 名团练大臣,只有曾国藩"团练"成功了。他的湘军由开始的一万多人发展到三十多万人,最终成为平定太平天国运动的主要力量。

曾国藩训练湘军很有一套。在着手建立湘军的时候,他仔细分析了当时双方军队的基本情况。朝廷的绿营军受过专业训练,装备精良,太平军大都没有受过专业训练,装备很差,但绿营军却几乎没有打过胜仗,这是咋回事呢?原来绿营士兵只是把当兵作为一份赖以谋生的职业,对他们来说,保命比打仗更重要。说到底他们是一群没有共同的信仰和价值观的乌合之众。针对这个情况,曾国藩在建立湘军的过程中,除了军事训练,还特别重视思想的统一和凝聚。他经常亲自训话,还编了一首通俗易懂的《爱民歌》,让湘军传唱。"三军个个仔细听,行军先要爱百姓。贼匪害了百姓们,全靠官兵来救人。百姓被贼吃了苦,全靠官兵来作主。第一扎营不要懒,莫走人家取门板。莫拆民房搬砖石,莫踹禾苗坏田产。莫打民间鸭和鸡,莫借民间锅和碗”。[1]《爱民歌》很长，这只是其中的几句，看似平常的大白话，其实里面大有文章，说官兵救百姓、爱百姓，为百姓做主，这是讲责任、担当，讲价值观，下面则是具体的爱民细则，可谓井井有条，纪律严明。在军队的组织建构上，湘军利用同乡关系层层招募，每一层上级和下级之间都知根知底，且有提拔任用之恩。湘军士兵打心里感激对自己有“知遇”之恩的长官，在战斗中对自己的上级长官负责，“平日既有恩谊相济，临阵自能患难相顾”。[2]在行军打仗的过程中，如果长官战死，他所在的军事单位将就地解散。为了保证自己所在兵营的存在，士兵往往会舍命保卫长官。湘军的战斗力强，除了思想信念的树立和组织制度的设计，还有非常重要的一条，就是物质利益保障。湘军普通士兵每月能拿 4—6 两（质量或重量单位，1 两合 50 克）白银，而当时清朝普通士兵则是每月 1—2 两，湘军营级军官一个月是 50 两，如果再加上各项补贴，实际到手的还要多一些，这一年下来就是千两左右。当时每月四五两银子就可养活一个五口之家，算起来的话，湘军的待遇是相当优厚的。但对中上层军官而言，物质激励的局限性也是显而易见的，要得到他们的拥护，恐怕更需要给予其事业上的发展前景。曾国藩发现，尽管他给的待遇很好，但还是有不少骨干力量断然离开。幕僚赵烈文跟他说，要想留住人，还必须给这些人晋升的机会。后来，曾国藩不仅提拔了很多得力干将，同时也向朝廷推荐了很多将领。以上这些措施，较好地保证了湘军的战斗力。曾国藩还有很强的人格魅力，在治理湘军的过程中，他常把功劳让给别人，责任则由自己来承担。事实上，曾国藩自己也说过

①（清）曾国藩撰《曾国藩全集》（第 14 册），岳麓书社，2011 年版，第 398 页。
②罗尔纲著《湘军兵志》，中华书局，1984 年，第 136 页。

“功不独居，过不推诿”[1]的话，他是这样说的，当然也是这样做的。他的弟弟曾国荃英勇善战，特别是在安庆会战中居功至伟，但曾国藩每每谈及此事，都将功劳推给手下的将士，弟弟的功劳只字不提。他写信给曾国荃说：“功不必自己出，名不必自己成。”[2]这样的胸怀和格局，正是曾国藩身为军事将领的人格魅力之所在。李鸿章的哥哥李瀚章评价曾国藩说，他“推诚布公，不假权术，故人乐为之用”，[3]这也是曾国藩高尚人格的一个方面。作为领导者，做人做事要开诚布公，不玩弄权术，不搞所谓“领导艺术”，以诚心换诚心，要有君子胸怀，更要有容人的气度。你的属下和基层的管理者要证明自己的才能，可以有竞争之心，但作为高层管理者，合作意识、大局观才是核心。

曾国藩的一生，为人处世很有一套，值得我们后人研究和学习。有人说，做事要学胡雪岩，做人要学曾国藩，自有它的道理。

常怀愧对

清同治七年（1868 年）二月十五日，时为两江总督的曾国藩在日记里写了这样一段话：“念人生苦不知足，方望溪谓汉文帝之终身，常若自觉不胜天子之任者，最为善形容古人心曲。大抵人常怀愧对之意，便是载福之器、入福之门。如觉天之待我过厚，我愧对天；君之待我过优，

①（清）李瀚章编撰、李鸿章校刊《曾文正公全集》（五），中国书店，2011 年，第 198 页。
②（清）曾国藩撰《曾国藩全集》（第 21 册），岳麓书社，2011 年，第 276 页。
③《曾国藩全书》编辑委员会编《曾国藩大传》，中国文史出版社，2002 年，第 820 页。

我愧对君；父母之待我过慈，我愧对父母；兄弟之待我过爱，我愧对兄弟；朋友之待我过重，我愧对朋友，便觉处处皆有善气相逢。如自觉我已无愧无怍，但觉他人待我太薄，天待我太啬，则处处皆有戾气相逢。”①这段话很长，但中心意思只有一个：人要常怀愧对之意。所谓愧对之意，就是指一个人在为人处世中，要知足，要懂得珍惜；只有常常觉得自己对他人、对社会回报太少，做得不好，做得不够，而不是得到的太少、别人和社会给予你的太少，做事情才会尽心尽力、尽职尽责。曾国藩的好友胡林翼，曾经在曾国藩困难时帮助过他，曾国藩的书信、日记里常常提到他，因为胡林翼字润芝，他便称之为“胡润帅”，表示尊重，而不是直呼其名。曾国藩一遍遍地跟家人、朋友述说胡林翼对自己如何如何好，说胡林翼怎样替他分忧解难，怎样在皇上面前替自己说话。后来，胡林翼不幸早逝，曾国藩出两千两白银作为赙仪，当时这笔钱可以在京城买一所大房子，足见曾国藩对胡林翼的感恩。其实曾国藩帮助胡林翼更多，只是他从来不对人说而已。胡林翼当年离开贵州，加入湘军，朝廷怪罪下来，曾国藩在奏折中极力为胡林翼辩护，说“胡林翼之才，胜臣十倍”“近年遇事咨询，尤服其进德之猛”②等。后来，只要胡林翼取得一点军功，曾国藩一定会在奏折中大加称赏。胡林翼后来由四品的道员升为二品的巡抚，曾国藩的保举功不可没。一个人有愧对之意，便少有得失心，得失心少了，对个人利益不那么在乎，你就会看到别人对你的好，也就愿意向他人付出善意。

①（清）曾国藩撰《曾国藩全集》（第 19 册），岳麓书社，2011 年，第 20 页。
②（清）曾国藩撰《曾国藩全集》（第 3 册），岳麓书社，2011 年，第 229 页。

不肯轻易受人惠

清道光二十七年（1847年）六月二十七日，曾国藩写信给几个弟弟说："故兄自庚子到京以来，于今八年，不肯轻受人惠，情愿人占我的便益（宜），断不肯我占人的便益（宜）。将来若做外官，京城以内无责报于我者。"[①]所谓"不肯轻受人惠"，就是不乱收别人的人情。曾国藩是这样说的，也是这样做的。曾国藩任两江总督时，驻节安庆，地方官为了巴结他，事先替他置办了家具、被褥，有的还奉上不菲的礼品、礼金，曾国藩一概婉言谢绝。自此，当地官场对他刮目相看。湘军猛将鲍超精通兵法，英勇善战，曾国藩多次在奏折中为其请功，鲍超因而得以步步升迁。为表谢意，有一次曾国藩过生日时，鲍超送给他十多包礼品，里面有大量金银珠宝，曾国藩留下一顶不值钱的小帽子，以示尊重和感谢，其余的东西都退还了。仔细想来，别人送你好处，不外乎这样几种情形：无求于你，只是钦佩你的人品，财物仅仅表达敬意；最初只是正常的人情往来，但后来送礼者产生了谋利的想法；送礼者把人情作为投资，希望以此获得丰厚回报。第一种情形也有，但是后两种情形居多。曾国藩精通人情世故，对这些小心思看得清清楚楚，他曾给弟弟们写信说："从前施情于我者，或数百，或数千，皆钓饵也。渠若到任上来，不应则失之刻薄，应之则施一报十，尚不足以满其欲。"[②]从做人的智慧和谋略来说，不肯轻易受人惠，可以避免日后被人利用和控制。同时，曾国藩"不肯轻受人惠"，也因为他深知人性灰色的一面，人的操守并非时刻都能经受住考验。曾国藩写过《谕巡捕、门印、签押三条》的告示，

---

①（清）曾国藩撰《曾国藩全集》（第20册），岳麓书社，2011年，第135页。
②（清）曾国藩撰《曾国藩全集》（第20册），岳麓书社，2011年，第135页。

其中有这样一段话:“凡收人礼物,其初不过收茶叶、小菜之类,渐而收及鞍马、衣料,渐而收及金银、古玩。”[①]意思是说,人的贪欲永远是无止境的,满足了小的,还会想着大的,有了大的,则想更大的,与其在欲望中左右失据,不如一开始就不让它冒头。曾国藩的告示,是对下属说的,但我们何尝不可以看作他身居高位之后的自警、自省、自守呢?这样的操守和智慧值得今天的人学习和借鉴。

三戒与三忌

曾国藩在自我反省中讲究“三戒”,即戒多言、戒愤怒、戒忮求。首先是戒多言。多言,首先是话多了,容易被人抓住把柄,或者引起不必要的误会和麻烦,所谓言多必失;但在很多时候,其要害并非只是话多,它还意味着你的骄气太盛、怨气太深。曾国藩认为,在跟别人争论的时候,你滔滔不绝,气势凌人,言语上占了上风,即使胜了,别人也不会服气,在为人处世上,还是应当言语谦逊一些为好。无休止的争吵往往没有是非可言,结果常常会意气用事。此外,一个人牢骚话太多,动不动怨天尤人,往往伤人害己,结局必然是世间多了个怨妇怨夫,对人对事都毫无益处。年轻时候的曾国藩曾上书直言,直指咸丰皇帝三个缺点:见小不见大、不求实际、刚愎自用。引得咸丰皇帝龙颜大怒,准备治曾国藩的罪,最终在穆彰阿等人的劝阻下才作罢。曾国藩以“完人”的标准要求自己,希望别人也做到人格完美。他以过高的标准看待别

①(清)曾国藩撰《曾国藩全集》(第 14 册),岳麓书社,2011 年,第 440 页。

人，又口无遮拦地批评朝中同僚，弄得自己几乎成了大家的公敌。经历多了之后，曾国藩才明白："多言"惹祸！于是，他决心在生活与工作中处处留心，把每天见的人、说的话、做的事都记录下来，时时反省。经过长久的自省和锤炼，曾国藩"好论人是非"的毛病得到了根治。其次是戒愤怒，喜怒哀乐都是我们的情绪，按照儒家的说法，我们要保持中和之气，所谓"喜怒哀乐之未发，谓之中；发而皆中节，谓之和"。[①]戒愤怒就是要善于控制情绪，营造一个心平气和的心理环境。为了修炼自己的心性，曾国藩向好友学习静坐之法，希望能做到"卒然临之而不惊，无故加之而不怒"。[②]为了改掉自己的这个毛病，他同样用写日记的方法，把平日里发怒或怄气的事情一一记录下来，进行自我反省。道光二十四年（1844 年）正月初一，他在日记中写道："是日为车夫忿（愤）怒二次。"[③]有一次与好友发生争执，他又在日记里反思，"此事余有三大过：平日不信不敬，相恃太深，一也；比时一语不合，忿（愤）恨无礼，二也；龃龉之后，人反平易，我反悍然不近人情，三也。恶言不出于口，忿言不反于身，此之不知，遑问其他？谨记于此，以为切戒"！[④]第三是戒忮求。就是嫉贤害能，在利益追求上贪得无厌。"天下熙熙，皆为利来；天下攘攘，皆为利往"，[⑤]众人忙忙碌碌，都在为功名利禄而奔走，一些人甚至把这些作为成功的唯一标准。但有时候，过度追求就如同火中取栗，栗没有得到，反而伤了自己。曾国藩还说戒忮求，这也是他悟出的处世哲学和人生智慧。在给弟弟曾国荃的信中，他写过一首诗："左列

①（汉）郑玄注，（唐）孔颖达正义《礼记正义》，中华书局，1980 年，第 1625 页。
②（宋）苏轼撰，孔凡礼点校《苏轼文集》（第 1 册），中华书局，1986 年，第 103 页。
③（清）曾国藩撰《曾国藩全集》（第 16 册），岳麓书社，2011 年，第 179 页。
④（清）曾国藩撰《曾国藩全集》（第 16 册），岳麓书社，2011 年，第 116 页。
⑤（汉）司马迁撰《史记》（第 10 册），中华书局，2013 年，第 3924 页。

钟铭右谤书，人间随处有乘除。低头一拜屠羊说，万事浮云过太虚。”[①]诗中的“屠羊说”是个典故，从前有个宰羊的屠夫，他曾帮助楚昭王恢复了天下，复国后的楚昭王再三请他做官，但都被他谢绝了。他说：“大王丢了宝座的时候，我也丢了宰羊的工作。现在大王重登王位，我也重新操起了宰羊刀，这已经很好了。”曾国藩借用这个典故告诉弟弟，面对人世间的利益纷争，只要你想一想“屠羊说”里的那个屠夫，就明白很多事情不过是天上的浮云。曾国藩还说，“天道忌巧，天道忌盈，天道忌贰”，[②]这“三忌”也值得我们留意。“天道忌巧”，这个“巧”字的意思是巧诈、虚伪、投机取巧。在曾国藩看来，一个喜欢投机取巧的人永远成不了大气候。所谓“天道忌盈”，就是讲究天之道盈满则亏的道理，一个人春风得意或功成名遂时要低调，切不可招摇，也不能任意放纵自己，生活上追求享受。彻底扫清太平军后，曾国藩的权势达到巅峰，但他敏锐地意识到此时功名太盛，立即下令湘军解散，让朝廷放心。所谓“天道忌贰”，就是说做事要专注，不能三心二意。读《曾国藩日记》，你会发现，他每天都读书、写字、记日记，自入京为官开始，一直坚持到生命结束，一做就是几十年。因为忌巧，肯下笨功夫，他的诗文、书法都十分出色，深受后人好评。由于忌盈，懂得节制，攻克金陵后，皇家没有找借口拿曾国藩开刀，而是给了他各种荣誉，家人也相应得到一些优待。因为忌贰，专心致志，曾国藩的人生目标基本上都实现了，堪称圆满。曾国藩的“三忌”是他对自己的三种警示，更是明悟和洞彻人生的大智慧。

---

①（清）曾国藩撰《曾国藩全集》（第14册），岳麓书社，2011年，第86页。
②（清）曾国藩撰《曾国藩全集》（第21册），岳麓书社，2011年，第462页。

要有所畏惧

《诗经》中有“战战兢兢，如临深渊，如履薄冰”，[①]告诫我们，行事要谨慎，要时刻心存敬畏。明朝方孝儒言：“善怕者，必身有所正，言有所规，行有所止，偶有逾矩，亦不出大格。”意思是懂得畏惧的人行为端正，谨言慎行，偶有出格之处，也不会是大的过失和问题。这就提醒人们要严以律己，谨慎从事，切不可忘乎所以，为所欲为。曾国藩的心中就始终装着一个“怕”字。道光二十五年（1845 年）五月，曾国藩升任詹事府右春坊右庶子，他在写给弟弟的家书中说，这次升官出乎意料，早晚恐惧反省，实在没有德行足以当此大任。弟弟们在远隔几千里之外的地方，一定要匡正我的不到之处，时时寄信规劝我的过失。务必使我家历代积累的德行不会从我开始堕落，也许可以保持圆满平安，得以免除颠覆的危险。弟弟们能够常常规劝，便是我的良师益友。而弟弟们也要时刻保存敬畏之心，不要认为家里有人做官，就敢于欺侮他人，不要认为自己有学识，就敢于恃才傲物。这是在提醒自己和家人，要懂规矩，存警戒，知惧怕，不能得意忘形。曾国藩认为，作为官员，对权力心有敬畏，自己和家人都不能利用影响力干预公事。他的父亲好管闲事，有时候喜欢替人说情，曾国藩在京城做大官，老家那边的声望自然也不小。为此，曾国藩专门劝告父亲说：“我家既为乡绅，万不可入署说公事，致为官长所鄙薄。即本家有事，情愿吃亏，万不可与人构讼，令官长疑为倚势凌人。”[②]他还经常告诫子弟，做事要凭真本事，不要拉关系、

①（唐）孔颖达疏《毛诗正义》，中华书局，1980 年，第 449 页。

②（清）曾国藩撰《曾国藩全集》（第 20 册），岳麓书社，2011 年，第 101 页。

走后门，作为高官的家属更应该有敬畏之心。其次子曾纪鸿多次参加科考，都没有考中，曾国藩担心儿子在科考中有想法，在同治三年（1864 年），写信叮嘱儿子说：“世家子弟，门第过盛，万目所属（瞩）。临行时，教以三戒之首，末二条及（极）力去傲惰二弊，当已牢记之矣。场前不可与州县来往，不可送条子，进身之始，务知自重。”[①]心存敬畏，头脑清醒，是曾国藩一生的为官之要、成事之道。

恪守公心

朱熹曾说：“官无大小，凡事只是一个公。若公时，做得来也精彩。便若小官，人也望风畏服。若不公，便是宰相，做来做去，也只得个没下梢。”[②]正如朱熹所言，公正是做官的底线，只有秉公为官，才能把事情做好，才能让人服气，如若没有公心，就是官位再高，也是做不成什么事的。对此，曾国藩说：“国藩向来办事不执己见，亦不轻徇人言，必确见利害所在而后舍己从之。”[③]又说：“大局所在，只论地形之要害，不得顾友朋之私谊，即君父谕旨所指示，亦有时而不敢尽泥也。”[④]还说：“参访舆论，未敢以己意为是非，考求实际，亦不敢以人言为好恶。”[⑤]曾国藩认为，个人的主观臆断和他人的私下言论都是处事公正的绊脚石，前者将主观意志凌驾于实际情况之上，影响是非判断，后者借助私人交情、裙

①（清）曾国藩撰《曾国藩全集》（第 21 册），岳麓书社，2011 年，第 309 页。
②（宋）黎靖德编，王星贤点校《朱子语类》（第 7 册），中华书局，1986 年，第 2735 页。
③（清）曾国藩撰《曾国藩全集》（第 28 册），岳麓书社，2011 年，第 804—805 页。
④（清）曾国藩撰《曾国藩全集》（第 22 册），岳麓书社，2011 年，第 394 页。
⑤（清）曾国藩撰《曾国藩全集》（第 26 册），岳麓书社，2011 年，第 579 页。

带关系，于无形中侵蚀公心。有鉴于此，在做官做事时，要把握大局，实事求是地分析问题，不能被主观偏见和他人言论遮蔽了眼睛，要把确见利害、考求实际作为自己公正办事的基本原则，在处理公务的过程中摒弃一切不合时宜的个人成见、私谊人言，消除隐患，守住公心。

勤政务实

曾国藩本是文臣，他自己也常说原本更愿做个文人，以读书习文为乐，只不过历史愣是将他推上了军事舞台。但他一旦身为统帅，就认真了解和研究兵事，而且还要精心钻研。例如他在给曾国荃的一封信中曾谈到一种劈山炮，说劈山炮是陆军利器，可装五十发炮弹，威力巨大。使用的时候，先是装满弹丸，再用稻草球子封上，然后用搠杖多杵几下，让草球紧贴弹丸，弹丸紧贴火药，火药紧贴炮膛，这样一来，炮弹的轰炸效果就会大大增强。可见他对劈山炮的了解详尽实在，显然是下了一番功夫的。曾国藩的将领李元度，出身于军中文员，喜好读书作文，也喜欢谈兵论战，曾国藩让他带兵作战，但他仍旧偏爱舞文弄墨，瞧不上军营事务。对此，曾国藩规劝他说："吾辈均属有志之士，亦算得忍辱耐苦之士，所差者，且夫常思咬文嚼字之习气未除。一心想学战，一心又想读书，所谓'梧鼠五技而穷'也。仆今痛改此弊，两月以来，不开卷矣。阁下往年亦系看书时多，料理营务时少。其点名看操、查墙子等事，似俱未躬亲，此后应请亲任之。"①他提醒李元度，既然从军，就要

①(清)曾国藩撰《曾国藩全集》(第23册)，岳麓书社，2011年，第663页。

扑下身子亲理营务，不要因为沉溺于看书而误了军中大事。在咸丰时期，曾国藩上书指摘官员做事存在的不实之风："以臣观之，京官之办事通病有二，曰退缩，曰琐屑。外官之办事通病有二，曰敷衍，曰颟顸。退缩者，同官互推，不肯任怨，动辄请旨，不肯任咎是也。琐屑者，利析锱铢，不顾大体，察及秋毫，不见舆薪是也。敷衍者，装头盖面，但计目前剜肉补疮，不问明日是也。颟顸者，外面完全，而中已溃烂，章奏粉饰，而语无归宿是也。有此四者，习俗相沿，但求苟安无过，不求振作有为，将来一有艰巨，国家必有乏才之患。"[①]在他看来，当时的官场，无论是京官还是外官，普遍存在着遇事推诿、不肯担责、办事敷衍、虚浮不实的风气。曾国藩曾反省自己早年为官也学了些权术、机巧，醒悟后决心返归笃实。凡事如若追求机巧，往往就会以虚代实，陷于虚文浮礼，比如热衷于迎来送往。安徽望江县令周甫文因下乡未能去迎接曾国藩的家人，担心曾国藩怪罪，专门呈文解释。曾国藩为此专门下发了一个批文，对地方官员的过度应酬提出了警戒。有一回，曾国藩离开南京去京城觐见，欢送的场面盛大，使他感到不安："巳正二刻启行。途中观者如堵，家家香烛、爆竹拜送，戏台、酒席路饯者，在署之西为盐商何公远旗等一席，在水西门之外为合城绅士方伯雄等一席，又有八旗佐领及船户等各设彩棚为饯。午正至官厅，少泉、縠山及文武等送别，寄请圣安。余旋登舟，见客五次。吃中饭后，又见客三次……而满城文武士友皆送至下关，坐见之客十余次……念本日送者之众，人情之厚，舟楫仪从之盛，如好花盛开，过于烂漫，凋谢之期恐即相随而至，不胜惴栗。"[②]因白天的欢送场面热闹使他夜不能寐，心事重重，甚至有些担忧。可见，虚浮应酬的风气真的是害人不浅。

---

①（清）曾国藩撰《曾国藩全集》（第 1 册），岳麓书社，2011 年，第 5 页。
②董丛林编著《曾国藩年谱长编》，上海交通大学出版社，2017 年，第 1080 页。

肯下笨功夫

梁启超说过，曾国藩在同时代的名流当中，最是钝拙。曾国藩自己也说："余性鲁钝，他人目下二三行，余或疾读不能终一行。他人顷刻立办者，余或沉吟数时不能了。"[①]在曾国藩的家乡湖南湘乡，流传一个大家耳熟能详的故事：小偷到曾家偷东西，正碰上曾国藩秉烛夜读，一篇短短的文章朗诵了多少遍，硬是背不下来，小偷本想等曾国藩睡着了再下手，等到半夜，见他还在背书不肯睡觉，实在忍无可忍，跳出来骂道："这种笨脑袋，读什么书？"看来曾国藩的"笨"是"举世公认"的。但事实上，正如何贻焜《曾国藩评传》所说："曾公之个性，就智力方面言之，虽颇钝拙，究属中材。"[②]中材之说，应是最公正的评价，就是说曾国藩不是特别聪明，仅此而已。"笨"并不可怕，可怕的是笨而不自知，又或者笨且懒惰。但曾国藩不仅老老实实承认自己"笨"，而且还针对"笨"下笨功夫，有具体的补救办法，他说："吾辈读书人大约失之笨拙，即当自安于拙，而以勤补之，以慎出之，不可弄巧卖知，而所误更甚。"[③]总结其意思，一是认识到自己"笨拙"，所以要守拙，二是要设法补救，要补拙。所谓守拙，就是要正确认识自己，只顾埋头做事，只做力所能及之事；所谓补拙，则要勤、要慎，所谓"勤字所以医惰，慎字所以医骄"，[④]具体来讲，"欲去'惰'字，总以不晏起为第一义""欲去'骄'字，总以不轻非笑人为第一义"。[⑤]"不晏起""不轻非笑人"云云，看似都是琐碎小节，平平无奇，不过

①（清）曾国藩撰《曾国藩全集》（第14册），岳麓书社，2011年，第413页。
②何贻焜撰《曾国藩评传》，岳麓书社，2016年，第118页。
③（清）曾国藩撰《曾国藩全集》（第23册），岳麓书社，2011年，第794页。
④（清）曾国藩撰《曾国藩全集》（第13册），岳麓书社，2011年，第139页。
⑤（清）曾国藩撰《曾国藩全集》（第20册），岳麓书社，2011年，第563页。

曾国藩一生行事，一反成大事者不拘小节之理，向来最重小节，坚忍执着，知一字行一字，踏踏实实，做一分算一分。这是典型的知行合一，实践哲学！多数人都有较强的惰性，拿“不晏起”来说吧，不赖床就是一个看似简单却很难改正的问题，曾国藩认为要以“勤”治“惰”，得首先从改掉睡懒觉做起，实乃对症下药。据李鸿章回忆：“我老师实在厉害。从前我在他大营中从他办事，他每天一早起来，六点钟就吃早饭，我贪睡总赶不上，他偏要等我一同上桌。我没法，只得勉强赶起，胡乱盥洗，朦朦前去过卯，真受不了。迨日久勉强惯了，习以为常，也渐觉不甚吃苦。所以我后来自己办事，亦能起早，才知道受益不尽，这都是我老师造就出来的。”①在读书方面，曾国藩的守拙、勤补表现得更为鲜明。他“读书不二”“穷经必专一经，不可泛骛”。②曾国藩读书还崇尚“耐”字诀：“一句不通，不看下句；今日不通，明日再读；今年不精，明年再读。此所谓耐也。”③曾国藩做人做事用的都是笨法子，这些法子非常适用于资质平庸之人。甚至于曾国藩带兵打仗，也只是善于打“呆仗”，他自己总结说：“十余年来但知结硬寨打呆仗，从未用一奇谋、施一方略制敌于意计之外。”④湘军攻城，不求速成，而讲持久，讲究一个围字或困字，挖下重重壕沟，如铁桶一般围困敌军，待对方弹尽粮绝之时，便是湘军收功之日。因为长于围城战术，曾国藩的弟弟曾国荃得一绰号“曾铁桶”。曾国藩的肯下笨功夫，用看似至拙之功，却能成就大事。胡适晚年曾对秘书胡颂平说：“凡是有大成功的人，都是有绝顶聪明而肯作笨工夫的人，才有大成就。”⑤说的也是这样的道理。

---

①成晓军著《晚清第一智库：曾国藩幕僚》，东方出版社，2013年，第10页。
②（清）曾国藩撰《曾国藩全集》（第20册），岳麓书社，2011年，第48页。
③（清）曾国藩撰《曾国藩全集》（第20册），岳麓书社，2011年，第48页。
④（清）曾国藩撰《曾国藩全集》（第9册），岳麓书社，2011年，第212—213页。
⑤胡颂平编著《胡适之先生晚年谈话录》，新星出版社，2006年，第103页。

一勤天下无难事

曾国藩说“天下古今之庸人，皆以一惰字致败”。[①]以勤治惰，以勤治庸，不管是修身自律，还是为人处世，一勤天下无难事。曾国藩说为官者当有“五勤”：“一曰身勤。险远之路，身往验之；艰苦之境，身亲尝之。二曰眼勤。遇一人，必详细察看；接一文，必反复审阅。三曰手勤。易弃之物，随手收拾；易忘之事，随笔记载。四曰口勤。待同僚，则互相规劝；待下属，则再三训导。五曰心勤。精诚所至，金石亦开；苦思所积，鬼神亦通。”[②]“身勤”，即身体力行、亲身实践、以身作则。曾国藩在军中要求自己早起，不论什么天气、什么环境，他一定“闻鸡起舞”，练兵训话，办理营务。曾国藩对军中将士说：“练勇之道，必须营官昼夜从事，乃可渐几于熟，如鸡伏卵，如炉炼丹，未宜须臾稍离。”[③]言传不如身教，曾国藩就是这样影响手下的幕僚、将领的。“眼勤”，是指平时注意多观察，从细微之处识人。曾国藩带领李鸿章训练淮军时，李鸿章曾带三个人求见，请示安排职务，刚好散步归来的曾国藩对他说无需召见，站在右边的乃忠厚可靠之人，可委以后勤补给工作；站在中间的乃阳奉阴违之人，只能予以无足轻重之事；站在左边的乃上上之材，应予重用。李鸿章惊问道，您是怎么知道的呢？曾国藩说，刚才我从三人面前走过，右边的人垂首不敢仰视，可见他恭谨厚重，故可委派补给工作；中间的人貌似恭敬，待我走过，立即左顾右盼，可见他阳奉阴违，故不可重用；左边的人始终挺身直立，目不斜视，不卑不亢，乃大将之材。曾国藩提到的那位“大将之

①(清)曾国藩撰《曾国藩全集》(第20册)，岳麓书社，2011年，第525页。
②(清)曾国藩撰《曾国藩全集》(第14册)，岳麓书社，2011年，第447页。
③(清)曾国藩撰《曾国藩全集》(第22册)，岳麓书社，2011年，第312页。

材”，就是后来担任台湾巡抚的名将刘铭传。“手勤”，就是要养成动手动脑的好习惯。这一点，曾国藩最有发言权，他几乎每天都写日记，由此反思自己的不足。曾国藩认为：“人之气质，由于天生，本难改变，惟读书则可变化气质。”[1]因此他给自己规定，每天必须坚持看史书不少于十页，如果今天没有完成任务，明天后天必须补上。道光年间他还专门给自己定了每天读书的十二条规矩，严格要求自己每日勤读。勤于读书是曾国藩终身奉行的好习惯，甚至他死前一日仍手不释卷。在写家书方面，曾国藩也是勤奋的典范，他一生当中手不停笔，写了很多家书，通过家书教育弟弟和子女，在他的勤恳教导之下，曾家人才辈出。“口勤”，就是在与人的相处中，不管是对亲朋、同僚、上级还是下属都要耐心沟通，曾国藩秉持的这种为人处世之道，不仅让他成就了自己，成就了家人，也成就了如胡林翼、李鸿章、刘铭传等名臣。“心勤”，就是做事要意志坚定，要耐心、用心。如前所言，曾国藩的科考之路和军事生涯都称得上“屡败屡战”，但他都靠一种锲而不舍的信念成就了功名和业绩。同治六年（1867 年），曾国藩回想当年周腾虎刚到江西军营时跟他说过的一段话，仍感慨不已：自古成就大事的人，都是肯用心的人。我遍察了长江下游的将领，没有一人懂得这个道理，他们必定都会溃败。您目前虽然兵微将寡，但能成就大业的一定是您。

困境中磨炼

修成圣人品格，成就巨大功业的曾国藩也是经历了一番艰难困

①（清）曾国藩撰《曾国藩全集》（第 21 册），岳麓书社，2011 年，第 19 页。

苦,在种种人生苦难中磨砺出来的普通人。他在给弟弟曾国荃的一封家书中,特别谈到自己一生中最难忘、最难堪的四次经历。当时曾国荃刚刚因为消灭了太平天国,战功赫赫,被封为总督,但他在湖北境内得罪了慈禧的宠臣官文,一个月内几次被慈禧严厉斥责,更要命的是京城大小官员都认为他居功自傲,目中无人。一时之间,曾国荃精神焦虑,心情抑郁,甚至萌生了退朝还乡的念头。为了开导弟弟,57 岁的曾国藩在金陵官署给弟弟写了一封信,在信中,他说自己三十年来宦海浮沉,一辈子失败和不如意的事情很多很多,但主要有四件事,使他终生难忘:第一件事是道光十二年(1832 年)到湘乡县考秀才,在应试中被主考官当众斥责,说他写的文章文理不通,秀才没考上。第二年,他再次应县试,仅中末榜,这对自负有才的曾国藩来说打击巨大。但曾国藩并不怨天尤人,反而更加发奋图强。第二件事是在咸丰元年(1851 年),时任翰林的曾国藩向咸丰帝汇报工作,为了能够更好地说明情况,他还画了一幅图,但因为图画得丑陋不堪,遭到满朝文武大臣的嘲笑。第三件事是咸丰四年(1854 年),曾国藩在靖港(今湖南省长沙市望城区靖港镇)兵败,跳水自杀,被人救起,狼狈逃跑,后来搬到城南的寺庙里躲避,遭到当地官绅的耻笑。第四件事是咸丰五年(1855 年),曾国藩在九江(今江西省九江市)兵败。石达开总攻湘军水营,火烧湘军战船,曾国藩坐船逃到江西,后来他又在江西弹劾地方官,第二年他被围困在南昌,江西的官绅全都幸灾乐祸。曾国藩形容自己当时的处境是:一听到春风的怒号,心就要碎了;一看见敌人的战船开过来,就急得转圈圈。曾国藩在信尾对弟弟说:我平生长进全在受挫受辱之时,你一定要咬牙立志,积蓄斗志,增长智慧,千万不要从此气馁,要想立不世之功,成不世之业,离开了“坚忍”二字是不可能的。其实,任何人的成功都是从磨炼中得来的,挫折和失败并不是人生中的“意外”,而是一个人成长道路上的必然,是生活给予的最珍贵的馈赠。我们知道,王阳明也是一个于困境中磨炼、成就功业的人物，在超乎常态的艰难困苦中，王阳明才悟得了超凡入圣之道。

有人说，在中国历史上，能够达到圣人高度的只有两个半人，两个人是指孔子和王阳明，那半个人就是曾国藩。孔子不用多说，王阳明出身于高官显宦之家，天资聪慧，从出生之初就异于常人，被认为是几百年才出一个的旷世奇才。曾国藩就不是这样了，他出身于世代为农的普通家庭，以中等资质，凭借吃苦耐劳，努力奋斗，一步步完成了人生蜕变。对我们来说，或许曾国藩的处世哲学和人生智慧有更多值得借鉴的东西。曾国藩去世后，弟子为他撰写了一副挽联：立德立功立言三不朽，为师为将为相一完人。“三不朽”是古代读书人为人处世的最高标准，出将入相则是读书人的崇高追求，这些，曾国藩都做到了。

◆ 练习与思考

静修养生

在中国传统文化中，静修是很多文人雅士的生活日常。静修并不像看起来那么神秘，其基本方法就是通过呼吸和内心的调节，让忙碌的身心安静下来，减少不必要的体力和精神消耗，得以更好地休息，保障身体健康，并为接下来的工作、学习和生活储备充足的能量。与传统社会相比，现如今人们的生活环境发生了很大的变化，满足人体活动的营养物质比较充沛，但生活节奏更快了，信息载荷更大了，物质极大丰富的同时，忙碌不堪、身心俱疲是很多人的常态。因此，于当下人而言，在辛苦奔波的人生旅途中，适当地按下暂停键，让劳顿的身体停下来，躁动的心灵静下来，稍作休整再出发，实为必要。适当学习一些静修的知识、方法，不管是在办公室、卧室、教室里，汽车、火车、飞机上，还是山林、乡野，甚至是墙角的十分钟候场，乏味大会的漫长等待，在坐卧立行等任何情况下，都可以尝试静修养生。

准备

调饮食：食物是人体摄入营养以维持生命活力的重要物质基础，充足而又多样的饮食是必要的，但食物进入人体以后并不能直接利用，而是要经过胃的消化分解，在小肠里变成乳状物，才能被血液吸收，滋养全身。如果摄入的食物过少或过“软”，营养不够，身体就会疲弱无力，若是过多或过“硬”，又会增加肠胃负担，同样会产生身体不适。总体而言，需要均衡营养，适当饮食，保持肠胃舒适和身体良好；但一般而言，多数人的问题是多食，所以重点还是要提倡节制饮食，尤其是要减少油腻，不食辛辣等刺激性食物，在保证营养的基础上，以素食为佳。

调睡眠：良好睡眠也是静修的重要条件。生活要有节制、有规律，养成固定的作息时间，以保持生物钟整体状态平衡。一般情况下，早睡早起是比较好的习惯，每天晚上十点左右就寝较适宜，最晚也不要超过十一点。睡眠时间适度，要有充足睡眠，但不贪睡，睡眠过度反而会头昏脑胀。睡眠质量也很重要，睡眠之前勿暴饮暴食，要心思平淡，情绪平和。

调举止：调整人体的动态行为，有意识减少体力和精力消耗。减少或停止说话、看手机、看电视、看书、听广播，更不要争吵、奔跑、暴走等。

调事务：合理调整和安排工作、学习、生活中的繁杂事务，保证静修的时空节点不被干扰或打断，最大程度上切断与外界的各种联系。

方法

姿势：因境况或环境不同，静修可采取坐、卧、立等不同姿势。坐姿宜在办公室或居室进行，其方法有盘膝和平坐两种。盘膝姿势应根据身体状况、年龄和筋骨的柔韧性等，左右腿脚采取不同的摆放和交叉姿势，腰部保持自然端正，不必强求一致，以舒适和平衡为宜；双手放松，右手托举左手并轻置于腿上，贴近小腹，掌心向上或朝向腹部均可；头颈平直，嘴巴闭合，眼睛微闭，舌尖轻触上颚。腿部不适的人，可采用平坐的方法，平坐须选择可支撑平直姿势的座椅，小腿与大腿、大腿与上肢均保持直角姿势，双手放于双膝上，其余姿势与盘膝基本相同。如果腰腿不适，则可以采用卧姿，如睡觉一样，有侧卧和仰卧两种，需要注意的是无论采用哪一种，都以身体舒适为宜，侧卧最好右侧向下，以减少对心脏的压迫，其余如头部的颈、口、眼、舌等如前所述。在不具备坐卧条件的情况下，可采用立姿，腿脚和腰部保持自然端正，双手放松、交叉并贴近小腹，头部姿势如前。

呼吸：呼吸是我们习焉不察的身体日常，但在静修过程中，呼吸则是有意识的练习和调节行为。吸气，新鲜空气从鼻孔进入，腹部鼓起，呼气，腹部收缩，浊气从鼻孔排出。初步练习时，有意识拉长吸气和呼气时间，增强腹部肌肉的伸缩能力。经过一段时间的练习，呼吸重新进入不知不觉的状态，气息轻微，仿佛没有一般，但此时的呼吸较为充实饱满。呼吸练习在一开始时可以采用数息法，随着呼吸的起伏，可以重复 1、2 或 1—10 等简单数字，也可以从 1 数到 100 或更多。练习久了以后，可以适当增加一定的时长。呼吸练习可以作为静修过程的一部分，也可以单独练习。

静心：静修的重点在于将心境由心猿意马的动态慢慢调整为意念全无的静态。在采取合适的姿势、调整好状态后，即可进入静心的过程了。双目微闭，舌尖微抬，轻触上颚，使呼吸保持极为轻缓的状态，长短均匀，意念跟随呼吸的重复数息，此时若有杂念闪现，须及时调整，重新回到专心于气息的状态。在静心练习的最初阶段，杂念会反复闪现，甚至会让人觉得练习静心杂念反倒变多了，事实上并不是杂念多了，而是杂念一直都有，静心的时候感觉到了它的存在，一开始出现这种情况是正常的，要持之以恒反复调整，让心思回到专心于气息的状态。在呼吸较为平稳，意念较为恒定后，将意念下移至小腹丹田处，可想象此处有一晶莹剔透的水球轻轻旋动，此时若有杂念闪现，仍要及时摒除，反复多次后，心思自然会徐徐安定下来。在此过程中，如果出现瞌睡的状况，则需要将意念提起到鼻息，适当分心，将精神提振起来，稍待片刻，再将意念下沉至丹田。

权宜

时间和环境允许的情况下，每日早晚各练习一次，每次 30 分钟左右为宜。静修的成效须在数月乃至数年的坚持以后，方才慢慢显现，因此志向专一、持之以恒非常重要。严格来说，静修最好是选择安静舒适的环境较为适宜，但在现实生活中，条件未必完全满足，可以根据情况灵活调整静修的姿势、状态和时间等，如在午饭过后可于办公室静坐或静卧片刻，也可以在紧张的考试或演出前，在考场或舞台的某个角落静立，无论哪种方式，只要能够迅速收视返听，心无杂念，身心自然能够得到很好的休息和调整。静修是“静”的工夫，运动是“动”的工夫，但二者并不相悖，而是相辅相成，在身体条件允许的情况下，适当的运动可以提升呼吸功能、改善血液循环，这对静修显然是有帮助的，前辈的很多成熟经验证明，有效的静修练习也有利于治疗疾病、保持健康，对身体运动机能的恢复和维持是有益的。

延伸探究

中华优秀传统文化历来提倡知识分子个人修养与家国担当并重，作为当代青年知识分子，在追求远大理想、实现人生价值的过程中，如何坚定理想信念、提升道德品质、领悟人生真谛，如何把个人抱负同祖国的前途、民族的命运紧密联系在一起，努力做到心中有良知，行为有担当？推荐以下文献，可就上述问题查找相关资料，进行深入思考，并联系自己的切实体会，以“人生价值与家国情怀”为主题，以某一个为中华文化作出突出贡献的名人为例，撰写一篇不少于五千字的论文。

参阅文献：[日] 冈田武彦《王阳明大传：知行合一的心学智慧》；季羡林《远去的精神担当：季羡林亲历大师本色》。

◆【诗词吟赏】

第五讲
古典诗词的鉴赏

这个世界变化很快，但也有些亘古不变的东西，比如季节。在唐代，炎炎夏日，杜甫到了这个季节晚上热得睡不好，只好起来打开窗子，好吹进丝丝凉意，“仲夏苦夜短，开轩纳微凉”；[①]到了宋代，炎炎夏日依旧会如期而至，诗人秦观为了乘凉，拖着一根拐棍儿，来到江桥堤岸的柳树下，斜躺在一把藤椅上，“携扙来追柳外凉，画桥南畔倚胡床”。[②]

岂止是岁月，还有这千百年的古典诗词，我们也从来没有觉得它们老，反倒是常读常新。古典诗词具有穿越古今的魅力，那是因为它们用优美的语言准确地表达和描述了一些永恒的东西，比如家国、比如人生，再比如情感。炎炎夏日，我们读一读苏轼的这首《菩萨蛮·夏闺怨》，顿觉清凉透骨，情意绵绵：

柳庭风静人眠昼，昼眠人静风庭柳。香汗薄衫凉，凉衫薄汗

①（唐）杜甫《夏夜叹》，《全唐诗》（第7册），中华书局，1960年，第2285页。
②（宋）秦观《纳凉》，《全宋诗》（第18册），中华书局，1995年，第12153页。

香。　　手红冰椀藕，藕椀冰红手。郎笑藕丝长，长丝藕笑郎。①

这是一首回文词，两句一组，下句为上句的倒读，写的是一个女子在夏日的白天小睡的情景，词的上片写闺中女子昼寝，下片写醒后的怨思。上片写：院子里没有风，柳丝静静地垂下枝条，闺中女子安静昼寝的时候，起风了，庭院的柳条摇摆着。微风吹来，凉衫子散出清淡的汗香气，薄衫生出凉意。下片接着写：闺中女子醒来后，吃一碗冰藕消暑解渴。红润的玉手端起了盛有冰块拌藕的小碗，碗冰冷了她红润的手。她回想起阿郎曾笑碗中的藕丝太长了，闺中女子一边吃着长长丝藕痴痴地想念着情郎，一边又嘲笑她的情郎不懂小女子的心思。读完这首词，细心的人也许会说，古代没有冰箱，大热天的，哪里来的冰块？是的，古代没有冰箱，但古人一样有用冰块纳凉的心思和需求，早就懂得在冬日里凿下冰块藏在冰窖里，夏日拿出来消暑，《诗经·七月》就说"二之日凿冰冲冲，三之日纳于凌阴"，②十二月里忙着凿取冰块，正月里把冰块放入冰窖。要读懂这首小词，其实了解这个小小的文化常识，非常重要，这就算是一个小窍门吧。

下面就古典诗词鉴赏谈点粗浅的认识，给大家阅读和品鉴古典诗词提供参照。这里谈的，既不是什么新观点，也不是什么大学问，是古典诗词鉴赏的常识，但这样的常识，却常常被很多人忽视，甚至有的所谓学者也不例外。主要讲两点：一是论世知人，二是识文嚼字。第一点指读古典诗词要有宏阔的眼光和视野，要掌握一定的地理空间知识、历史文化背景，要比较清楚地了解作者的生平事迹、命运浮沉；第二点指要深入文本，识得字词意思，参透字词寓意，索解字词的外延，从而

---

①（宋）苏轼著，石声淮、唐玲玲笺注《东坡乐府编年笺注》，华中师范大学出版社，1990年，第165页。

②（唐）孔颖达疏《毛诗正义》，中华书局，1980年，第392页。

真正理解诗词的主旨，感悟诗词境界，领会诗词韵味。

论世知人

所谓“论世知人”，就是在阅读欣赏古典诗词的时候，首先要看作品产生的时空背景，作家的人生事迹。例如杜甫的诗歌被称为“诗史”，他的诗便与他的生平事迹以及他生活的时空背景紧密相关。例如这几句大家耳熟能详的名句：“荡胸生层云，决眦入归鸟。会当凌绝顶，一览众山小。”[①]“国破山河在，城春草木深。感时花溅泪，恨别鸟惊心。”[②]“黄四娘家花满蹊，千朵万朵压枝低。留连戏蝶时时舞，自在娇莺恰恰啼。”[③]“无边落木萧萧下，不尽长江滚滚来。万里悲秋常作客，百年多病独登台。”[④]杜甫青少年时期家境优越，他跟随做官的父亲漫游吴、越、齐、鲁等地，在父亲做司马的兖州（唐朝州名，在今山东省）城楼远望泰山，便有“会当凌绝顶，一览众山小”这样傲世纵横、卓然不群的气概；安史之乱爆发，杜甫被乱军押送到长安城（唐朝都城，今陕西省西安市），妻子儿女则在延安以南的一个偏僻地方，生死未卜。这年春天，杜甫一个人在长安城东南角曾经的游览胜地曲江边游走，看到杂草丛生、物是人非，咏叹国家危难，痛感家人离散，“国破山河在，城春草木深。感时花溅泪，恨别鸟惊心”；后来为避战乱、求生存，杜甫带着一家人客居成

①（唐）杜甫《望岳》，《全唐诗》（第7册），中华书局，1960年，第2253页。

②（唐）杜甫《春望》，《全唐诗》（第7册），中华书局，1960年，第2404页。

③（唐）杜甫《江畔独步寻花七绝句》，《全唐诗》（第7册），中华书局，1960年，第2452页。

④（唐）杜甫《登高》，《全唐诗》（第7册），中华书局，1960年，第2467—2468页。

都,寄人篱下,在亲戚朋友的帮助下,在浣花溪修了几间茅草屋,过了一段相对安定的日子,此间他写了一些“黄四娘家花满蹊”这样的田园诗歌。后来,战乱结束了,迟暮之年的杜甫想回老家去,唐代宗大历二年(767 年)秋天,杜甫在长江三峡上游的夔州(今重庆市奉节县),面对浩瀚江水滚滚东流,俯仰天地宇宙,回味艰难人生,遂写下了“无边落木萧萧下,不尽长江滚滚来”这样的千古名句。

浦起龙《读杜心解》有一段话,谈自己读杜甫诗歌的感悟:

昔人云:不读万卷书,不行万里路,不可与言杜。今且于开元、天宝、至德、乾元、上元、宝应、广德、永泰、大历三十余年事势,脑中十分烂熟。再于吴、越、齐、赵、东西京、奉先、白水、鄜州、凤翔、秦州、同谷、成都、蜀、绵、梓、阆、夔州、江陵、潭、衡,公所至诸地面,以及安孽之幽蓟,肃宗之朔方,吐蕃之西域,洎其出没之松、维、邠、灵,藩镇之河北一带地形,胸中亦十分烂熟。则于公诗,亦思过半矣。①

古人读书,习惯于“左图右史”,就是左手拿绘有地理山川的地图,右手拿纵横时间长河的史书,蒲起龙谈自己读杜心得,认为要读懂杜诗,需要相关的历史大势烂熟于脑,需要相关的地形山川烂熟于胸,这是非常切实的道理。

再看一首大家熟悉的杜诗《石壕吏》:

暮投石壕村,有吏夜捉人。老翁逾墙走,老妇出门看。吏呼一何怒,妇啼一何苦。听妇前致词,三男邺城戍。一男附书至,二男新战死。存者且偷生,死者长已矣。室中更无人,惟有乳下孙。有孙

---

①(清)浦起龙著《读杜心解》,中华书局,1961 年,第 6—7 页。

母未去，出入无完裙。老妪力虽衰，请从吏夜归。急应河阳役，犹得备晨炊。夜久语声绝，如闻泣幽咽。天明登前途，独与老翁别。①

如论这首诗的情思韵味，通篇大白话，似乎很一般，但它仍然不失为一首名诗。为什么？因为它背后是惨痛的历史事实。唐肃宗乾元元年（758 年），兵部尚书郭子仪率九节度使共二十万唐军讨伐叛军首领安庆绪，叛军大败，逃往相州（今河南省安阳市一带）。子仪挥军疾进，驻军相州西南愁思冈（今宝莲寺镇西郭村、东郭集村一带），安庆绪将主力投入决战，军力丧失殆尽。唐军包围相州城，北引安阳河水灌城。安庆绪向史思明求救，思明以十几万大军救相州，与唐军相遇于相州城北。三月初三，官军在安阳北面摆开阵势，与叛军决战，杀伤相半，突然狂风吹起，黄沙弥漫，对面不见人马，双方士兵惊骇，分头向南北溃逃，郭子仪部队损失惨重，退保洛阳，京城长安闻声警戒。当时杜甫正在洛阳探亲，准备返回华州上任，在归途中，但见兵荒马乱，黎民涂炭。统治者为了补充兵员，实行毫无章法的拉兵政策，不分男女老少，见到就抓。杜甫深为震惊，异常愤慨，写下了“三吏”“三别”。这首《石壕吏》写的就是官府拉壮丁的惨象，邺城就是相州，河阳就是黄河以北的孟县现在属于焦作，退保洛阳的郭子仪在邺城和河阳各设了一道防线。了解了这些后，我们再来读这首诗，就会感受到它背后深厚的历史含蕴。

再如，苏轼有一首《自题金山画像》：

心似已灰之木，身如不系之舟。问汝平生功业，黄州惠州儋州。②

①（唐）杜甫《石壕吏》，《全唐诗》（第 7 册），中华书局，1960 年，第 2283 页。
②（清）王文诰辑注《苏轼诗集》，中华书局，1987 年，第 2641 页。

《庄子·齐物论》说“形固可使如槁木，而心固可使如死灰乎”。[①]苏轼有所谓三次在朝、十二次外任、八方太守、三次贬居的仕途经历，从三十多岁就开始贬谪、流放，数十年的为官生涯差不多都是在贬谪中度过。北宋元丰二年(1079年)因为反对王安石变法，他得罪了朝中权贵。有人在他的诗文中找罪证，苏轼因此在汴京入狱一百三十天，接着被贬为黄州团练副使；在北宋绍圣元年(1094年)苏轼又被发配至岭南，四月贬英州，六月贬惠州；绍圣四年(1097年)，62岁的苏轼又被贬至远在海南岛的儋州，这次苏轼觉得自己可能会死在海南了，因此出发前置办了棺材，儿孙都跪在江边痛哭。还好，他没有死在儋州，在离开贬所北归的途中，垂垂老矣的苏轼写下了这首《自题金山画像》，两个月以后他逝于常州。知晓苏轼的贬谪生涯，就很容易理解这首自喻复自嘲的“自题”诗了。

“论世知人”，有时候还要知道诗词相关的故事或掌故。例如王维的《息夫人》：

莫以今时宠，难忘旧日恩。看花满眼泪，不共楚王言。[②]

息夫人是谁呢？她出生于陈国宛丘(今河南省周口市淮阳区)，陈庄公之女，因嫁给息国(今河南省信阳市息县)国君，故亦称息妫。她在回娘家探亲时，借道蔡国(今河南省驻马店市上蔡县)，被姐夫蔡侯纠缠戏弄。息侯闻知后请楚国帮助报仇，楚文王借机俘虏蔡侯，但楚王又知息夫人美貌，起了贪心，打算亲征息国，强夺息夫人。危难时刻，息夫人甘以一己之身换息国百姓免遭涂炭，以惊人胆略嫁入楚国，成了楚夫人。息夫人入楚宫三年，为楚文王生下两个儿子：楚堵敖和楚成王。

---

①陈鼓应注译《庄子今注今译》，商务印书馆，2016年，第47页。

②(唐)王维《息夫人》，《全唐诗》(第4册)，中华书局，1960年，第1299页。

但很多年过去了，息夫人从未主动说过话，楚王问她是什么缘故，息夫人回答说："我一个女人，伺候两个丈夫，即使不能死掉，又有什么话可说的？"她的话道出了强权、霸权之下，一个弱女子的无奈和自尊，让人动容！但王维为什么要写这首诗呢？据说还有一个与之相关的故事。唐玄宗的哥哥宁王李宪住的宅院旁边有一个卖烧饼的人，他的妻子白净美丽，宁王看上了，就把那个烧饼师傅叫来给了一些钱，将他的妻子娶进了门。一年以后，他问那个女子：你还想念那个烧饼师傅吗？那个女子不说话。宁王让人把那个烧饼师傅叫来，让他们见面，他的妻子看着他，一直流眼泪。当时宁王家里有十来个客人，宁王让大家赋诗，王维就此写了一首《息夫人》。宁王深为感动，就让那个女子回了烧饼师傅家。知道了这个故事，再去读这首诗，是不是又多了一层滋味呢？

再来看一首周邦彦的词作。《少年游·并刀如水》：

> 并刀如水，吴盐胜雪，纤指破新橙。锦幄初温，兽香不断，相对坐调笙。　　低声问向谁行宿？城上已三更，马滑霜浓，不如休去，直是少人行。①

宋朝张端义《贵耳集》有一个这首词写作缘由的故事：一天，徽宗皇帝到李师师家去，恰巧周邦彦也在，听到皇上来了，周邦彦甚是尴尬，急忙藏到了李师师的床底下。徽宗皇帝给李师师带来了一枚江南新贡的橙子，后来李师师和宋徽宗说了些戏谑亲密的话。躲在床底下的周邦彦闲来无聊，就在心里打腹稿，写了这首词。早有学者指出，周邦彦旅居汴梁（今河南省开封市）时，宋徽宗还是个婴儿，从出现在故事中的三个人物的生卒年判断，这个故事是虚构的，但这个故事背景

①（宋）周邦彦著，孙虹校注，薛瑞生订补《清真集校注》，中华书局，2007年，第176—177页。

却为我们理解这首词提供了一个生动有趣的参照。

再来看朱庆馀的这首《近试上张籍水部》：

洞房昨夜停红烛，待晓堂前拜舅姑。妆罢低声问夫婿，画眉深浅入时无。[①]

张籍曾做过水部员外郎，故诗题有此称。这首诗是朱庆馀在参加进士考试之前的行卷诗。什么是行卷呢？原来，唐代科考除了考判文，还考诗歌和文赋各一篇，读书人在参加一年一度的进士科考试之前，为了能够增加考中的概率，就拿着自己写的诗文给当时的一些政治和文坛上有地位的人看，请他们跟当年的主考官推荐自己，这就叫行卷。显然，在这首行卷诗中，朱庆馀把自己比作要拜见公婆的新媳妇。后来，据说张籍还给朱庆馀回了一首诗歌，表达了自己对朱庆馀的赞赏，并让他不必担心，果然这年朱庆馀就考中了。

孟郊的《登科后》也与科举有关：

昔日龌龊不足夸，今朝放荡思无涯。春风得意马蹄疾，一日看尽长安花。[②]

这首诗乍看起来是写考中进士后的兴奋劲儿：从前的困顿不堪一扫而光，今天的心思无比畅快，策马奔腾在长安的街道上，一天就把长安的花看遍了。但如果把视野放大一点点，事实上，它还隐含着新科进士"长安探花"的典故。唐代进士考试是科举考试的一种，进士科中举名额极为有限，每年仅有二三十人，读书人进士中举以后，多数都受到重用，因此进士科最为被世人看重。进士科考试要在每年的寒冬十月

---

①（唐）朱庆馀《近试上张籍水部》，《全唐诗》（第 15 册），中华书局，1960 年，第 5892 页。
②（唐）孟郊《登科后》，《全唐诗》（第 11 册），中华书局，1960 年，第 4205 页。

进行，来年三月春暖花开时节放榜，没有考中的当然是心灰意冷，极少数的幸运儿则是“春风得意”。为了表彰中第举子的业绩，官方在长安城东南的曲江举行游宴活动，长安街巷为之一空，大家争先恐后来看新科进士的风采。游宴活动结束后，还在曲江西边慈恩寺东边的杏园举行“探花”活动。就是要从前三名当中选一个风姿潇洒的新科进士，骑着高头大马，探寻一朵花型巨大、开得艳丽的牡丹花，找到以后，便举着花肆意欢呼，人们前呼后拥，热闹非凡。“长安探花”显然代表一种无上的荣耀。有了上面的掌故背景，对这首诗的理解也就深入得多了。

识文嚼字

很多人阅读古典诗词，有一个习惯，打眼一瞄，字都还不认识，仅凭一点直观感觉和少量的知识储备，就开始高谈阔论。事实上，认字是阅读古典诗词的第一步。比如这首《诗经·螽(zhōng)斯》：

螽斯羽，诜(shēn)诜兮。宜尔子孙，振振兮。
螽斯羽，薨(hōng)薨兮。宜尔子孙，绳(mǐn)绳兮。
螽斯羽，揖(yī)揖兮。宜尔子孙，蛰(zhé)蛰兮。①

这首诗的意思并不复杂，就是通过反复吟咏那些震动着翅膀、数量众多的蝈蝈，来表达祝福多子多孙的美好期冀。对很多读者来说，要读懂这首诗，首先得搞清楚一些字词的读音和含义。螽斯，是蝗虫的一

①(唐)孔颖达疏《毛诗正义》，中华书局，1980年，第279页。

种，也有人说是蝈蝈，这种小昆虫在中国人的生活中并不陌生，它有两个特点，一个特点是通过覆翅的相互摩擦可以发出非常美妙的声音，还有一个特点就是产卵较多，在古代社会，人们觉得这是一种寓意着多子多孙的昆虫。诜诜，就是莘莘，意思是众多；振振，是茂盛的样子；薨薨，虫子群飞的声音；绳绳，延绵不绝的样子；揖揖，会聚的样子；蛰蛰，聚集的样子。认识了这几个字词，这首诗的意思就很清楚了：螽斯振动着翅膀，群集在一起啊。你的子孙多又多，家族真兴旺啊。螽斯振动着翅膀，群飞嗡嗡响啊。你的子孙多又多，家族绵延长啊。螽斯振动着翅膀，会聚挤满堂啊。你的子孙多又多，相聚好欢畅啊。

识字当然还包括能够认识和破解字词背后的典故。一些看似通俗易懂的字词，其实未必那么简单。例如张籍的《秋思》：

> 洛阳城里见秋风，欲作归书意万重。忽恐匆匆说不尽，行人临发又开封。[1]

这里面的秋风，表面看起来就是洛阳城里吹起了秋风，秋天来了嘛，但事实上，“秋风”大有出处。《世说新语》说，张翰在洛阳见到秋风吹起，因而思念家乡吴中的菰菜羹、鲈鱼脍，说“人生贵得适意尔，何能羁宦数千里以要名爵”！[2]于是乘着马车回家去了。那么张籍这首诗就是借张翰的典故，言说自己是客游在外还是挂冠归里的矛盾心态。

在古典诗词鉴赏中，“识字”绝不仅仅就此为止。再来试着读读这首诗：

---

①（唐）张籍《秋思》，《全唐诗》（第12册），中华书局，1960年，第4356页。
②（南朝宋）刘义庆撰，《世说新语》，上海古籍出版社，2012年，第82页。

独坐幽篁里，弹琴复长啸。深林人不知，明月来相照。[①]

这首的意思是：独自一个人坐在幽静的竹林里，弹完了琴复又长啸，幽深的竹林没有人知道我在这里，只有明亮的月亮来与我相伴。篁，是竹林；琴，是古琴，又称七弦琴。长啸是什么呢？是一种口技，魏晋时期的名士特别喜欢用这种口技来抒发自己的超逸之志、郁闷之情，这个长啸里隐含了《晋书·阮籍传》中怀才不遇、佯狂避祸的阮籍“嗜酒能啸，善弹琴”[②]的典故，王维在诗歌中运用这个典故，也自然是别有深意的。

古人在长期的文化积累中形成了很多约定俗成的词语，很多现实生活中的事物，他们在诗词中并不直接用俗语去说，而是用其他比较典雅的词汇代替。沈义父《乐府指迷》中说：

炼句下语，最是紧要，如说桃，不可直说破桃，须用“红雨”“刘郎”等字。如说柳，不可直说破柳，须用“章台”“灞岸”等字……“玉箸双垂”，便是泪了，不必更说泪。[③]

除了这些约定俗成的字词，还有一种情况就是作家为了避免用语太俗，往往喜欢用物象的一部分来指代整体，或者用喻体来代替本体，从而造成典雅精妙的效果，但这也给我们认字造成了很大困难。如吴文英的名作《风入松》：

听风听雨过清明，愁草瘗花铭。楼前绿暗分携路，一丝柳、一寸柔情。料峭春寒中酒，交加晓梦啼莺。　西园日日扫林亭，依

①（唐）王维《竹里馆》，《全唐诗》（第4册），中华书局，1960年，第1301页。
②（唐）房玄龄等撰《晋书》，中华书局，1974年，第1359页。
③（宋）沈义父撰《乐府指迷》，中华书局，1991年，第2页。

旧赏新晴。黄蜂频扑秋千索，有当时、纤手香凝。惆怅双鸳不到，幽阶一夜苔生。①

此词写作者在风雨交加的清明节悼念亡人，想起了当年两人在楼前的柳荫小路上携手游赏，词人在满腔的相思忧苦中借酒消愁，以梦寄情。词人时不时打扫西园，忍不住还要去欣赏晴日的美景，好似那人还在一样，那黄蜂也频频扑向秋千的绳索，大概上面还留有那人的馨香。但令人遗憾的是"惆怅双鸳不到，幽阶一夜苔生"，那女子空无足迹，幽暗的台阶一夜间长满了青苔。这里的"双鸳"指的是一双绣着鸳鸯的绣花鞋，用鞋子上绣的图案指代绣花鞋，又用女子穿的绣花鞋指代女子的足迹。吴文英的另一首词作《踏莎行》也是一首悼亡词，其开头两句"润玉笼绡，檀樱倚扇"，②写一个美丽的女子肌肤温润如玉，穿着轻薄透明的纱衣，用团扇轻遮着红色的樱桃小口。这里的"润玉""檀樱"都是用喻体指代本体，典雅而又含蓄。

还有一种字词也不好认。如温庭筠的《南歌子》：

井底点灯深烛伊，共郎长行莫围棋。玲珑骰子安红豆，入骨相思知不知。③

此诗由双关语构成的谜面极多，何以非得"井底点灯"？因为后面还要"深烛伊"，井底才算足够深嘛；"烛"当读作"嘱"；"长行"就是双陆，古代的一种赌博游戏，却又谐音双关游子"长久远行"；"围棋"谐音"违期"；"入骨相思"既是指嵌入骰子的红豆（即相思子），又是指女方

①（宋）吴文英撰，孙虹、谭学纯校笺《梦窗词集校笺》（第3册），中华书局，2014年，第953—954页。

②（宋）吴文英撰，孙虹、谭学纯校笺《梦窗词集校笺》（第3册），中华书局，2014年，第1542页。

③（唐）温庭筠《南歌子词二首》，《全唐诗》（第17册），中华书局，1960年，第6764页。

的一片痴情。如果不“识字”，又怎样来欣赏这首诗呢？

其实很多诗词在识字上下点功夫，做点文章是很有趣的，这里暂且把这种功夫叫作咬文嚼字。下面举两个例子。先来看苏轼的《惠崇春江晚景》：

竹外桃花三两枝，春江水暖鸭先知。蒌蒿满地芦芽短，正是河豚欲上时。①

这首题画诗描绘了这样的景致：竹林之外，三两枝桃花悄悄绽放，碧波荡漾的春江之上，有几只鸭子在戏水，它们大概已经最先感知了江水的暖意。岸边蒌蒿遍地，芦笋也发出了嫩绿的幼芽，这正是河豚由江入海、逆流而上的早春时节。这首诗只作这样理解，也已经非常不错了，但清代人毛奇龄在与朋友谈论它的时候，抬杠说：“鹅也先知，怎只说鸭？”他的意思很清楚，“春江水暖”之时，能够感知江水温度的除了鸭子，还有鹅，照此推理，大概还应包括水里的鱼鳖虾蟹等。其实，非得较真的话，毛奇龄的说法也不一定就能站住脚。首先，苏轼这首诗是看了惠崇的画作以后写的，画面上春江戏水的大概正是鸭子，而不是鹅；其次，据说鸭掌上面的血管和神经要比鹅掌丰富得多，因此，它们感知水温的能力要超过鹅；还有，鸭绒比鹅绒更保暖，比较之下，鸭子更有资本破冰入水；最后，鸭子的皮下脂肪也比鹅更厚实，这也保证它有较好的耐寒性。循此门径，可再试着读读“蒌蒿满地芦芽短，正是河豚欲上时”。“蒌蒿”，又名芦蒿、水蒿等，是菊科类多年生草本植物，可食用，亦可入药；“芦芽”，即芦笋，是芦苇的嫩芽，多生在河边泥沼中，剥掉笋衣，里面的嫩茎呈竹节状，可食用，味鲜美。苏轼的学生张耒在其《明道杂志》中记载长江一带的人喜食河豚，“但用蒌蒿、荻笋、菘菜三物，云

①（清）王文诰辑注，《苏轼诗集》，中华书局，1987 年，第 1401 页。

最相宜”，[1]此云“荻笋”即是芦笋，据此，“蒌蒿”“芦芽”正是烹调河豚的绝佳配菜。苏轼是有名的美食家，他的联想是有事实根据的。这样看来，苏轼的题画诗就有了另一层有趣的理解：在清幽的竹林深处，偶见三两枝桃花，春江之上，有几只鸭子，河岸满是蒌蒿，芦笋茁然而出了，新鲜的河豚也该上来了，逮一条和蒌蒿、芦笋一炖，真是难得的美味啊！诗情画意固然是苏轼这首题画诗的重要特征，但深厚的生命底蕴、扑面而来的生活气息，更是其引人入胜的一个方面啊。

再来看李商隐的一首《无题》：

> 昨夜星辰昨夜风，画楼西畔桂堂东。身无彩凤双飞翼，心有灵犀一点通。　　隔座送钩春酒暖，分曹射覆蜡灯红。嗟余听鼓应官去，走马兰台类转蓬。[2]

这首诗写诗人于一个春风沉醉的晚上，在雕梁画栋的华堂参加一场欢宴。但作者并没有像惯常的思路那样写喝酒，写作诗，而是写行酒令的游戏。先看“身无彩凤双飞翼，心有灵犀一点通”。彩凤，当时唐代流行的一种博彩游戏，这种游戏用的骰子一面是白面，刻着彩雉，也被称为凤凰，另一面是黑色，刻着犊，就是牛。所以这里明写的是手里面捂着骰子，心里面念叨着下一把是彩凤双飞，下一把是灵犀一点，但同时又以此比喻和在座的一个人暗生情愫、心有灵犀。再来看“隔座送钩春酒暖，分曹射覆蜡灯红”。这两句写了两种行酒令的把戏，一种是“送钩”，一种是“射覆”。“送钩”也叫“藏钩”，类似于现在的击鼓传花，就是把一枚玉钩在宾客手里传递，叫人猜物在谁手，猜中为胜，否则为败，败则罚酒。“射覆”也是猜物游戏，与藏钩

①（宋）张耒著《明道杂志》，中华书局，1985年，第3页。

②（唐）李商隐《无题二首》，《全唐诗》（第16册），中华书局，1960年，第6163页。

类似，“射”就是猜的意思，只不过所猜的物件要盖住而不是传递。在碗、盘等的器具下面遮盖什么东西，让人猜测所覆何物。弄明白了这几个字词，这两句诗就容易理解了：红烛高照，大家吆喝着行酒令，热热闹闹喝着春酒。但有一个细节要特别留意，那就是“隔座”“分曹”，与谁隔着座，与谁分组，诗句暗示作者眼睛里留意着一个人，这个人可能就是前面两句诗里那个暗生情愫的女子。只是到底是谁，到底两人是什么关系，作者统统没有交代。不仅如此，就在春夜融融的迷梦中，欢宴终将散去，不知不觉京城报晓的街鼓已经响了，“我”又不得不去官府上班了，骑着马走过御史台，一股身世飘零之感突然间涌上心头。

鉴赏示例

上文讲的论世知人、识文嚼字的功夫往往要一起用在诗歌鉴赏上。一起看杜甫的《赠卫八处士》：

人生不相见，动如参与商。今夕复何夕，共此灯烛光。少壮能几时，鬓发各已苍。访旧半为鬼，惊呼热中肠。焉知二十载，重上君子堂。昔别君未婚，儿女忽成行。怡然敬父执，问我来何方。问答乃未已，儿女罗酒浆。夜雨剪春韭，新炊间黄粱。主称会面难，一举累十觞。十觞亦不醉，感子故意长。明日隔山岳，世事两茫茫。[①]

①(唐)杜甫《赠卫八处士》，《全唐诗》(第7册)，中华书局，1960年，第2257页。

先看诗歌的时空背景，此诗写在安史之乱后，杜甫贬官至华州，顺便请假回洛阳探亲，回家发现人去楼空，回转的路上，在奉先县遇到了一个二十年不见的老朋友卫八先生，应邀到其家小聚，第二天离去。后来杜甫写了这首诗。很显然，这里面既有乱世流离的伤感，也有人生易逝的哀叹，当然也有久别重逢的温馨以及明日别离的迷茫。

这里面有几个字需要认识，一个是参与商，一个是黄粱，一个是春韭。参与商，是两颗星星，商星居于东方卯位（上午五点到七点），参星居于西方酉位（下午五点到七点），一出一没，永不相见。“黄粱”是什么？《尔雅》说，“黄粱穗大毛长，米壳俱粗于白粱”。依古人的视角来看，“黄粱”小米固然颜色鲜艳，在品质上却比不得精细的“白粮”大米，因此这里的晚饭不过是掺着黄色小米的大米饭，只是杜甫觉得已经难得，十分知足。

那个“剪春韭”更有趣。韭菜据说至少在先秦时期就已经开始栽培，《诗经·七月》有“四之日其蚤，献羔祭韭”，[①]《礼记》又有“庶人春荐韭”“韭以卵”，[②]大约那时的人要用鸡蛋烹炒“春韭”来祭祀先祖。韭菜又名起阳菜、壮阳菜，它颜色碧绿、味道浓郁，素享“春菜第一美食”的荣誉。冬去春来，天气渐暖，人体阳气始发，韭菜性温，可祛阴散寒，是为养阳佳蔬。韭菜以春天的“头刀子菜”味道最佳，六朝周颙清贫寡欲，终年吃蔬食，文惠太子问他蔬食何味最胜，他回答说：“春初早韭，秋末晚菘。”[③]“春初早韭”积蓄了一个冬天的能量，又得阳春时节天地之精华，不唯体态丰腴肥硕，且颜色绝美，浅碧、淡紫、嫩黄、赤红在嫩绿的叶片和玲珑的韭白处交相辉映，如山雉脖颈的羽毛一样色彩艳丽、秀

①（唐）孔颖达疏《毛诗正义》，中华书局，1980 年，第 392 页。
②（汉）郑玄注，（唐）孔颖达正义《礼记正义》，中华书局，1980 年，第 1337 页。
③（唐）李延寿《南史》，商务印书馆，涵芬楼影印本，第 18 页。

色夺人。杜甫的这盘“春韭”是怎么吃的呢?粗看起来,似乎是到房前或屋后的园子里剪的,因为他说“剪春韭”。如此一来,“剪春韭”就是准备下酒菜的一个程序,而不是一道菜,这与下一句的“间黄粱”这碗饭就不是两两相对了。如果你说“差不多就行了”,那你就错了!杜甫是格律诗一等一的高手,绝对不会出现这样的问题。那“剪春韭”就只有一个可能,它本身就是一道菜。一道什么菜呢?韭菜炒鸡蛋!《礼记》都说“春荐韭以卵”嘛,而且我等俗人都好这一口。是啊,我也一直都是这么想的。但前不久偶翻闲书《山家清供》,有一道“柳叶韭”,读之不觉眼前一亮、口齿生香,干脆照录如下:“杜诗‘夜雨剪春韭’,世多误为剪之于畦,不知剪字极有理。盖于煠时必先齐其本,如‘烹薤圆齐玉箸头’之意。乃以左手持其末,以其本竖汤内,少煎其末。弃其触也,只煠其本,带性投冷水中,取出之,甚脆。然必竹刀截之。韭菜嫩者,用姜丝、酱油、滴醋拌食,能利小水,治淋闭。”[①]依此来看,把春韭码齐后,剪掉韭叶,留下韭白,“煠”制后,投入冷水中,凉拌食用。这里的“煠”字,古同“炸”,有人在转用《山家清供》这段话时径直就改成“炸”字了,这可能会给人带来困惑,到底是油炸呢还是水煮呢?“炸”的本意当然是把食物放在油锅中制熟的一种烹饪方法,但脆嫩的韭菜放在滚烫的油中哪怕只是翻个滚儿,恐怕也是糜烂炽爨,九死一生,还谈何投之冷水“甚脆”的小资情调!好在林洪前面还说了“左手持其末,以其本竖汤内”的话,其实人家说得很清楚嘛,是用滚烫的热水(汤)“炸”的,用现在的专业词汇来说就是“焯水”而已。其实,据《广韵》,“煠,汤煠”,“煠”说的正是“水煮”而不是“油炸”。“煠”完了,再把它投放到冷水中迅速冷却,然后用佐料拌食,爽脆可口,就顺理成章了。看来,“剪春韭”原本是一道菜肴。

①(宋)林洪撰,章原编著《山家清供》,中华书局,2013年,第56—57页。

这样理解到底对不对呢？河南乡土作家冯杰的《泥花散帖》里居然用“妈妈的味道”佐证了我们的疑问。他说“剪春韭”不是室外活动，而是回归屋内的一种烹韭方式，如果你以为手持一盏马灯，半夜到菜地下刀剪韭菜，那就错了。他接着说，“一手拿一束韭菜末端，将另一端放在清盐水里煮，然后剪掉末端，最后投入凉水里，这样烹出来的韭菜，味道清脆可口”“就这么简单！并不是唐诗别解，也不是误读，我家来人时从来就是这一古风”。[①]天哪！孔子有言，礼失而求诸野，诚哉斯言！还有点尾巴没有说完。杜先生说“夜雨剪春韭”，为什么非得说“夜雨”呢？原来，古谚有“触露不掐葵，日中不剪韭”的说法，韭菜最好不要在日下剪，这是深合自然之道的生活常识。此外，所谓“剪”，据说最好不要用金属的刀剪，那样会有铁腥味儿，林洪就说了“然必竹刀截之”的嘛，有人说用碎碗瓷片也不错，这样才能保持韭菜的原汁原味。

遥想当年，在烽烟四起、战祸频仍的间隙，故人重逢，夜雨如诉，在温馨的灯烛下，在真挚的情怀里，那片刻的安宁时光真的是好难得！一碗浊酒，一盘爽脆的剪春韭，自然是难忘的好味道。诗的最后不是说了吗？吃完这顿饭，明天他们就各奔东西，从此又要隔着万水千山，不知道今生能否再见。杜甫的这首诗，有着广阔的时空大背景，又参透了时令节候的奥妙，有深厚的生活味道，却也含蓄优雅，富含文人气、书卷味，当然那盘“剪春韭”也就不仅仅是灶下婢烟熏火燎烹制出来的一道佐酒小菜了。

---

①冯杰著《泥花散帖》，百花文艺出版社，2016年，第72页。

第六讲

中华古诗词吟诵

中华古诗词历经数千年传承,已深深融入民族精神血脉,薪火相传,历久弥新。尽管古诗词的文言体式让当代人产生了不小的隔膜感、疏离感,甚至视为畏途,但这并不能遮蔽其华丽的文辞、优美的情调、婉转的韵律、深远的境界以及丰厚的文化魅力,也挡不住民众对古诗词的热爱。"童子解吟长恨曲,胡儿能唱琵琶篇",[①]在唐代,连孩童和异域胡人都能唱几句白居易的诗歌;"凡有井水处,即能歌柳词",[②]在宋代,乡里百姓也能歌柳永的词作。时至今日,也还有很多古诗词是尽人皆知、耳熟能详的经典:"两个黄鹂鸣翠柳,一行白鹭上青天""大漠孤烟直,长河落日圆""欲穷千里目,更上一层楼""春风又绿江南岸,明月何时照我还""小楼昨夜又东风,故国不堪回首月明中""人有悲欢离合,月有阴晴圆缺""莫道不消魂?卷帘西风,人比黄花瘦"。就古诗词的传播路径来说,如今,主要是通过现代学校教育所形成的经典诗词朗

---

①(唐)宣宗皇帝《吊白居易》,《全唐诗》(第 1 册),中华书局,1960 年,第 49 页。
②(宋)叶梦得《石林避暑录话》,上海书店出版社,1990 年,卷三。

读和背诵。在朗读和背诵方法上，其基础是汉语普通话的阴平、阳平、上声、去声四个声调，以及 b、p、m、f、d、t、n、l 等 23 个声母，a 、o、e、i、u、ü 等 24 个韵母所组成的音节，就是说，现在的古诗词朗读和背诵，用的是当代的发音方法和声韵节律。而在中国古代，有一种重要的诗词创作、学习和传播方式，就是吟诵。

何谓吟诵

吟诵是按照一定的节奏、韵律有感情地吟咏、诵读古诗词的一种方法，它介于“读”和“唱”之间，似读非读，似唱非唱，它比现代的朗读更具有音乐性，但与唱相比，它又没有乐谱，是一种形式自由，却又遵循某些传统规则的“唱”法。具体地说，“吟”就是拉长了声音像唱歌一样地读，“诵”就是用抑扬顿挫的声调有节奏地读，事实上，“吟诵”是基于汉语言本身的韵律和节奏，在“唱读”的过程中，发挥诗词语言本身的艺术魅力，加深对诗词的理解，并最大程度上与作者形成情感共鸣，从而达到“吟咏之间，吐纳珠玉之声；眉睫之前，卷舒风云之色”[①]的情思境界、艺术效果。

关于吟诵，赵敏俐先生在《论传统吟诵与普通话吟诵和新式吟唱的关系》一文中指出，(传统)吟诵是“以语言为本位的艺术”，其“理想的极致应该是语言的意义与声音的完美结合”。[②]具体来说，吟诵事实

①(南朝梁)刘勰著，范文澜注《文心雕龙注》，人民文学出版社，1958 年，第 493 页。
②华锋《传统吟诵与新吟唱》，《河南教育学院学报》(哲学社会科学版)2015 年第 1 期。

上强化了语音的意义，即强化了语言的声调意义和语言组合的节奏意义。再进一步说，吟诵不是四平八稳地朗读，而是要曼声长吟，根据读音和情感变化，声音有高低起伏，节奏有快慢缓急，因为只有曼声长吟才能强化声韵节奏的效果，而对声韵节奏效果的有意识强调，本质上是强化了语言的声音意义。

文学是语言的艺术，语言是“音响形象”，[①]语言用音响的形象显现自身的意义，或者说语言是包含一定形体面貌的符号，这个“形体面貌”可以称为“语象”。那么，语音是语象的物性载体，语象是意义的话语表征，语言的意义如盐入水般蕴含在语象中，人们通过语音在大脑中唤起并形成最原始的“音响形象”就是语象，并通过语象获得意义。比如我说“月亮”，大家的耳中可以听到我发出“月亮”的语音，同时还很有可能伴随一个圆形或半圆形的月亮的形象，如果我说“八月十五的月亮”，大家除了听到我发出的语音，还会感受到一个又圆又大亮堂堂的月亮，甚至还有乐融融的节日氛围，再比如我说“白惨惨的新月”，那就是另一个样子了。再举个更简单的例子，比如我说“狗”，大家听到“狗”的声音同时还伴随一个“狗”的形象，但如果我把“狗”的语气加重，那就伴随着对狗或人不满意的情绪，如果我把“狗”的语气变得舒缓，可能就是高兴、爱恋的情绪，如果我把“狗”重读为“狗狗”或加上尾字读成“狗子”，那意思就又有变化了。很显然，语言本身的声音起伏、节奏快慢是有画面感且有意义的，明白这一点极为重要，因为明白了这一点就清楚了吟诵的根本目的：就是在吟诵的过程中，通过有意识地抬高（同时也是压低）或拉长（同时也是缩短）一些语调，将本人或受众代入文学艺术所表现的原初场景中，在大脑中唤起画面感，通过画

①[瑞士]费尔迪南·德·索绪尔著《普通语言学教程》，商务印书馆，1985年，第101页。

面传达意义和情感，从而给受众留下深刻的印象。

在吟诵的过程中，如果单纯只是按照一定的韵律、节奏抑扬顿挫地读，打个不太确切的比方，就是读的时候有些像和尚念经一样，有高低起伏、节奏快慢，这是"诵"；但也有另一种情况，拉长了声音像唱歌一样，那就是"吟"了。"吟"也有两种情况，一种是有乐器伴奏的"唱"，一种是没有乐器伴奏的清唱或徒歌。比如古时候，孔子有一回被匡人困在宋国，"子路弹琴而歌，孔子和之"，[①]子路、孔子他们一边弹琴，一边唱了《诗经》中的一篇诗歌。例如唐朝卢延让《苦吟》"吟安一个字，捻断数茎须"，[②]这里的"吟"大概就是徒歌了。黄仲苏先生在《朗诵法》里将"朗诵腔调"分为四类，即诵读、讲读、吟读、咏读。[③]前两类类似于吟诵当中的"诵"，后两类类似于吟诵中的"吟"，黄先生认为，前两类适合于有节奏地读或说，如四书、诸子、史书、议论、表奏等古文，后两类适合于如唱歌般歌咏、吟唱诗词、曲子、骈文等本身声韵节奏较为明显的古文。可见，"吟"和"诵"有相同之处，它们都不同于现在的朗读，都用抑扬顿挫的声调有节奏地读，听起来有一定的音乐美感，而且二者按一定的腔调咿呀行腔，行腔使调时又都表现出一定的随意性。所谓随意性就是不管是吟还是诵，其腔调会因为吟诵者的不同理解和在不同场合的情绪变化，表现出很大的主观性。但二者还是存在较大的差别，笼统来说，就是一个是有节奏地唱，一个是有节奏地读。在表现效果上，"吟"的声音拉得较长，节奏、旋律更为明显，更悦耳动听，乐音效果较强，更像唱歌，因此也更难掌握，"诵"的声音拉得较短，主要是表现语言的节奏、韵律，表意效果清晰，听起来像念经，比较容易掌握。

---

①（三国魏）王肃注《孔子家语》，上海新文化书社，1934 年，第 109 页。
②（唐）卢延让《苦吟》，《全唐诗》（第 21 册），中华书局，1960 年，第 8212 页。
③朱自清著《语文杂话》，生活·读书·新知三联书店，2012 年，第 81—82 页。

那么，吟诵中的“吟唱”是不是就成了唱歌了呢？这一点必须弄清楚。我们一再强调，吟诵是“以语言为本位的艺术”，因此尽管吟诵尤其是其中的“吟唱”很像唱歌，但要注意吟诵的核心是语言，唱歌的核心是音乐。这有什么差别呢？举个最简单直观的例子，比如一首歌曲，你经过学习之后，有时候会忘掉了它的歌词，但记着它的曲子，经过哼唱，你又慢慢记起它的歌词，这说明在歌曲传唱中，音乐才是其根本和核心要素。而吟诵却不是这样，吟诵的目的是记诵和传达古诗词的内容和情感，在吟诵的过程中，主要是通过发挥和调动汉语言本身的音律、节奏等，达到因声造境、因声传情、因声感人的目的。为了配合上述吟诵行腔艺术效果的达成，吟诵者可能会借鉴唱歌的行腔技巧，借助乐器的伴奏配合，使吟诵的声音更富表现力、感染力，更具音乐色彩，但吟诵始终都是以文学语言为本位，所有的努力都是为突出诗词语言的艺术魅力，音乐只是润色渲染，即便是音乐伴奏的吟诵，最后也要达到“吟咏之间，吐纳珠玉之声，眉睫之前，卷舒风云之色”，耳朵里要听到的是如珠玉般圆润动听的文学语言，眼前可浮现的是美妙如画的文学图像。也正是因为吟诵的要害是语言本位，所以，不同地域如苏州、常州、陕西、河南等地的人，对同一首诗词，在吟诵时于平仄、节奏及情感的处理上基本没有什么差别，用的调子却相差甚大，但这并不影响大家对传统吟诵的共识。

总之，吟诵是一种按照一定的韵律、节奏读诗词的方法，是一种以文学语言为本位的艺术形式，是古典诗词创作、传播的有效手段，也是文人阅读诗词、陶冶性情的重要途径。其主要功能是服务于诗词教学，也是大家学习古诗词的有效方式，有的有一定表演色彩，但表演始终不是其主要目标。因为古诗词教学所需，中华古诗词形成了一些学堂师生或家族成员之间口口相传的吟诵调，这些吟诵调是我们学习和传承吟诵的基础资料，也是吟诵入门的重要参考。

吟诵传统与传统吟诵

吟诵有悠久的历史,众所周知,诗歌本就是“唱”出来的,在诗与歌尚未分化的时候,诗也是吟唱的,歌也是吟唱的,有的或许还伴随着有节奏的手舞足蹈。

中国古老的吟诵传统至少可以追溯到周代,《礼记》既有“春诵,夏弦”,①周王朝官方学校春天口诵诗篇,夏天则配上丝竹伴奏吟诵诗歌,有人猜测说,大约是因为阳春时节孩子们生命力旺盛,因此高声清吟,到了夏天天气炎热,为了提起孩子们的兴趣,所以一边鼓琴瑟一边吟诵诗篇。这种现代人的臆测不必太当真,但当时学校吟诵诗歌作为基本的教学手段却可能是真实的。战国时期教授门徒《诗经》还是“诵诗三百,弦诗三百,歌诗三百,舞诗三百”,②这里面有伴奏歌唱,也有口头吟诵。屈原写的楚辞被人们广泛吟诵,自己有时候也是一边走路一边吟诵,他在《渔父》中自述道:“游于江潭,行吟泽畔。”③所谓“行吟”就是漫步吟唱。可见,诗歌在发生之初,就是吟出来的,也是通过吟诵口口相传的,从发生学的角度来说,这是诗歌也是吟诵的逻辑原点。《诗大序》也说:“情动于中,而形于言,言之不足,故嗟叹之,嗟叹之不足,故永歌之。”④人的情感发生于内心,发生于内心就要通过语言表达出来,但人的语言表现力是有限的,语言表现不出来的,就要通过语气的抑扬顿挫以感叹、叹息,如果还是不够,就吟就唱,这就是吟诵发生的

---

①(汉)郑玄注,(唐)孔颖达正义《礼记正义》,中华书局,1980 年,第 1405 页。
②(清)孙诒让注《墨子闲诂》,上海书店,1986 年,第 275 页。
③(宋)洪兴祖撰,白化文等点校《楚辞补注》,中华书局,2015 年,第 141 页。
④(唐)孔颖达疏《毛诗正义》,中华书局,1980 年,第 270 页。

事理逻辑。

两汉以后，由于官方的提倡，如《汉书·艺文志》所言“能讽书千字以上，乃得为吏”，[①]为博取功名，学童士子“讽书”也就使吟诵成为一种风气和传统。不只是学校，就是较为普通的人家，只要有条件，也让子女吟诵诗书，例如《孔雀东南飞》写刘兰芝“十五弹箜篌，十六诵诗书”。吟诵成为社会风习，由此可见一斑。到了六朝时期，人们开始有意识地研究诗文的声韵节律。沈约在《宋书·谢灵运传论》中提出：“夫五色相宣，八音协畅，由乎玄黄律吕，各适物宜。欲使宫羽相变，低昂互节，若前有浮声，则后须切响。一简之内，音韵尽殊，两句之中，轻重悉异。妙达此旨，始可言文。”[②]沈约认为，诗歌要讲究声音的高低起伏、前后呼应，只有懂得了音韵的规律，才有资格谈论诗文。确实如此，有老先生说，不懂音律就不能真正懂得古诗词，说得虽然有些太绝对，却点出了韵律在古诗词中的重要性。在中华古诗词的传诵过程中，所谓懂音律，显然不是只懂理论，而且是要会开口吟诵。好诗再加会吟，自然是声情并茂，《世说新语》载，袁虎年轻的时候，在船上帮佣，谢镇乘船路过，夜里清风朗月，听闻船上有咏诗声，非常清雅动人，派人问询，原来是袁虎在吟诵自己创作的诗歌。

到了唐代，随着诗歌尤其是格律谨严的近体诗的兴盛，很多文人都把吟诵作为诗歌创作过程中，一种辨别音律、斟酌情感、锤炼字句的手段，时人孔颖达所谓“动声曰吟，长言曰咏，作诗必歌，故言吟咏情性也”。[③]卢延让“吟安一个字，捻断数茎须”，李白“吟诗作赋北窗

①(汉)班固撰《汉书》，中华书局，1962年，第1720页。
②(南朝梁)沈约撰《宋书》，中华书局，1974年，第1779页。
③(唐)孔颖达疏《毛诗正义》，中华书局，1980年，第272页。

里，万言不直一杯水”，[1]杜甫“陶冶性灵在底物，新诗改罢自长吟”，[2]贾岛“两句三年得，一吟双泪流”，[3]都是对此的生动描述。当然，唐朝人学习诗文，同样是“口不绝吟”，有的人几乎是“难教一日不吟诗”。[4]吟诵作为唐朝人诗文传诵的日常，上至帝王，下至百姓，谁都可以吟上两句，《唐音癸签》记载，唐代科举取士，皇帝亲自批阅卷子，“翘足吟咏”士子的诗赋，感叹良久；上文已经提到过的，唐宣宗为白居易写悼亡诗“童子解吟长恨曲，胡儿能唱琵琶篇”，[5]连小孩子、异域胡人都会吟唱白居易的诗词。

宋代以后，人们对吟诵有了更深入的认识。这里有个有趣的故事，说有个人把自己写的诗呈送给苏轼，并亲口吟诵了一遍，声震林野，完了以后，此人问苏轼，您看我这首诗可以打几分？苏轼说可以打十分。那个人又惊又喜，因为能够得到一代文豪的夸赞实属不易。但苏轼又接着说：“七分来是读，三分来是诗，岂不是十分耶？”[6]这说明此人写的诗原本比较普通，却因为相当不错的吟诵功夫得了满分。可见，吟诵水平的高低对诗歌在传诵过程中感染力的影响还是非常大的。作为“苏门六君子”之一的陈师道，曾谈到在吟诵时加入衬字的方法，他说：“善吟古诗者，点缀一二好字，高唱起而知用力着意所在矣。”[7]认为在吟诵的时候，根据文意适当点缀几个好的衬字，对诗意的传达有很好的作

---

①（唐）李白《答王十二寒夜独酌有怀》，《全唐诗》（第5册），中华书局，1960年，第1820页。

②（唐）杜甫《解闷十二首》，《全唐诗》（第7册），中华书局，1960年，第2518页。

③（唐）贾岛《题诗后》，《全唐诗》（第17册），中华书局，1960年，第6692页。

④（唐）杜荀鹤《秋日闲居寄先达》，《全唐诗》（第20册），中华书局，1960年，第7955页。

⑤（唐）宣宗皇帝《吊白居易》，《全唐诗》（第1册），中华书局，1960年，第49页。

⑥王利器辑录《历代笑话集》，上海古籍出版社，1981年版，第72页。

⑦周振甫，冀勤编著《钱钟书〈谈艺录〉读本》，巴蜀书社，2019年，第457页。

用。南宋朱熹也曾说:“大凡读书,多在讽诵中见义理。况《诗》又全在讽诵之功,所谓‘清庙之瑟,一唱而三叹’,一人唱之,三人和之,方有意思。又如今诗曲,若只读过,也无意思;须是歌起来,方见好处。”[①]我们经常说,书读百遍其义自见,朱熹大致也是这个意思,不同的是他说的“读”是“一唱三叹”“歌起来”式的“讽诵”和“唱读”,其实就是基于汉语基本韵律节奏的吟诵,只有这样“方有意思”,才能读出“义理”也就是意思和道理来。

明清时期,不少学者对吟诵提出了一些非常精辟的见解。李东阳论诗之“格调”,认为文章是语言写成的,诗歌的“格调”就在于合乎情感抒发流荡而形成的语音的高低长短、抑扬顿挫,而且这发出来的声音又与“时与地”也就是时代和地域有关。就是说,在李东阳看来,诗歌的吟诵不仅传达诗人的性情,还能表现时代特征和地域风尚,应该说,这样的见解是慧眼独具的!李东阳还认为,对于古人的诗歌,只有通过吟诵才能真正领悟和掌握诗歌的音节、声调、韵律等,只不过现在大家已经不太容易弄明白古诗的声韵节律了。他说:“古诗歌之声调节奏,不传久矣。比尝听人歌《关雎》《鹿鸣》诸诗,不过以四字平引为长声,无甚高下缓急之节,意古之人,不徒尔也。今之诗,惟吴、越有歌。吴歌清而婉,越歌长而激,然士大夫亦不皆能。”[②]李东阳很尖锐地指出,明代时的人已经不太清楚古诗歌的声调节奏,因此他们吟诵《关雎》等古诗的时候,只不过是把四个字都拉长发成平声而已。李东阳的说法事实上启示我们,在阅读古诗的时候,得想方设法揣摩古诗的情思韵味,并反复尝试吟诵,这样才有可能心领神会,日有所得。

清代桐城派文人提出“因声求气”的说法,强调通过诗文语言的节

---

①(宋)黎靖德编,王星贤点校《朱子语类》(第7册),中华书局,1986年,第2612页。
②丁福保辑《历代诗话续编》,中华书局,2006年,第1376—1377页。

奏来把握和领会诗歌的精神韵味。姚鼐说:“诗、古文要从声音证入,不知声音,总为门外汉耳。”[①]姚鼐就是在强调知音韵对古诗文学习的重要性,对于这一点,刘大櫆说得更为详细:“音节高则神气必高,音节下则神气必下,故音节为神气之迹。一句之中,或多一字,或少一字;一字之中,或用平声,或用仄声;同一平字仄字,或用阴平、阳平、上声、去声、入声,则音节迥异,故字句为音节之矩。积字成句,积句成章,积章成篇,合而读之,音节见矣;歌而咏之,神气出矣。”[②]“凡行文多寡短长,抑扬高下,无一定之律,而有一定之妙,可以意会,而不可以言传。学者求神气而得之于音节,求音节而得之于字句,则思过半矣。其要只在读古人文字时,便设以其身代古人说话,一吞一吐,皆由彼而不由我。烂熟后,我之神气即古人之神气,古人之音节都在我喉吻间,合我喉吻者,便是与古人神气音节相似处,久之,自然铿锵发金石声。”[③]刘大櫆的意思非常清楚,诗文的神气来源于音节的高低、文字的节奏,以及它们之间的合理搭配,读古人的诗词文章,要善于设身处地揣摩古人的心思,沉浸式阅读,方可与古人达成精神上的协奏,并在张口吟诵的过程中把诗文的神气表现出来。关于吟诵,翁方纲的弟子回忆,他曾经这样跟他的弟子说:“喉咙必要宽松,盖喉咙乃众妙之门,百味皆可茹入。王渔洋喉咙宽,所以一发声即奄有诸家之长。”[④]翁方纲没有纠结于理论的阐发,而是把重点聚焦于吟诵技巧,所谓“喉咙宽”实际上指的是吟诵发音要浑厚,其情感基调要发自肺腑,这应该是基于长久的吟诵实践得出的重要经验。

---

①(清)姚鼐撰《惜抱轩尺牍》,安徽大学出版社,2014 年,第 120 页。
②王水照编《历代文话》,复旦大学出版社,2007 年,第 4106 页。
③王水照编《历代文话》,复旦大学出版社,2007 年,第 4111 页。
④郭绍虞编选《清诗话续编》(第 3 册),上海古籍出版社,1983 年,第 1961 页。

清末民初，吟诵传统还在继续。例如鲁迅在《从百草园到三味书屋》中写的私塾先生吟诵的场景："'铁如意，指挥倜傥，一座皆惊呢；金叵罗，颠倒淋漓噫，千杯未醉嗬……'我疑心这是极好的文章，因为读到这里，他总是微笑起来，而且将头仰起，摇着，向后面拗过去，拗过去。"[①]其实鲁迅先生自己也一边吟着一边就把诗写了："惯于长夜过春时，挈妇将雏鬓有丝。梦里依稀慈母泪，城头变幻大王旗。忍看朋辈成新鬼，怒向刀丛觅小诗。吟罢低眉无写处，月光如水照缁衣。"[②]但是这种局面很快被打破，自科举制废除以后，私塾教育面临困境，私塾中通用的传统吟诵也渐渐销声匿迹，特别是新文化运动以后，现代教育兴起，白话文被推到历史的前台，古诗词吟诵进一步被边缘化。在新式课堂和新式舞台上，借鉴和融合了西方话剧腔的现代朗诵，逐渐成为主流。中华人民共和国成立以后，随着普通话的推广，各地残存下来的方言吟诵再次被时代风潮所遮蔽。吟诵传统最终被历史所冷落，逐渐成为"绝学"。

朱自清在《论朗读》中写到吟诵被时代浪花淘洗过后的尴尬境地："五四以来，人们喜欢用'摇头摆尾的'去形容那些迷恋古文的人。摇头摆尾正是吟文的丑态，虽然吟文并不必须摇头摆尾。从此青年国文教师都不敢在教室里吟诵古文，怕人笑话，怕人笑话他落伍。学生自然也就有了成见。有一回清华大学举行诵读会，有吟古文的节目。会后一个高才生表示这节目无意义，他不感兴趣。那时是民国二十几年了，距离'五四'已经十几年了。学校里废了吟这么多年，即使是大学

---

①鲁迅著《朝花夕拾》，陕西师范大学出版社，2009年，第27页。
②鲁迅著《朝花夕拾》，陕西师范大学出版社，2009年，第73页。

高才生，有了这样成见，也不足怪的。但这也是教学上一个大损失。”①新文化运动反对封建的旧文化、提倡白话文，为思想的解放和文化的普及等起到了很好的作用，但吟诵这一千百年来古诗词创作、阅读、传诵的重要手段也当作腐朽的东西一并加以废除，不能不说有失偏颇、甚是遗憾。

吟诵作为一种古诗词创作和传播的重要方式，对于古诗词的传承来说，本身具有重要的价值和意义。在 20 世纪二三十年代，除了朱自清以外，还有夏丏尊和叶圣陶等先生都在呼吁学校的国文教育恢复传统吟诵的方法。当然也有人身体力行，充分利用工作的便利条件，开展吟诵教育，那就是唐文治先生。他在主持近代独一无二的书院式大学无锡国学专修学校期间，与桐城派吴挚甫学习“因声求气”之法，通过文章的言语声音的高下长短来诵读，并通过诵读来体会作者的气盛言宜和情思境界。唐文治先生结合桐城派读书法，在长期的吟诵实践中精益求精，细心改造，提出了“熟读精审，循序渐进，虚心涵泳，切己体察”②的读书法，并亲自教授和大力提倡古诗词的吟诵，时人争相效仿，成为著名的“唐调”。此外，赵元任先生曾经在 1925 年录制了部分常州词吟诵调，杨荫浏提出了语言音乐学的理论框架，指出了声韵调为音韵三因素，以及声韵与咬字、声调与旋律、句读与节奏的关系。

吟诵重新得到重视是 20 世纪 80 年代以后的事。1986 年中华诗词学会成立，吟诵交流逐渐增多，20 世纪 90 年代以后，一些学者充分认识到吟诵正在成为“绝学”，因此开始组织录制和整理一些名家的吟诵，也有人开始对吟诵进行学术研究。2009 年 10 月中华吟诵周在北京举行，2010 年中华吟诵学会成立，协会组织全国范围内吟诵的发掘、

---

①朱自清著《语文杂话》，生活·读书·新知三联书店，2012 年，第 86 页。
②陈少松著《古诗词文吟诵导论》，中华书局，2017 年，第 32 页。

抢救、保护和教学等工作，传统吟诵越来越受到社会认可和重视，各地的吟诵活动此起彼伏。

对于吟诵的“复兴”，我们在感到欣慰的同时，也应当清醒地看到，作为一种较为“小众”的传统文化，目前事实上真正懂得传统吟诵、精通传统吟诵的人并不多，而且是越来越少，在一浪接一浪的“国学热”背景下，各地关于吟诵学习和宣传的活动也不断出现，但事实上真正感兴趣、真正入门的人并不多，尤其是喜欢吟诵、懂得吟诵的青年人更是凤毛麟角，吟诵回归中国人的学习日常或许只是一种美好的愿望。如何吸引更多的年轻人在阅读和感受古诗词魅力的同时，也学会这种独特的阅读古诗词方式？如何让更多的年轻人传承并弘扬传统吟诵调，从而最大程度保留并发展这一笔“声情并茂”的文化遗产？以上工作都离不开传统吟诵调的发掘、抢救、整理、研究和保护等系列工作，当然也离不开传统吟诵的学习与实践，而所有的一切，传统吟诵的学习是最重要也是最基础的工作之一。

传统吟诵的基本常识

要想学习传统吟诵，掌握一定的基本常识和规则是非常有必要的。除了基本的诗词韵律、平仄、节奏的知识以外，主要还有平长仄短、平低仄高等两个要点。

诗词韵律、平仄、节奏是古诗词阅读的基本常识，也是传统吟诵的基本常识，具体到某一作品的细节来说，往往是比较复杂的，但总体来说，一两句话就可以概括。用沈约的话来说，其基本规则就是：一简之内，音韵尽殊；两句之中，轻重悉异。简单来讲，就是一句话之内的平仄要交错排布，上下两句之间要讲究黏对。五言的平仄只有四种，就是：仄仄平平仄，平平仄仄平，平平平仄仄，仄仄仄平平；所谓黏对，就是在一联的两句中，平仄是对立的，就是平对仄、仄对平，黏就是后联出句第二个字的平仄要和前联对句第二字的平仄相同，在律诗中就是三二、五四、七六之间的相黏。说到底，这些讲究其实就是要根据语言发音本身的高低长短，适应诗词情感表达所需语气上的抑扬顿挫等提出的声律要求。根据这个基本规则，一首五言绝句就有仄起首句不押韵、仄起首句押韵、平起首句不押韵、平起首句押韵四种格式。七言是五言的扩展，只需要在五言首句前面加两个不同的平仄即可。古人认为律诗要尽可能多用平声，少用仄声，这样的诗读起来更舒服，这就要求在律诗中只有一个仄声字，如“平平平仄平”是可以的，但是只有一个平声字，如“仄仄仄平仄”是不行的，如果出现一个平声被两个仄声字所夹就是犯孤平，是写诗的大忌，绝对要避免。对于律诗的平仄问题，古人有一句口诀：一三五不论，二四六分明。意思就是七言律诗的第一三五（五言是一三）字的平仄可以灵活处理，第二四六（五言是二四）字的平仄必须清清楚楚，严格遵守规则。以上都是律诗的基本常识，懂得了这些基本常识之后，拿到一首律诗，大体读一读，就知道它是属于什么类型，大概应该怎么吟诵了。词的韵律是由诗的韵律发展变化而来的，理论上来说，它同近体诗一样，都要体现节奏、韵律的变化，但因为词的句式长短不一，词的格式多达一千多种，每种格式的字数、平仄、押韵等都不相同，因此传统词调的掌握就不像律诗那样可以以类相从，而是要根据不同的词牌格式灵活处理。

在传统吟诵中，关于其节奏的把握，有一条非常简洁的规则就是“平长仄短”。即平声字要拖腔拉长，仄声字要发音短促、干净利落。例如“白日依山尽，黄河入海流”这两句诗，第一句的“白日”二字入声仄韵，落音短促，“依山”两个平声字要铺开拉长，“山”字要比“依”字更长一些，而“尽”字仄声，故以短促音收住；第二句“黄河”二字平声，拖腔发音，第二个“河”字充分舒展荡漾开去，“入海”二字仄声，声势突转，短促闭合，最后“流”字平声，拖腔长吟，仿佛河流婉转。平长仄短是一条极为简单便利的规则，但在实际运用过程中，同为平仄，其实际长短还要看字词句之间的整体搭配和协调关系，其长短变化往往相对而言。

吟诵过程中，音调的高低搭配也是很重要的，其基本情况无非就是两种，或平高仄低，或平低仄高，不管是哪一种，总之声调向上就往上吟，声调向下就往下吟，就是通常说的“依字行腔”。平仄的高低其实不是绝对的高低，而是指音高的趋向，那么传统吟诵中，到底哪一种更合适呢？我们知道，汉语普通话是以北京语音为基础的，其平声的调值是阴平 55、阳平 35，上声是 214，去声是 51，明显是平高仄低。古人辨音是不标号的，但古人有一个口诀：“平声平道莫低昂，上声高呼猛烈强，去声分明哀远道，入声短促急收藏。”古人还打了一个形象的比方，说譬如击鼓，用木槌轻击鼓之中心，其声为“东”，是为平声，击鼓面之四周，其声为“董”，是为上声，用木槌重击鼓之中心，其声为“冻”，是为去声，以一手扪鼓面，一手重击之，其声为“笃”，是为入声。据学者研究，中古音的调值估计可能是：平声为 33，上声为 35，去声为 53，入声为 5，在总体上为平低仄高。目前综合南北方以当代方言土音为基础的传统吟诵调来看，南方地区的吟诵基本上是平低仄高，东北、西北、山西、河南等北方地区的吟诵多数也是平低仄高。或许可以说，平低仄高是传统吟诵调的大概规律，但在实际的吟诵中，却不必过于拘泥。华锋先生对此有精辟论述，他说：“一是在一个音节单位中，如果连续出现两个平声字，吟诵第一个平声字时的音高应该是高于第二个平声字；如果连续出现两个仄声字，吟诵时第一个仄声字时的音高应该是低于第二个仄声字，二者正好相反。”他还举例说：“‘帘外雨潺潺’的

‘潺潺’二字，‘潺’是平声删韵，此处第一个‘潺’字的音高应该高于第二个‘潺’字的音高，再如“‘罗衾不耐五更寒’中的‘不耐五’三个字都是仄声字，虽然这三个字并没有组成一个节奏单位，也都不在节奏点上，但我们仔细反复吟诵这一句就会发现，这三个字的音高是在逐步攀升。”①

以上所说的吟诵常识和规则，只是就整体情况而言，在具体的吟诵过程中，如果完全按照所谓的平长仄短、平低仄高的规律一板一眼吟诵，就会显得单调乏味。真正好的吟诵必然是长短、高低、松紧等灵活处理，抑扬顿挫，声情并茂的。

吟诵技巧与吟诵示范

传统吟诵的学习是从模仿入手的，而且一开始要适当掌握一定的方法和技巧，在掌握了一些方法和熟练掌握了一部分传统吟诵调以后，就可以试着根据诗词的具体内容、自己的声音特点以及对诗词的理解，进行一定程度的创造和发挥，吟出自己独特的吟诵调了，这就是所谓“吟必有法，吟无定法”。②

吟诵的技巧并不复杂，简单来说，有以下几点：气发丹田，依字行腔，形神并茂，适当留白。下面分别予以说明，并举例示范。

吟诵首先要学会调气发音，这一点极为重要。段安节《乐府杂录》曰：“善歌者必先调其气，氤氲自脐间出，至喉乃噫其词，即分抗坠之

①华锋著《吟咏学概论》，大象出版社，2013年，第249页。

②杨娜《华氏吟诵调：吟必有法　吟无定法》，《岭南师范学院学报》2018年第5期。

音，既得其术，即可致遏云响谷之妙也。”[①]段安节的这段话主要讲了两个要害，一是要调节气息，从丹田就是脐下三寸（长度单位，1市寸合1/30米）的小腹内发动和控制气息，二是要把气息送到口腔内喉部，触动发声器官，从而发出吟、叹等声音。段安节讲的是唱歌技巧，但吟诵的道理是一样的，而且吟诵必须用丹田发音，唱歌除了用丹田发音，还可以用“假音”就是我们俗称的“假嗓子”，吟诵却不可以。

从人类发声的演进而言，发音器官是由内而外逐渐外移的，因此利用腹内的丹田之气也就更符合先民以纯朴为尚的特征。事实上，丹田发出来的气息，就是我们的本真和自然之音，例如叹息、哭泣、大笑、哽咽等就是，再进一步说，其实我们正常的说话也是这样的，打个不太恰当的比方，农村人说话就是这样的。为什么这样说呢？因为农村人说话，常常是在田野里或者室外，空间较为广阔，要“扯”着嗓门“喊”话，所以城里人老有个感觉，觉得农村人嗓门高；相反的，城里人讲话多数在室内，只用口腔和鼻腔的气息甚至只是“动动嘴唇”就够了。说到这里，再重新回到我们的话题中，其实我们是要强调：吟诵用丹田发音的技巧并不复杂，就如我们正常的说话、感叹等一样就可以了。如果再说得具体一点，我们前面讲吟像有节奏地唱，诵像有节奏地读，从发声技巧上来说，吟更像情绪激动地吟叹、吟唱，诵更像娓娓道来的诉说、讲述。比如我们吟诵杜甫的《登高》：“风急天高猿啸哀，渚清沙白鸟飞回。无边落木萧萧下，不尽长江滚滚来。”主要抒发迟暮之年的杜甫穷困潦倒、年老多病、流寓他乡的悲哀之情，所以用吟唱较为合适（华钟彦吟诵调示范）。再如杜甫的《赠卫八处士》是写杜甫在安史之乱过后，请假回洛阳老家探亲，偶遇二十年未见面的老朋友，老朋友请他到家里吃了一顿晚饭，二人举杯畅饮，忆旧怀人。这首诗适合以类似于诉说的语

---

①（唐）段安节著《乐府杂录》，古典文学出版社，1957年，第26页。

调读诵(叶嘉莹吟诵调示范)。

最后补充一下吟诵过程中换气和偷气的技巧。一般来说,吟诵中的换气主要是在节奏点的停顿过程中进行,因为比较起来,这样的停顿时间较长,因此有充足的时间完成换气。偷气则是在一句较长的吟诵中,中间没有足够的停顿来及时换气,为了补充气息的不足,就可以适当利用句子间或词与词、字与字之间的空隙来“偷”气,偷气的时间是极为短暂的,在偷气过程中往往是小腹略微鼓起,气息由鼻翼轻轻吸入,别人甚至自己都不易察觉。吟诵过程中,具体在哪里换气,在哪里偷气,往往会因为不同诗词内容、吟诵者不同的理解和不同的表现能力而差别较大,但多数情况下,可以把换气安排在拖音较长的节奏点(往往是平声字)后面,偷气主要安排在较高音的节奏点(往往是仄声字)之后。我们把换气表示为“H”,偷气表示为“T”,仍以杜甫《登高》为例:“风急天高 H 猿啸哀 H,渚清 H 沙白 T 鸟飞回 H。无边 H 落木 T 萧萧下 T,不尽长江 H 滚滚来 H。”(仄仄平平仄仄平,平平仄仄仄平平。平平仄仄平平仄,仄仄平平仄仄平。)在“高”“哀”“清”“回”“边”“来”等平声字以及仄声字“江”这里可以适当换气,而在“白”“木”“下”等字与其后面的字之间,根据需要适当偷气。

再来说依字行腔。所谓依字行腔,就是在古诗词的吟诵中,要依据字词的语音语调,再辅助以一定的吟诵技巧,吟成一定的腔调,达到咬字清晰、语气明显、字正腔圆、准确无误的效果。之所以强调依字行腔,主要还是因为我们一再强调的,吟诵是一种传统读书法、是一种语言为本位的艺术。吟诵的基本性质决定了古诗词的语音、语调、节奏等,是吟诵发声的根据,吟诵过程中可以加入适当的表现技巧,但其落脚点都是为了更好地表现诗词语言本身的音律节奏的高低、缓急,不必为了表现或表演某种声音或技巧而有意识夸大甚至更改语音语调。因此,所谓依字行腔,简言之就是该怎么吟唱就怎么吟唱,该怎么诵读就怎么诵读,就是要像日常说话一样。这日常说话,除了汉语言本身的语音语调,还有就是语义表达而引发的语音变化,因为高兴、伤心、着急、畏惧、庄重、惊恐、怨恨等种种情绪,自然而然就有了快慢轻重、抑扬顿挫等变化。这些都是人的本能,无须刻意为之。《尚书》有段名言:“诗言志,歌永言,声依永,律和声。”[①]意思是,诗把心里的想法说出来,歌把说出来的话拖长,音乐要依着拖长的诗歌,照顾到音律使之和谐。古人所说的音律就是宫、商、角、徵、羽,就是现在的 do、re、mi、sol、la。那么,上面这段话通俗地说就是:你心里想说啥就说出来,说的时候把声音拖长了就是歌啦, 拖长了再配上 do、re、mi、sol、la 的声律就是诗歌,就是吟唱。很显然,这依字行腔看来也是由来已久,原本如此。

我们举个例子来看。比如《诗经·蓼莪》:“蓼蓼/者莪,匪莪/伊蒿。哀哀/父母,生我/劬劳。蓼蓼/者莪,匪莪/伊蔚。哀哀/父母,生我/劳瘁。瓶之/罄矣,维罍/之耻。鲜民/之生,不如/死之/久矣。无父/何怙?无母/何恃?出则/衔恤,入则/靡至。父兮/生我,母兮/鞠我。抚我/畜我,长我/育我,顾我/复我,出入/腹我。欲报/之德。昊天/罔极!南山/烈烈,飘风/发发。民莫/不穀,我独/何害!南山/律律,飘风/弗弗。民莫/不穀,我独/不卒!”这首诗我们现在读来,主要是写作为子女没有做到终养父母的锥心之痛。诗人见到了蒿草和蔚草,却错当成了莪草,莪草不光美味可食用,而且根茎丛生,所以又叫作抱娘草,就像成材又孝顺的子女,而蒿草和蔚草不仅粗劣不能食用,而且散乱地生长,就像不成材又没有尽孝的子女。作者因此有感而发,想到了自己既不成器又没有对父母尽孝,心里充满了悔恨和伤悲。接着又用瓶子比喻父母对子女的索取,用盛水的罍比喻子女对父母的尽孝,瓶中空空是因为子女没有对父母及时行孝,所以是羞耻的。羞耻到什么地步呢?与其

①(汉)孔安国撰,(唐)孔颖达正义《尚书正义》,中华书局,1980 年,第 131 页。

失去父母而在世上偷生，还不如早点死了的好！这很显然是表达极度的悔恨之意。没有了父母，就失去了人生一世唯一的依靠，就像我们现在常说的：父母在，人生尚有来处，父母去，人生只剩归途。父母没了，出门去心怀伤悲，进门来不知道该干什么。又想起了父母对我的抚养、照顾、庇护、爱惜，一口气用了生、鞠、抚、畜、长、育、顾、复、腹九个动词和九个“我”，真真是不厌其烦，如泣如诉，字字是血，声声是泪。接着诗人又怨天尤人，哭天抢地，埋怨造化无常，让自己失去了对父母尽孝的机会。烈烈、发发、律律、弗弗四组入声叠字，以近乎哽咽的语气，表现此时此刻的肃杀悲凉之气，同时也表现自己的无尽哀思。这首诗只有一个六字句，其余均为四字句，节奏非常简单，除了六字句是二二二式以外，都是二二式，此外再重点留意一下入声字如发发、弗弗等。掌握了以上这些，就可以开始吟诵了，先试着把正确的语音语调读出来，然后第二遍把节奏点拖长，同时根据诗歌内容来决定缓读、急读、重读等。

再说形神并茂。所谓形神并茂就是吟诵的眼神、表情、动作等能够很好地传达作品的情思韵味，栩栩如生，动人心扉。吟诵以语言为本位，因此发挥语言本身的艺术魅力是主体和关键，但与此同时辅之以恰切的肢体语言，也是很有必要的。人在说话的时候，根据感情表达的需要，自然而然会有神态动作等的配合与律动，古人云“情动于衷，而形于言，言之不足，故嗟叹之，嗟叹之不足，故永歌之，永歌之不足，不知手之舞之足之蹈之也”，[①]说的就是这个意思。

眼睛是抵达心灵的窗户，视线的平视、仰视、斜视的角度等，都可以传达特定的情绪。有经验的吟诵者，往往还没有开口，就用某种适当的眼神将观众牢牢吸引住了。吟诵过程中，眼神常常辅助于场景的描述、情绪的传达，我们很容易从眼神中辨认出阔大、高远、迷茫、凄凉、

①（唐）孔颖达疏《毛诗正义》，中华书局，1980年，第270页。

坚定、哀伤、轻蔑、柔和、憎恶、深沉等境界与情思。此外，在吟诵中，眼睛还是我们抵达观众的重要途径，吟诵者通过眼睛可以实时地与观众进行交流，并及时获得反馈，从而能更好地与观众取得心理认同、情感共振。人的面部器官如眉头、眉毛、嘴巴、鼻子等与整体肌肉的松紧张弛，共同构成表情，鼻子一呼一吸，眉毛一扬一蹙，眉头一皱一展，嘴巴一噘一撇或一咧等，都可以表达喜怒悲愁等不同的情绪。除了面部的眼神和表情，手势也是吟诵中重要的辅助手段。以肩部到腰部为中线，按照手势的功能来说，手平放胸前或在肩部到腰部轻轻摆动，多为平缓的叙述，手在肩部以上挥动，常用来表达期望、欢喜、振奋、抗议等较为激烈的情感，手在腰部以下斜指或挥动，多表示厌恶、生气等。一般来说，在吟诵中多用一只手的手指、拳头、手臂、肩膀的变化来表现各种情绪，但有时候为了表示情绪的饱满、有力等，也会用两只手来强化其力度或幅度，使其表达更有气势。在吟诵中，眼神、表情、手势等体态语与语音语调的配合是非常重要的，但毫无疑问的是，充分展现语言的艺术魅力永远都是吟诵的核心和根本，体态语本身只是辅助手段，其运用要做到自然和适度，切不可喧宾夺主。道理其实很简单，体态语是出于思想或情感表达的需要，为补充语言表达的不足，自然而然表现出来的，生理和心理正常的人一般都会自觉不自觉地在吟诵中运用体态语。当然，在吟诵之前，根据诗词内容和情感表现的需要，有意识地进行体态语的设计，并进行适当的练习，这样可能会取得更好的艺术效果，但其设计和运用必须适度，如果能用语音语调传达的就不必再用体态语，更不可以故意乃至过于夸张地摇头晃脑、手舞足蹈。吟诵的过程中，整体要保持端庄、放松的状态，自身浸入诗词的情与境当中，体态跟随情绪律动，优美自然，恰如其分，不露痕迹，这才真正做到了吟诵的形神并茂。以《虞美人·春花秋月何时了》为例，这首词作主要表现李后主的亡国之痛，这种痛苦，陈廷焯说“一声恸歌，如闻哀猿，呜咽缠绵，满纸血泪”，[①]王国维也说“后主之词，真所谓以血书者也”。[②]但细究起来，李后主的这种亡国之痛并非哭天抢地如《诗经·蓼莪》中的锥心之痛，而是经历了国破家亡、大悲大痛，认识到世事无常后，哀而不伤、悲而不凄，节制委婉、如泣如诉的深沉而又无尽的哀愁。这首词的吟诵，就像我们在听亡国之君李后主讲述往事，其情绪的传达基本是以哀婉之态一以贯之的。因此，开始吟诵时，端身而立，眉头略蹙，眼神凄迷，目视左前方，右手轻抚腹部，左手自然伸展，微微前抬。在吟诵中，只需要根据吟诵境界、情感和声腔的变化，适当调整面部的表情、目视的方向，以及左手摆动的幅度或频率等，就可以很好地完成全部吟诵了（陈少松吟诵调示范）。

最后再说一说吟诵中的留白。留白是中国传统艺术的重要表现手法之一，就是在作品中有意识留下空白，以预留空间、营造意境，在中国传统书法、绘画、文学、音乐、工艺等作品中，都有广泛应用。吟诵的留白，是根据文学作品表现的需要，在吟诵过程中有意识地休止或停顿，于声音流转中形成无声的空白，从而荡开生命体验、宣泄内心情绪、营造境界韵味、激发内心视像等，在吟诵上力图达到言有尽而意无穷、此时无声胜有声的艺术效果。从吟诵的技巧来说，一般是遇到节奏点上的平声字就用拖长音，遇到节奏点上的仄声字就要有停顿，但我们所说的留白与仄声字的停顿不是一回事，而是要根据文学作品表现的需要，有意识地选择恰当的关节点，这个点也可能是节奏点上的仄声字，也可能是其他的地方，甚至可能不在节奏点上，而在某个词的中间“故意”断开并停顿。例如《水调歌头·明月几时有》，“高处不胜寒”这一句，可以在“胜”与“寒”之间留白。从语义和逻辑上来说，这似乎不合

---

①王兆鹏主编《唐宋词汇评·唐五代卷》，浙江教育出版社，2004 年，第 529 页。

②施议对译注《人间词话译注：增订本》，岳麓书社，2008 年，第 48 页。

常规，但从引发和预留人们参与词作生命体验的角度而言，这样有意的停顿又是必要的、合理的。

下面以张继的《枫桥夜泊》为例，来具体说说吟诵中留白的运用。这是一首仄起平收（仄仄平平仄仄平，平平仄仄仄平平。平平仄仄平平仄，仄仄平平仄仄平）的诗，大家都很熟悉："月落乌啼霜满天，江枫渔火对愁眠。姑苏城外寒山寺，夜半钟声到客船。（仄仄平平平仄平，平平平仄仄平平。平平平仄平平仄，仄仄平平仄仄平）"平仄略有变化，但因为一三五字可不论，因此，平仄变化可以忽略不计。这首诗写诗人张继在唐天宝十二年（753 年）考中进士以后，在长安做了三年的京官，安史之乱就爆发了，诗人只好带着家人南下避难，初秋的一个夜晚抵达苏州。此时已是夜半时分，诗人站在船头远望，一轮清冷的月亮渐渐落下，一声乌桕鸟的啼叫划破了寒冷的夜空，唯有江边的枫树、江中的渔火与船上愁绪满怀的旅人相伴，远处寒山寺的钟声响了，仿佛是迎接乘船而来的游子。题目"枫桥夜泊"，已经把时间、地点、事件都交代清楚了。"月落乌啼霜满天"一句，景、情、韵和盘托出。"月落"两个仄声字起头，好似空中落音，"乌啼"两个平声字，稍稍拖长音，"月落乌啼"四字在南朝后多用来象征离恨别怨，因此既是实景，又在情感深层荡开一层浓浓的愁绪。"霜满天"当是半夜的凉意与迷茫的天幕共同织造的一种心理景象，似真似幻，并非实景，却又合于诗人满腔愁绪。这句诗的字面精简、文意压缩的程度，实属罕见，可以说，在诗句的容量上达到了极致，满腔的国破之忧、离乡之愁以及报国无门的失落与压抑，满眼、满耳的凄冷、苦寒、哀鸣，全部都纠结成一团，因此，这句诗可以在"落""啼""天"三字后分别留白，从而为荡开寒夜漫漫、愁肠满怀的体验与情思，激发月落乌啼夜色迷茫的视像与境界，留下足够的心理时空。接着往下吟诵，中间两句可以正常停顿。最后一句"夜半钟声到客船"，这寒山寺的钟声浑厚清远，回荡着哲理和禅味，佛典言"众生定业，不可即灭，唯闻钟声，其苦暂息耳”，[①]佛寺钟声升华出解脱众生苦难、启迪众生迷惘的意义。“天下有道则见，无道则隐”，[②]每逢乱世，自诩高洁的士子文人往往倾向于逃避现实、追慕高远，隐居寺庙便是一条很好的途径。这样看来，半夜里寒山寺的钟声，似乎暗合了张继愁肠郁结、隐居避世的心思，因此也就格外的清远和悠长，在“声”字和“船”字后留白，可以更好地营造古雅悠远、清远缠绵的境界。

吟诵是一种传统读书法，学习吟诵可以帮助我们更好地阅读与理解古人的诗词文章，同时吟诵还可以作为教学的一种辅助手段，灵活运用可以起到很好的课堂效果。鲁国尧先生回忆当年在北京大学读书时，听魏建功先生吟诵的场景：

> 我 1955 年考进北京大学中文系，第一学年的课有“古代汉语”，魏先生讲授……魏先生教我们的古代汉语课，两个学期。最后一课，是在 1956 年的 6 月吧，他给我们三个班约一百个学生（含德国、蒙古等国的留学生）吟诵了一篇比较长的古文，抑扬顿挫，摇曳，拖腔…… 对大多数同学而言，闻所未闻，跟平时的高声朗读课文迥然不同啊。在先生吟诵之时，全都屏住呼吸，鸦雀无声，待到先生吟诵完毕，全场爆发出哄堂大笑，声震屋宇。在久久的笑声中结束了这一堂课，亦即结束了这一门课。[③]

可见，声情并茂的古诗词吟诵确实可以给人留下深刻印象。

讲到这里，我们是否可以说，古诗词吟诵值得一学，掌握一定的吟诵技巧、学会一定量的传统吟诵调很有必要？但古诗词吟诵的学习，绝

---

①王国平总主编《杭州文献集成》（第 20 册），杭州出版社，2014 年，第 598 页。
②杨伯峻译注《论语译注》，中华书局，2009 年，第 81 页。
③鲁国尧《古诗文吟诵·我学习古诗文吟诵的经历》，《甘肃高师学报》2013 年第 4 期。

非一朝一夕之功，是需要坚持不懈的。严羽《沧浪诗话》论学写诗的三个阶段，我们不妨拿来作为学习古诗词吟诵的参考：

> 学诗有三节：其初不识好恶，连篇累牍，肆笔而成；既识羞愧，始生畏缩，成之极难；及其透彻，则七纵八横，信手拈来，头头是道矣。[①]

按照严羽的说法，一开始不知道深浅，只知道写，等到懂得了方法，知道了自己的不足，便畏首畏尾，知道透彻明白了，就可以挥洒自如了。吟诵的学习过程，大概也是这样的吧。但因为吟诵是读书法，所以“张开嘴”是很重要的，根据我的经验，吟诵的学习，首先是喜欢、敢开口，其次是多学、勤练，这样自然熟能生巧，熟能成诵。

---

①（清）何文焕辑《历代诗话》，中华书局，1981 年，第 694 页。

◆ 练习与思考

诗词吟诵

根据学习过的吟诵常识和方法，尝试自主吟诵《诗经·桃夭》（全文见本书"精读·古典诗词"），并组织吟诵交流活动。

延伸探究

中华古诗词是中华优秀传统文化的瑰宝，但在国际中文教育中进行中华古诗词教学并不是一件轻而易举的事情。应该选取哪些主题或内容的诗词，采用什么样的方式和方法，才能更有效地开展中华古诗词教学？推荐参考以下文献，深入思考探究上述问题，并围绕"国际中文教育中的中华古诗词教学"等相关论题，进一步查阅资料，撰写五千字左右的研讨论文。

参阅文献：赵昌平《唐诗三百首全解》；沈祖棻《宋词赏析》；叶嘉莹《唐宋词十七讲》。

◆【雅趣生活】

第七讲

陆羽《茶经》与饮茶以及茶道精神

在中国，饮茶，乃百姓日用，士庶共享。作为物质存在和生活所需，与粮食比起来，茶又是一种非必需品，因为没有吃的会饿死人，没有茶喝却无关大局。因此之故，饮茶本身反比基本的物质需求高了一个层次。茶的妙用在于，它不仅解渴，且能提神，解渴是生理层面的，提神却已关涉精神层面。试想在烈日当头的中午，刚刚锄完一垅地回家的农人，饥渴难忍，沏一壶茶，咕咚咕咚喝起来，恐怕主要还是体会喉间与肠胃那种酣畅淋漓的满足感；若是一位闲居的雅人，饮茶就"意未必在止渴，自然更不在果腹了"，对他来说，"赏鉴其色、香、味"很重要，饮茶的形式也很重要：

> 喝茶当于瓦屋纸窗下，清泉绿茶，用素雅的陶瓷茶具，同二三人共饮，得半日之闲，可抵十年的尘梦。喝茶之后，再去继续修各人的胜业，无论为名为利，都无不可，但偶然的片刻优游乃正亦断不可少。[1]

---

①吕秋艳组编《二十世纪中国散文精选》，吉林出版集团有限责任公司，2010年，第347—348页。

环境、器具、氛围、时间，等等，都得恰如其分，一切都得刚刚好。这时候，饮茶就融入人生境界了。作为审美关照的对象，“茶”是一种静态的物质，“饮茶”则是一种动态的形式。茶，正是因为饮用形式的讲究，被赋予了丰富的文化内涵，亦被注入独具特色的茶道精神。这里拟从茶圣陆羽及其《茶经》讲起，追根溯源，粗略谈谈茶文化与茶道精神。

陆羽及其《茶经》

传说陆羽因为相貌奇丑，早年被父母遗弃，3 岁的时候被竟陵龙盖寺住持智积禅师在湖边捡到，善良的禅师便将他留在寺里抚养。禅师卜卦问名，占得“渐”卦，卦辞曰“鸿渐于陆，其羽可用为仪”，[①]渐卦为上九爻，上九爻是乾卦的最后一爻，阳爻居阴位，不正不中，乃危险之象，但如果能够审时度势，考察吉凶祸福，战战兢兢，谦之又谦，功成身退，则大吉。所谓“鸿渐于陆”，那领头雁从高山之巅回归平地之上的队伍中，他们在天空中震动着翅膀飞过，严整轻盈，煞是好看。古代文庙以鸿羽作乐舞，象征谦让不争为礼乐之本，“其羽可用为仪”就是这个意思。总体上来说，这是一个好卦。智积禅师便为这弃儿定姓为“陆”，取名为“羽”，字“鸿渐”。从禅师的本意来说，肯定是想把陆羽培养成一位出色的僧人，但少年时期的陆羽似乎对儒学比对佛学更感兴趣，这个是智积禅师不愿意看到的，为此，陆羽与禅师各执己见，意见不合。也许是为了让他经受更多的历练，禅师让他干一些清扫地面、打扫厕所、补墙添瓦、帮人放牛等杂务，因为没有纸笔写字，陆羽就用竹枝在

①陈鼓应、赵建伟注译《周易今注今译》，中华书局，2015 年，第 464 页。

牛背上写写画画。有一回,禅师觉得他懒惰,还将他打了一顿。终于,陆羽还是离开了佛寺,去做一个演戏剧、弄杂耍的伶人。关于陆羽的生平事迹,目前流传下来的资料并不多,幸好有《陆文学自传》,可以略见其大概。尽管,其自传中对少年生涯的描述显得平淡而从容,对智积禅师,他没有避讳二人的意见龃龉,但总体上是一种感恩的心境。然而,我们还是可以从他作为一个被人捡来的弃儿的出身,和被安排从事的繁重劳动,乃至沦落为伶人的经历中,大致判断,他的少年时期是艰难的。但正如孟子说的那段"天将降大任于是人也"的话一样,早年的困苦或许亦可以看作造物玉汝于成的一种额外眷顾。

天宝年间,陆羽因为出色的表演,受到竟陵太守李齐物和被贬为竟陵司马的前礼部郎中崔国辅的赏识,得到他们的资助和提携,经常与他们一起出游,品茶鉴水,谈诗论文,由此踏足士流。上元年间,陆羽曾经被举荐为叫作太子文学的朝官,但他并未赴任,大历年间他与湖州刺史颜真卿及诸多江东名士一起编修《韵海镜源》,贞元年间,陆羽还做过岭南节度使李复的幕僚。从现有资料来看,陆羽的主要人生事迹基本都是围绕茶事而展开的,他短暂的仕途生涯以及与社会名流的频繁结交,一则谋个闲差,二则得到资助,三则获取声望,而这些都是他从事茶事考察和研究不可或缺的基本条件。可见,陆羽很有可能在某个时期,就许下了终身从事茶事研究的宏愿。那么,为什么一个出身低微,生活条件一般的"素人"陆羽,会选择这样的一条人生路径呢?这大约与唐代盛世环境下兴起的饮茶之风相关。《封氏闻见记·饮茶》有这样一段话,大约可以作为上述疑问的一条旁证:

> 南人好饮之,北人初不多饮。开元中,泰山灵岩寺有降魔师大兴禅教,学禅务于不寐,又不夕食,皆恃其饮茶。人自怀挟,到处煮饮。从此转相仿效,遂成风俗。自邹、齐、沧、棣,渐至京邑。城市多

开店铺，煎茶卖之，不问道俗，投钱取饮。其茶自江淮而来，舟车相继，所在山积，色额甚多。①

应该说，陆羽选择研究茶事作为毕生追求，是顺应了唐代开元天宝盛世时期大江南北兴起的饮茶风尚，而不是如有人为了突出陆羽《茶经》的地位而宣称的"陆羽《茶经》引领了唐代的饮茶潮流"。

天宝年间，陆羽在崔国辅等人的资助下，开始考察茶事，他逢山采茶，遇泉品水，目识口访，笔不暇录，收获满满。后来，安史之乱爆发，陆羽避难浙江湖州，南下途中，顺道收集了江淮流域的茶事资料。此间，他还出游江西庐山、江苏茅山等地，到茶园学习观摩茶农的茶事活动，还和诗僧皎然一起喝茶吟诗、参禅论道。上元初年，回到湖州后，陆羽对茶事资料做了初步整理。他不仅注重收集整理茶事资料，还留心制作饮茶器具。广德年间，陆羽设计制造了一个风炉，工艺精良，上面有"圣唐灭胡明年铸"②的字样，显示了他的家国情怀。此后，陆羽遍游全国三十多个州郡，收集资料，并完成了《茶经》的初稿。按照事物发展的基本逻辑，陆羽的《茶经》应该经历了一个从初稿完成到不断完善的过程。在此期间，陆羽因为《茶经》的完成，声名鹊起，受到名流显贵的重视，有的人还向他学习茶道。陆羽晚年的行迹大致主要在岭南到江南之间，唐贞元二十年（804 年）的冬天，陆羽卒于湖州青塘别业，葬在杼山。《全唐诗》载有陆羽的《六羡歌》，其曰："不羡黄金罍，不羡白玉杯。不羡朝入省，不羡暮入台。千羡万羡西江水，曾向竟陵城下来。"③诗歌表现了他的高洁志向。

陆羽去世后，其《茶经》对后世影响甚大，他也因此被后人尊为"茶

①（唐）封演撰，赵贞信校注《封氏闻见记校注》，中华书局，2005 年，第 51 页。

②（唐）陆羽著，沈冬梅编著《茶经》，中华书局，2010 年，第 47 页。

③（唐）赵璘撰《因话录》，上海古籍出版社，1979 年，第 86 页。

神”“茶圣”。赵璘《因话录》云“至今鬻茶之家，陶为其像”，[①]当时卖茶的人家都供奉着陆羽的陶像，希望茶神护佑获利。宋朝梅尧臣写诗曰：“自从陆羽生人间，人间相学事春茶。”[②]亦是称赞陆羽对茶事的卓越贡献。正如上文所说，饮茶风尚的兴起，并非始于陆羽，但陆羽顺应了这一时代潮流，开始对茶事所涉及的方方面面进行考察、总结与研究，《茶经》便是陆羽关于茶事的一个考察研究报告。陆羽的这一工作是前无古人的，也是脚踏实地、完整全面的：现存《茶经》共有三卷十章，包括卷上：一之源、二之具、三之造；卷中：四之器；卷下：五之煮、六之饮、七之事、八之出、九之略、十之图。第一章讲茶的本源、特性、生长环境、饮茶的德性等，第二章讲采茶、制茶工具，第三章讲如何采茶制茶，第四章列举和描述了成套的茶具“二十四器”（计二十九种），第五章讲煮茶的方法，第六章讲饮茶的方式与过程，第七章讲关于茶事的人物与掌故，第八章讲茶的产地及质量高下，第九章讲和他一样的悠游林下之人在山野环境可以省略的器具，第十章要求将《茶经》内容图写张挂，从而得饮茶之精髓。

陆羽在《茶经》第一章中提出“茶之”“为饮，最宜精行俭德之人”，[③]这短短的一句话可以作为其茶道思想的精髓。对采茶季节、时间、天气状况以及水的选择、器具的使用等，处处体现出陆羽天人合一、顺应天道的思想。对于“二十四器”的成套使用，通过器具的程式和制度设计，以茶代经，以经名茶，尤其是“圣唐灭胡明年造”，更是一语道破，体现了陆羽的济世情怀。第九章和第十章别有意趣。第九章讲，山野林下之

①（唐）赵璘撰《因话录》，上海古籍出版社，1979年，第86页。

②（宋）梅尧臣《次韵和永叔尝新茶杂言》，《全宋诗》（第5册），中华书局，1995年，第3262页。

③（唐）陆羽著，沈冬梅编著《茶经》，中华书局，2010年，第16页。

人大可省略一些烦琐的器具和规范，但最后又强调城里的王公贵族要完整使用全套茶具，从而体会其中的思想规范，这其实是暗示他以茶名经、以茶名道的初衷。第十章竟然教人如何使用《茶经》，实不多见。这看似多余，实则体现了陆羽对《茶经》的自信和期许。同时，也充分表明《茶经》实乃陆羽毕生的事业和心血，凝结了他的理想、情怀、追求。

《四库全书总目》称“言茶者莫精于羽”，此“精”字可谓一语中的，“精”者，用功精深、用心专一也。《尚书·大禹谟》“人心惟危，道心惟微，惟精惟一，允执厥中”，[①]古人在品德的修养上讲究一个“精”的功夫，陆羽用毕生的精力对范围广大的地域进行调查研究，通过走访、观察、学习、研究，“亲揖而比”“亲炙啜饮”“嚼味嗅香”，真是用功精深、用心专一的典范，值得称道。中国人的饮茶之风由来已久，但在陆羽之前，茶事一直都出于自发的状态，长期以来积累的种茶、采茶、制茶、饮茶的经验，还没有人进行系统的搜集整理和研究总结，更未对饮茶进行程序上的规范和制度上的设计，茶一直都在，但茶事的秘密一直没有被发现，陆羽就是那个揭开茶事秘密的第一人。关于茶之源，他提出“南方之嘉木”[②]的论断，赋予茶树以价值与地位；关于茶之用，他认为“为饮，最宜精行俭德之人”，[③]给饮茶以文化品格；关于茶性，他指出其“味至寒”[④]“茶性俭”；[⑤]关于茶的生长环境，他说“茶之笋者，竿烂石沃土”[⑥]“上者生烂石，中者生砾壤，下者生黄土”，[⑦]好茶生在有风化碎石的高山深谷间；关于采茶的时间，他指出“采茶，在二月、三月、四月之间”及

①（汉）孔安国撰，（唐）孔颖达正义《尚书正义》，中华书局，1980年，第136页。
②（唐）陆羽著，沈冬梅编著《茶经》，中华书局，2010年，第3页。
③（唐）陆羽著，沈冬梅编著《茶经》，中华书局，2010年，第16页。
④（唐）陆羽著，沈冬梅编著《茶经》，中华书局，2010年，第16页。
⑤（唐）陆羽著，沈冬梅编著《茶经》，中华书局，2010年，第86页。
⑥（唐）陆羽著，沈冬梅编著《茶经》，中华书局，2010年，第39页。
⑦（唐）陆羽著，沈冬梅编著《茶经》，中华书局，2010年，第11页。

"凌露采焉";[①]关于茶的品质辨别,他提出"自胡靴至于霜荷,八等"[②]标准;关于"茶人",陆羽在"二之具"中有"茶人负以采茶"[③]的说法,将采茶的农人列入"茶人"版图;关于饮茶工具,他罗列一整套的"二十四器";[④]关于饮茶用水,他提出"山水上,江水次,井水下";[⑤]关于煮水的火候,他提出"其沸,如鱼目"及"三沸"[⑥]的标准;关于饮茶的人数,他提出"夫珍鲜馥烈者,其碗数三;次之者,碗数五"[⑦]的"三五"标准;关于茶的产地,陆羽总共记录了四十三州郡产茶,并对其品质给予"上、次、下、又下"四个等级;关于茶道,他指出了"城邑之中,王公之门,二十四器阙(缺)一,则茶废矣",[⑧]但有些时候,喝茶的器具可以适当从宽,既严格规范,又留有余地。总之,陆羽通过《茶经》这一采茶、造茶与饮茶的科学报告,顺应并促进了有唐一代茶叶的生产与饮茶习俗的风行,也开启了唐宋以后茶事和茶文化的蓬勃发展。

《茶经》中的饮茶

饮茶是茶事活动的重要环节,严格来说,它主要是指喝茶的行为与过程,但广义地讲,它既包括器物层面如茶具的配备,也有加工程序

①(唐)陆羽著,沈冬梅编著《茶经》,中华书局,2010年,第39页。
②(唐)陆羽著,沈冬梅编著《茶经》,中华书局,2010年,第42页。
③(唐)陆羽著,沈冬梅编著《茶经》,中华书局,2010年,第25页。
④(唐)陆羽著,沈冬梅编著《茶经》,中华书局,2010年,第188页。
⑤(唐)陆羽著,沈冬梅编著《茶经》,中华书局,2010年,第80页。
⑥(唐)陆羽著,沈冬梅编著《茶经》,中华书局,2010年,第82页。
⑦(唐)陆羽著,沈冬梅编著《茶经》,中华书局,2010年,第100页。
⑧(唐)陆羽著,沈冬梅编著《茶经》,中华书局,2010年,第188页。

层面如炙烤茶饼、煮茶等，当然也包括喝茶。

陆羽《茶经》“卷中”“四之器”用整整一卷的篇幅，详细介绍了全套茶具，共有 24 件计 29 种，以及它们的尺寸、材质、功能等，涉及碾磨、生火、煮茶、盛茶、盛盐、盛开水、饮用、清洁、陈设等方方面面，敦实厚重如烧火的风炉，小巧轻薄如贮存烤好的茶的纸囊，粗绸做的擦洗用的巾，过滤水的漉水囊，盛放洗涤水的涤方，盛茶的罗合，敲碎炭块的炭挝，夹炭火的火筴，事无巨细，无一不备。这一整套的茶具在茶事中的出现，绝对不可小视。从根本来说，后世所谓的“茶艺”“茶道”，都是基于规范成套的茶具这一重要的物性载体。茶叶品鉴、用水品鉴、烹茶技术、茶具审美、环境布置、倒茶技艺、饮茶礼仪等，以茶具为依托，逐渐形成了茶艺与茶道。

陆羽《茶经》还描述了规范的煮茶方法。简单来说是这样的：将采摘的茶叶放笼屉上蒸过以后，用杵臼捣烂，放入模具，压出茶饼；再将干燥后的茶饼放在火上烤炙；接着将烤炙的茶饼碾制成茶末；然后加入选好的水煮茶，“三沸”过后，便可饮用。

煮茶有很多讲究。比如说煮茶用的火，用炭火最好，其中专门烧制的白炭也就是木炭最好，用桑树、槐树、桐树等火力猛的都可以，但千万不要用那些本身有油脂味的柏、桂等木炭，以及粘上腥膻油腻气味的木炭，还有就是涂抹过以及腐败了的木器废料等，总之是要注意炭火的干净无异味，以免木炭的杂味混入茶水。陆羽将不适宜的木柴煮出来的味道叫作“劳薪之味”，[①]唐朝苏廙《十六汤品》将这种混入了烟味或其他异味的茶叫作“魔汤”，说“调茶在汤之淑慝，而汤最恶烟。燃柴一枝，浓烟蔽室，又安有汤耶？苟用此汤，又安有茶耶？所以为大

①（唐）陆羽著，沈冬梅编著《茶经》，中华书局，2010 年，第 79 页。

魔”。[①]再如煮茶的用水，上文提到过，以山水最好，其次是江河水，井水最差。饮用山水最好选择甘美清洌的山泉水，或者石池里缓慢流动的水，那些喷薄奔流的泉水不要饮用，久饮这种水会使人的颈部生病。还有些水，如蓄积在山谷中的水，表面看来非常清澈，但因为不流动，容易被污染，再有江河水得到人烟稀少的地方去取，井水得到人们经常用的井里去取。

更讲究的是煮茶的火候。水加热后，会有像鱼的眼睛一样的小气泡冒出，并伴随有轻微的响声，这称作“一沸”；锅的边缘气泡不断如泉水一样连成珠子往外涌的时候，就是“二沸”；当水在锅里如波浪般翻腾的时候，就是“三沸”了。如果过了三沸再继续煮的话，水就会变老了，变老的水味道就不好了，就不适合饮用了。根据《茶经》中三沸的描述，有人专门做了水温实验，发现一沸的水温大约是 89℃—92℃，二沸的水温大约在 92℃—95℃，三沸的水温在 95℃—100℃。陆羽对煮茶火候的认识是很有道理的，现代人们根据经验也普遍认为，用嫩叶制作而成的品质较好的绿茶、白茶等，一般以 80℃左右的水温为宜，而花茶、红茶、乌龙茶、普洱茶和低档的绿茶等，则适合用 100℃的水冲泡。在一沸时要把水面形成的一层叫作“黑云母”的水膜清除干净，然后用小匙在水中拨入少许盐，盐用来去除茶水的苦涩之味。在二沸时，舀出一瓢水待用，然后用竹夹搅动，在锅中形成一个水窝，然后在水窝中心加入适量的茶末(陆羽时代煮茶用的是碾磨过的茶末)，等到水再次沸腾起来，便可加入刚才舀出的水，以便减缓沸腾，养育水面的汤花。

酌茶，就是按照人数向茶盏中分茶，也是有讲究的。一壶水的量是有限的，往水中加入的茶也是有限的，如何根据人数的多寡，均匀地分配茶水，同时又要保持茶水的味道不会变得淡而寡味，这很考验酌茶

①乐砚仲辑录《唐宋茶典手抄八册》，华中科技大学出版社，2019 年，第 87 页。

的技巧和水准。烧水一沸时清除黑云母，二沸时舀出的水品质最好，叫作“隽永”，放在熟盂中，作为育华救沸之用。陆羽很注重茶水表面形成的沫饽，认为这是茶水的精华所在。沫饽通俗地说就是茶末煮出来的浮沫，汤花薄的叫“沫”，厚的叫“饽”，轻细的叫“花”。按照陆羽的说法，那汤花有的像池塘上的枣花，有的像浮萍，有的像晴朗天空中的鱼鳞状浮云。那茶沫有的像水中的青苔，有的像飘落水中的菊花。那沫饽则一层层白的像积雪，有人写诗形容沫饽“焕如积雪，晔若春敷”。[①]酌茶的要领是要让各碗里的沫饽均匀分配，但是因为味道浓郁的汤花浮在茶汤的上面，因此茶水的第一、第二、第三碗，味道依次减弱，第四、第五碗就没什么香味了，陆羽说如果不是口渴的不行，第四、第五碗是不要喝的。为了喝到气味芳香的茶水，陆羽采用的是宁缺毋滥的方法，具体来说，就是一次烧的水只煮三碗或五碗，如果在座的有五个客人，就煮三碗茶，然后均匀分给五个人喝，如果在座的有七个人，就煮五碗茶，然后均匀分给七个人喝，如果是六个人的话，就按五个人煮，在分配之前补上那碗舀出来的隽永即可。总之，茶水的量可以少点，但要尽量保持其美味。

陆羽在《茶经》中对沫饽的重视及其审美关照，事实上是唐朝人的普遍认识。如中唐诗人刘禹锡“白云满碗花徘徊”，[②]晚唐诗人卢仝“白花浮光凝碗面”，[③]都是在欣赏碗里的汤花。陆羽对沫饽的赏析和对茶味厚寡地在意，说明其饮茶不仅仅局限于解渴，甚至也不只是“荡昏昧”的生理需求，事实上，其还着重于视觉和味觉上的品鉴，这已经上

---

①韩格平等校注《全魏晋赋校注》，吉林文史出版社，2008 年，第 461 页。

②(唐)刘禹锡《西山兰若试茶歌》，《全唐诗》(第 11 册)，中华书局，1960 年，第 4000 页。

③(唐)卢仝《走笔谢孟谏议寄新茶》，《全唐诗》(第 12 册)，中华书局，1960 年，第 4379 页。

升到煮茶、饮茶的技能与艺术，乃至于文化与精神的层面。

饮茶方式的发展演变

千百年来，中国的饮茶方式主要有两种，一种是单纯的茶水，取茶之本味，可谓天然、清淡、高雅的喝法，可称之“清饮”，另一种是加入其他的作料、香料或干果等食材，可称之为“调饮”。第一种，毋庸多言，第二种其实也是众所周知。如《水浒传》中王婆开的茶铺里售卖的和合汤，就是加入果仁、蜜饯等调和烹煮而成的一种茶饮，这种茶饮可以单纯喝茶饮的汤水，也可以连喝带吃。再如当今风行的奶茶也是加入各种香料和食材调制而成的茶饮。

中国饮茶方式的演变，是一个渐进的过程，粗略来讲，最开始可能因为茶叶本身的苦涩口味，早期人们更多是把茶作为一种药物或食材，与其他的香料或粮食放在一起烹调成汤粥食用，后来人们才在不断的实践中发现了茶本身的味道，但即便到了大量饮用茶水的时候，同时还沿袭了与其他东西一起烹煮的茶饮传统。中国饮茶方式的演进，大致经历了三个主要的转变，分别是唐代的煮茶法、宋代的点茶法以及明代开始的泡茶法。

在中国，茶的发现和利用始于四五千年前的神农时期。先民最早是把茶叶当做药物和食材使用，假托神农氏所作的《神农食经》说“茶茗久服，令人有力、悦志”。[①]春秋战国时期，鲁国的周公以及齐国的晏婴，已经开始知道饮茶。秦汉时，中国的西南地区已有饮茶的记载。到

①陆羽著，沈冬梅编著《茶经》，中华书局，2010年，第115页。

三国时，饮茶渐成风尚，《神异记》里有“余姚人虞洪入山采茗”①的描写，采茶人的出现从侧面有力地证明了饮茶的盛行。在茶的食用方式上，三国时期，如西南地区有人把叶子老的茶做成茶饼，烤炙过后的茶饼，再磨成粉末，加入水和葱、姜、橘子等作料，煮成茶汤，这算是一种茶饮。约成书于魏晋时期的《桐君采药录》说：“西阳、武昌、庐江、晋陵好茗，皆东人作清茗。茗有饽，饮之宜人。”②这里说的“清茗”大约就是“清茶”，可能这时候人们已经开始重视沫饽了。从饮茶方式的转变来说，在饮用时间上与吃饭分离，也是一种重要的判断标准。《世说新语》载，王戎与任育长见面，“坐席竟，下饮”，③先是坐席吃饭，吃完了饭再去喝茶。或许在南北朝时期，饮茶已是饭后之事。

到了唐代，煮茶方式如上文所述。需要指出和补充的是，如陆羽在《茶经·六之饮》中所说“饮有粗茶、散茶、末茶、饼茶者。乃斫、乃熬、乃炀、乃舂，贮于瓶缶之中，以汤沃焉，谓之痷茶”。④根据《茶经》的记载，当时主要有粗茶、散茶、末茶、饼茶四种，分别对应四种加工方法。将砍来的芽、叶、梗一起切碎，放在锅里煮，此为斫；将采制后的散茶放到锅中煮，此为熬；将烘干后的茶叶碾磨成末，煮制而饮，此为炀；将茶叶蒸、压成茶饼，然后烤干，再研磨成末，加水煮制，此为舂。还有一种用热水直接冲泡的方法，叫作痷茶。与此同时，唐代还流行把茶和葱、姜、橘子放在一起煮后饮用的“混茶”，就是我们说的茶饮了。

宋代是中国茶文化史上一个非常重要的时代，后人有茶“兴于唐，盛于宋”⑤的说法。宋代茶业成为专门行业，饮茶风尚更加普及，茶馆文

①(唐)陆羽著，沈冬梅编著《茶经》，中华书局，2010年，第124页。
②(唐)陆羽著，沈冬梅编著《茶经》，中华书局，2010年，第145页。
③(南朝宋)刘义庆撰《世说新语》，上海古籍出版社，2012年，第185页。
④(唐)陆羽著，沈冬梅编著《茶经》，中华书局，2010年，第97页。
⑤(明)王象晋纂辑，伊钦恒诠释《群芳谱诠释》，农业出版社，1985年，第130页。

化开始形成，这些都为烹茶方式的转变创造了条件。宋代饮茶的代表性方式是点茶法，将团茶烤炙、碾碎、筛出细末，将茶末倒入茶盏中，然后注入热水，用茶筅在茶盏中击拂，茶末上浮，形成粥面。点茶过程中，点汤、击拂是考验技艺的重要程序，必须恰到好处，点出的汤花均匀细腻，咬紧杯盏的边缘，久聚不散，这种良好效果叫作"咬盏"，反之，汤花散开，茶汤和杯盏中间出现水痕，就很不成功了。点茶效果的好坏，茶汤的颜色也是一个重要标准。纯白为上，青白、灰白、黄白等而次之，颜色纯白的，说明茶质鲜嫩，蒸制、烤炙的火候恰如其分，色偏青是火候不足，色泛灰是火候太老，色发黄是采制不及时。因为点茶方式的出现，民间兴起了斗茶之风。常常是两人捉对厮杀，三局两胜。斗茶者各取所藏好茶，轮流烹煮，相互品评，以分高下，名流雅士、商贩走卒都争相围观。斗茶之风促进了人们对饮茶味道、技艺以及茶具等的研究和重视，也促进了斗茶令、茶百戏等相关茶文化的勃兴。

在饮茶方式的演变过程中，元代是一个过渡时期，其基本延续了宋代的饮茶法，但这个逐草而居的马背上的民族更喜欢朴素而又粗率的风格，对于宋代流行的斗茶文化及其繁文缛节或许不太热心。元代宫廷贵族社会可能学习和承续了部分碾磨饼茶的方法，但民间似乎更喜欢简单易行的叶茶，也就是散茶。据传，谢肇淛《五杂组》有"南渡之后，茶渐以不蒸为贵"[①]的话，可能元代经历了一个饼茶、散茶并行到重散略饼、散茶为主的阶段。

明代是饮茶方式转变的一个重要阶段，最为明显的变化就是把散茶放入壶或盏中，再加入开水沏茶的泡茶法。这种方法，不仅简便，而且保留了茶的清香味，也便于人们对茶的直观欣赏，"汲泉置鼎，一瀹

①（清）姚礼撰辑，周膺、吴晶点校《郭西小志》，浙江工商大学出版社，2013年，第288页。

便啜，遂开千古茗饮之宗”。[1]明代的泡茶法大大减少了茶的制作与准备的程序，让人们有更多的时间与精力会心于饮茶本身，以及泡茶器具茶壶等的品玩鉴赏。明代的泡茶法分为上、中、下三投法，对应不同的季节。夏季天气炎热，适宜茶壶或杯盏中加入开水，然后再放入茶叶的上投法；冬季、初春天气冷，适宜放入茶叶后，再加入水的下投法；春季和秋季温度适中，适宜在茶壶或杯盏中加入一半左右的水后，再放入茶叶，然后再加入水的中投法。明代饮茶方式的变化，也带来了制茶工艺的变化，炒青绿茶法流行于世，随之大江南北也出现了各具特色的绿茶，如杭州龙井、六安瓜片、徽州松萝等。

从茶的制作工艺来说，明代是叶茶的形成期，清代是叶茶的完成期。清代发明了发酵法制茶，这一制作工艺大大拓宽了叶茶的品种和口味，逐渐形成了绿茶、黄茶、白茶、红茶、黑茶、青茶等六大茶类。这同时也促进了茶的消费和饮用方式的革新，在明代冲泡法的基础上，清代进一步改良了明代的饮茶器具和饮用方法，发明了“工夫茶”。工夫茶主要是冲泡技艺的讲究，以及礼仪的精致。这讲究首当其冲的就是茶具的完备，茶盘、茶壶、茶杯、茶洗、火炉、茶锅、茶海、茶则、茶漏、茶匙、茶夹、茶针，样样齐整；再就是饮用程序的讲究，上茶、品茶、温壶、装茶、润茶、冲泡、浇壶、温杯、运壶、倒茶，道道完满；工夫茶的饮茶礼仪也有很多讲究，如主人沸水冲茶、二冲饮茶，倒茶要浅，第一杯茶敬奉左手第一人，客人双手接茶，茶杯轻拿轻放，饮茶要观其色、闻其味、品其香、享其甘、闻余香、赏其器，所谓“芳香溢齿颊，甘泽润喉咙，神明凌霄汉”，[2]一杯茶要三口品完，临行前应杯空茶尽，以示对主人的敬意和赞美。

---

①(明)沈德符著，黎欣点校《万历野获编》，文化艺术出版社，1998年，第858页。
②黄岳文《工夫茶里的民间口头文化：以茶喻事俗语多》，《茶博览》2021年第11期。

纵观中国饮茶文化的演变，其饮用大体主要就是调饮和清饮两种方式的消长变化，但总体来说，清饮才是饮茶的主流，调饮是饮茶方式与食疗或餐食的结合，是清饮的变种。但调饮顺应了世界各地不同的气候和习俗，经过合理的调配，发展出了千姿百态、各具特色的茶饮品，从而促进了茶文化在不同民族和地域的传播。

茶道精神

“茶道”二字，较早见于陆羽的朋友皎然和尚诗歌中，其《饮茶歌诮崔右使君》云：“越人遗我剡溪茗，采得金牙爨金鼎。素瓷雪色缥沫香，何似诸仙琼蕊浆。一饮涤昏寐，情来朗爽满天地。再饮清我神，忽如飞雨洒轻尘。三饮便得道，何须苦心破烦恼。此物清高世莫知，世人饮酒多自欺。愁看毕卓瓮间夜，笑向陶潜篱下时。崔侯啜之意不已，狂歌一曲惊人耳。孰知茶道全尔真，惟有丹丘得如此。”[①]这首诗歌咏饮茶，说越地的朋友赠送剡溪的茶叶，生火煮茶，茶汤飘起雪白的汤花，散发茶叶的清香，细细品味，让人神清气爽，心情愉悦，茶这东西比酒好多了，因为它能够祛除心灵的灰尘和遮蔽，恢复和保全人们平静敞亮的本真自然状态。此诗的要义在“孰知茶道全尔真”一句，所谓“全尔真”意思就是保全你的原初心性、本真自然，在诗人看来这“全尔真”只有丹丘的神仙做到了。皎然所谓的“茶道”，便是诗中“三饮”过后，成为“得道”高人，“烦恼”尽除、澄明快乐的意思。可见，理解“茶道”精神，须从“真”字入手。“茶道”中的“真”首先是茶本身的真味，其次则是它“全尔真”

①（唐）皎然《饮茶歌诮崔石使君》，《全唐诗》（第 23 册），中华书局，1960 年，第 9260 页。

的功用效果。既然,这是"茶道"的根本,那么饮茶的全过程包括采茶、制茶、烹煮(或冲泡)、饮用以及茶具、环境的选择等,都应该围绕最大程度保留和激发茶的真味,并最大程度发挥其对人精神修为的"全真"效能。唐末封演的《封氏闻见记》中也描述了南北各地饮茶渐成风俗,以及陆羽对饮茶方法和茶具的研究推动了饮茶风尚之后,又说:"于是茶道大行,王公朝士无不饮者。御史大夫李季卿宣慰江南,至临淮县馆,或言伯熊善茶者,李公请为之。伯熊著黄被衫,乌纱帽,手执茶器,口通茶名,区分指点,左右刮目。"从上下文意来看,封演这里所谓的"茶道"当主要是指"手执茶器,口通茶名,区分指点"[①]的煮茶技艺而言。说明"茶道"的本意,涉及"道"与"技"的层面,而从陆羽的《茶经》来看,尽管他也可能更强调"道"的层面,但他的"茶道"是以扎实严谨的程序和技艺为基础的。

茶道为中国人首创,日本、韩国的茶道曾一度风靡,以至于让人在恍惚之间觉得茶道是舶来品,其实不然。日本的茶道讲究"清、敬、和、寂",韩国的茶道讲究"清、敬、和、乐",但其精神内涵和基本程式都源于中国茶文化,并与儒释道精神紧密相关,这是毫无疑问的。日本与韩国的茶道都具有规范化的程式与礼仪,例如日本的茶道,其大致流程如下:宾客于茶室外脱鞋后,着白色袜子通过茶室通道,在进入茶室前,洗手、漱口,按顺序依次进入茶室,入室后,跪坐于正对茶室门的两边,贵宾坐于挂画处的正前方。宾客坐定后,主人奉上精美茶点,客人品尝,赞美。主人开始点火、煮水、冲茶,并用茶筅搅拌。点茶完成后,将第一碗茶递给最尊贵的客人先品尝。其余的依次递给客人,客人恭敬地双手接过,并表示感谢,接着将茶碗顺时针旋转三次,然后开始喝茶,品尝过后,对茶表示赞赏。品茶完毕,还要逆时针旋转茶碗,并对茶

①(唐)封演撰,赵贞信校注《封氏闻见记校注》,中华书局,2005年,第51—52页。

具进行品鉴和赞美。最后，宾客鞠躬告辞，主人热情相送。可见，日本茶道就是让饮茶者通过沉浸式体验，感悟茶道精神，从程式上来说，与我们所熟知的饮茶日常和上文所描述的古人的饮茶程序大同小异，总体上与中国传统的茶道一脉相承。

让我们重新回到陆羽的《茶经》及其所蕴含的茶道精神，对于当下饮茶、茶文化的研习和领会来说，清理这一茶道精神发生的原初现场，不仅必要，而且具有重要的现实参考意义。简单来说，《茶经》所蕴含的茶道精神可以概括为四个字：真、和、精、俭。真与和，关涉人的生存意识，属于哲学层面，真是本真自然的存在状态，和指的是委运任化、顺应自然，是达到真这种存在状态的条件；精与俭，用陆羽的原话来说是“精行俭德”，涉及人的价值追求，属于社会层面，所谓“精行”是行为上的用心、专心，具体来说就是茶事技艺上追求极致，所谓“俭德”，就是在茶事和饮茶人的道德修为上追求素朴简约的境界。

真：存其真味，育其汤华。从字源来说，真的甲骨文在字形结构上有“会人就鼎取食美味之意”，[1]许慎《说文解字》则释其“仙人变形而登天”。[2]可见，真在早期有真味、美味之意，后来延伸为通过修炼回归真的状态，成为真人，是一个极具道家色彩的词语。老子《道德经》：“道常无名、朴。虽小，天下莫能臣。”[3]王弼注曰“朴，真也”“故将得道，莫若守朴”。[4]朴与真是万事万物的本初，在竞相作伪的社会状态下，就是要通过澄心静虑，回归人的素朴与本真。这就要求人们“见素抱朴，少私寡欲”，[5]减少私欲，在俭与静的状态中关照事物的本真。具体到茶来说，

①刘开田，陈靖著《甲骨文形义集释》，武汉出版社，2007 年，第 464 页。
②（汉）许慎撰，（宋）徐铉校定《说文解字》，中华书局，1963 年，第 168 页。
③陈鼓应著《老子注译及评介》，中华书局，1984 年，第 188 页。
④（三国魏）王弼注、楼宇烈校释《老子道德经注校释》，中华书局，2008 年，第 81 页。
⑤陈鼓应著《老子注译及评介》，中华书局，1984 年，第 134 页。

在采摘、制作、烹煮、饮用等各个环节，尽最大努力保持茶的“真”味，显示茶的“真”色，便是在茶事上与万物为一、通融无碍，从而合于自然之道。这一思想在《茶经》中有充分的体现。如在茶叶的采摘时间上，要“凌露采焉”，[①]为什么要趁着有露水的时候采摘呢？因为担心太阳的曝晒使其散失本味。下雨天也不能采摘，这是因为雨水和潮气可能会影响茶的鲜香。茶叶蒸制的时候，在蒸好了以后还要用木头做的叉子把茶的嫩芽与叶子抖散，“畏流其膏”，[②]意思是生怕茶汁有所流失。在制成茶饼之后，有一个鉴别茶的品质的标准：“出膏者光，含膏者皱；宿制者则黑，日成者则黄；蒸压则平正，纵之则坳垤。”[③]这个标准基于三个因素，一是茶汁有没有流失，二是白天还是晚上制作，三是蒸制后是否压紧。在陆羽看来，无论哪个因素，其品质高低的判断，其实主要还是是否最大程度保存了茶的本真味道。在煮茶器具的制作上，《茶经》同样体现了存真的思想，如鍑的制作，其脐部要略微突出，这样水就容易在中心沸腾，水在中心沸腾，茶末才容易沸扬，“末易扬，则其味淳也”。[④]再如烤炙茶叶时用的竹夹子最好用小青竹，可以“假其香洁以益茶味”，[⑤]还有如漉水囊要选用生铜材质的，以免见水后有腥涩味，包茶的纸要用又白又厚的剡藤纸，以免茶香泄露。在茶碗的选择上，陆羽认为越州瓷碗最好，这一点遭到后人的非议，因为越州瓷品质确实算不上太好，但为什么陆羽独爱越州瓷呢？其实主要是因为越州瓷青，青色能够增益茶汤的青绿色，这是陆羽的偏好，也是他追求茶汤真色的生动注脚。《茶经》还说，烤炙茶叶的时候，不要在通风的余火上烤，不然飘

①（唐）陆羽著，沈冬梅编著《茶经》，中华书局，2010年，第39页。
②（唐）陆羽著，沈冬梅编著《茶经》，中华书局，2010年，第26页。
③（唐）陆羽著，沈冬梅编著《茶经》，中华书局，2010年，第42页。
④（唐）陆羽著，沈冬梅编著《茶经》，中华书局，2010年，第53页。
⑤（唐）陆羽著，沈冬梅编著《茶经》，中华书局，2010年，第56页。

忽不定的火苗容易导致茶饼受热不均匀，影响茶的味道，茶饼烤好了以后，要趁热迅速用纸囊装起来，以使其“精华之气无所散越”。[①]煮茶最好使用木炭，或者是一些火力较强劲的木柴也行，但千万不能用烤过肉或染上腥膻味、油脂味，以及粘有油脂或朽坏的木器，这些东西会严重破坏茶的香味。在用水的选择上，偏重甘美的山泉水，在煮水的火候把握上，为了烹煮出茶的醇香，特别是在第二沸时舀出的一碗“隽永”，则是为了在适当时候止沸，以保养茶汤表面形成的汤花。在陆羽时候的人看来，汤花是茶在水里绽放的茶之精华，既是视觉上的茶之“真”美，又是味觉上的茶之“厚”味。从茶的饮用来说，为了保持口味的醇厚，一次烹煮的茶汤数量不宜过多，第一碗茶口味最好，后面的第二、第三碗就会相对差一些，而即便是一碗茶，喝到一半的时候味道也会感觉寡淡一些，所以品味茶之“真”味的饮茶要诀是宁少勿多、宁缺毋滥。陆羽还在《茶经·六之饮》的部分，对当时在茶里加入葱、姜、枣、橘皮、茱萸、薄荷等作料或香料的调饮法煮出的茶，或者煮了很久的茶，或者把茶汤上面的茶沫去掉的茶，均表示了自己的不同意见，认为这简直形同沟渠里的废水，这同样是因为以上的烹煮法破坏了茶的“真”味。

和：顺应自然，调和其馨。和是中国古代重要的哲学范畴，儒家之和讲的是不偏不倚、中正平和的中庸之道，主要着眼于人与社会的关系，而道家哲学思想中的和则着重阐述人与自然宇宙的关系，从宏观角度而言，天地万物与人同属一个整体，宇宙万物都要遵循共同的自然法则就是道；同时，“万物负阴而抱阳，冲气以为和”，[②]万事万物相互作用，相互联系，此消彼长，相互补益，和谐统一。作为自然中的一个组

---

①（唐）陆羽著，沈冬梅编著《茶经》，中华书局，2010 年，第 78 页。
②陈鼓应著《老子注译及评介》，中华书局，1984 年，第 225 页。

成部分，人应该学会顺应自然之道，并懂得与事物保持协调的关系。陆羽《茶经》中的很多内容都体现了他对地利、天时等的顺应，同时如器具的制造与使用、茶水的烹煮与饮用等方面，对五行八卦的搭配，对水的火候的拿捏、真味的重视等，则是其五味调和思想在茶事上的具体体现。陆羽在《茶经》开篇"一之源"指出"茶者，南方之嘉木也"，[①]"嘉"乃美好之意。最好的茶树、最好的茶"笋"，往往生在山崖深谷"烂石""砾壤""阳崖阴林"之间，得天地之精华，这不仅契合自然之道，而且说明"嘉木"的判断绝非信口之言。茶叶的采摘要选择合适的时节，一般应该在春天的二至四月份，在茶树刚刚发出像蕨菜一样的嫩芽的时候，大清早趁着太阳还没有出来，带着露水采摘。茶树同时四五根枝条的，选择其中长的劲健挺拔的采摘。下雨天不采摘，哪怕是有云的晴天也不采摘，要在天晴无云的日子，采下来、蒸熟、捣烂、压成饼、串起来，密封保存。应该说，以现代人的观点来看，陆羽对天时的讲究有些过于苛刻甚至刻板"迂腐"，但对于天时的顺应无疑是有道理的，也是有很强的现实意义的。据《吕氏春秋·本味》伊尹"说汤以至味"，其云："凡味之本，水为最始。五味三材，九沸九变，火为之纪……调和之事，必以甘酸苦辛咸，先后多少，其齐甚微，皆有自起……故久而不弊，熟而不烂，甘而不哝，酸而不酷，咸而不减，辛而不烈，淡而不薄，肥而不厚。"[②]依此，五味调和，水乃是本源，火候则是其要害，根据五味的相互作用，通过五味的多少和火候的掌握，调和出最好的味道。从陆羽《茶经》中"伊公羹、陆氏茶"[③]的表述来看，他显然继承了伊尹五味调和的传统，并将其灵活运用到茶器制作和茶汤的调和中。《茶经》"四之器"中风炉的制

①(唐)陆羽著，沈冬梅编著《茶经》，中华书局，2010年，第3页。
②冀昀主编《吕氏春秋》，线装书局，2007年，第276—277页。
③(唐)陆羽著，沈冬梅编著《茶经》，中华书局，2010年，第48—49页。

作：

一足云“坎上巽下离于中”；一足云“体均五行去百疾”；一足云“圣唐灭胡明年铸”。其三足之间，设三窗，底一窗以为通飙漏烬之所。上并古文书六字：一窗之上书“伊公”二字；一窗之上书“羹陆”二字；一窗之上书“氏茶”二字。所谓“伊公羹、陆氏茶”也。置墆埭，于其内设三格：其一格有翟焉，翟者，火禽也，画一卦曰离；其一格有彪焉，彪者，风兽也，画一卦曰巽；其一格有鱼焉，鱼者，水虫也，画一卦曰坎。巽主风，离主火，坎主水，风能兴火，火能熟水，故备其三卦焉。①

抛开陆羽寄予的匡时济世思想不谈。陆羽在风炉的制作上运用了五行与八卦的理论，具体到风炉的设计，就是水火风的相生相克，八卦对应五行，五行对应人的五脏，风炉设计和使用中掌握好水火风的协调，也就可以制作出“五味调和”的“至味”茶汤，从而祛除百病、养身健体。水是味道的根本，茶水烹煮火候的把控与茶汤的调和，是煮茶的关键。如上文所言，《茶经》对“三沸”的研讨，对“隽永”与“沫饽”的重视，及其“止沸育华”、保持纯味的作用，更是淋漓尽致地展现了陆羽的调和思想。因为茶是一种“性俭”的至真至纯之物，故烹煮茶水，用水不宜过多，饮用的时候也要讲究精致，不要贪多，以免影响其醇厚的香味。对茶的这种自然天性的顺应，很是符合“俭德”之人的品性，当然也有益于饮茶人素朴俭约品性的修炼和养成。从宏观的视角，人与茶都是大自然的一部分，人对茶的关照和利用，本身就是物我一体、协调补益的和合之道。

精：追求极致，用心精一。《茶经》中关于精的表述，人们最关注的

①（唐）陆羽著，沈冬梅编著《茶经》，中华书局，2010 年，第 49 页。

是“为饮，最宜精行俭德之人”[1]这句话。何谓“精行”？《云笈七签》载陶弘景二十多岁的时候“就兴世馆孙先生谘禀经法，精行道要，殆通幽洞微”，这里的“精行”大意是指精于道法修行。“精行”的要害乃在于“精”字，《尚书·大禹谟》有言：“人心惟危，道心惟微，惟精惟一，允执厥中。”[2]这是为后世儒家所崇尚的“十六字心传”，大意是人心是危殆难测的，道心是幽微难明的，因此唯有一心一意、精诚恳切秉行中正之道。在人的道德修养和行为实践中，都需要“惟精惟一”的功夫。分开来说，“惟精”是追求精致的行为，“惟一”是用心专一。对此，王阳明曾经跟弟子说，“惟一”是“惟精”主意，“惟精”是“惟一”功夫。[3]他还就精字做了一番分析，他说，因为精是米字旁，所以用米来作比，“惟一”就是让大米纯然洁白，但是如果稻米不经过舂簸筛拣，就不可能纯然洁白，舂簸筛拣就是“惟精”的功夫，目的就是让大米纯然洁白。陆羽在《茶经》中还有多处提到精字，如“一之源”中“为饮，最宜精行俭德之人”[4]“采不时，造不精，杂以卉莽，饮之成疾”；[5]如“三之造”中“此皆茶之精腴”；[6]如“五之煮”中“精华之气无所散越”[7]“乘热连饮之，以重浊凝其下，精英浮其上，如冷，则精英随气而竭”；[8]如“六之饮”中“于戏！天育有万物，皆有至妙，人之所工，但猎浅易。所庇者屋，屋精极；所著者衣，衣精极；所饱者饮食，食与酒皆精极之”；[9]如“九之略”中“茶可末而精者”[1]等。

---

①(唐)陆羽著，沈冬梅编著《茶经》，中华书局，2010年，第16页。
②(汉)孔安国撰，(唐)孔颖达正义《尚书正义》，中华书局，1980年，第136页。
③(明)王守仁撰《王阳明全集》，上海古籍出版社，2011年，第15页。
④(唐)陆羽著，沈冬梅编著《茶经》，中华书局，2010年，第16页。
⑤(唐)陆羽著，沈冬梅编著《茶经》，中华书局，2010年，第18页。
⑥(唐)陆羽著，沈冬梅编著《茶经》，中华书局，2010年，第40页。
⑦(唐)陆羽著，沈冬梅编著《茶经》，中华书局，2010年，第78页。
⑧(唐)陆羽著，沈冬梅编著《茶经》，中华书局，2010年，第85页。
⑨(唐)陆羽著，沈冬梅编著《茶经》，中华书局，2010年，第98—99页。

可见，精是陆羽在《茶经》中的自觉追求。从其基本内涵来看，一是精华之意，一是精致之意，《茶经》就是要通过采茶、制茶、煮茶、饮茶以及茶器的制作、茶具的配备等，寄予追求极致、用心精一的茶道精神。好茶才有好味道，为了采到好茶，首先要实地品尝和研究各地的茶叶，对茶叶产地分布及其品质进行摸排对比。《茶经》统共记录当时八道四十三个州郡的茶产地，并给予其“上、次、下、又下”四个等次。陆羽的记录是通过大量的实地走访调查得来的，从《茶经》“八之出”记录的详略既可以大致判断他在哪些地方进行过调查，一些地方他做了详细的小注，应该就是他经过实地调查的，而像思州、播州等十一州的情况，他则坦言“未详”，只是常常能够通过各种途径品尝到这些地方的好茶而已。可见，陆羽在对茶的产地及品质的研究上，充分体现了其用心专一、追求极致的专业精神。在《茶经》中，陆羽直言“采不时，造不精”的茶对人身体不好，因此，茶叶采摘、制作过程中，对茶叶生长环境与品质好坏的认识，对采摘时令、天气等的选择，对茶饼外形及其品质的辨别等，无一不需要精心研究，用心钻研，如茶饼的辨别：

> 茶有千万状，卤莽而言，如胡人靴者，蹙缩然；犎牛臆者，廉襜然；浮云出山者，轮囷然；轻飙拂水者，涵澹然。有如陶家之子罗，膏土以水澄泚之。又如新治地者，遇暴雨流潦之所经，此皆茶之精腴。有如竹箨者，枝干坚实，艰于蒸捣，故其形簏簁然；有如霜荷者，茎叶凋沮，易其状貌，故厥状委悴然；此皆茶之瘠老者也。②

---

①（唐）陆羽著，沈冬梅编著《茶经》，中华书局，2010年，第187页。
②（唐）陆羽著，沈冬梅编著《茶经》，中华书局，2010年，第40页。

从茶的不同外形，如有的像胡人的靴子、有的像犎牛的胸部，有的像浮云出山，有的像轻风拂水。那些精美上等的茶，有的如陶土的匠人淘洗出来的泥膏那么细腻，有的又像新平整的土地被暴雨急流冲刷过后那样平滑，而那些粗老不好的茶呢？有的像箩筛一样坑坑洼洼，有的像经霜的荷叶外形枯槁。从陆羽的这段论述来看，茶饼品质的辨别的确是一个精微细致的工作。陆羽用心之精，《茶经》的“二之具”“四之器”体现的尤为明显。“二之具”详细罗列了采摘、制造、贮藏等制作环节的十几种器具，其形状、质地、规格、用法、功能，精到完整。如“籝，一曰篮，一曰笼，一曰筥，以竹织之，受五升，或一斗、二斗、三斗者，茶人负以采茶也。”[①]“四之器”详细介绍了整套的煮茶饮茶用具，其用心之专、用功之精，可谓前无古人。或许陆羽觉得有必要将追求精致的茶道精神揭橥于世，便在“六之饮”旗帜鲜明地提出了这段妙论：

> 于戏！天育有万物，皆有至妙，人之所工，但猎浅易。所庇者屋，屋精极；所著者衣，衣精极；所饱者饮食，食与酒皆精极之；茶有九难：一曰造，二曰别，三曰器，四曰火，五曰水，六曰炙，七曰末，八曰煮，九曰饮。阴采夜焙，非造也；嚼味嗅香，非别也；膻鼎腥瓯，非器也；膏薪庖炭，非火也；飞湍壅潦，非水也；外熟内生，非炙也；碧粉缥尘，非末也；操艰搅遽，非煮也；夏兴冬废，非饮也。[②]

陆羽大概是有感于当时与吃穿住比较起来，人们对茶的重视和认识程度还远远不够，还没有真正将其“至妙”之处发掘出来，茶在采摘、制造、烹煮到饮用过程中，尚存在很多困难和问题，因此更要求人们追求极致、精益求精。

①（唐）陆羽著，沈冬梅编著《茶经》，中华书局，2010年，第25页。
②（唐）陆羽著，沈冬梅编著《茶经》，中华书局，2010年，第98—99页。

俭：素朴俭约，内敛厚德。陆羽在《茶经》中指出，“茶性俭，不宜广，广则其味黯淡”，[①]又说“为饮，最宜精行俭德之人”。[②]何谓“俭”？许慎《说文解字》俭为“约也”，段玉裁注为“不敢放侈之意”，[③]总之“俭”就是简约，就是约束、收敛。《周易·否·象传》有“君子以俭德辟难”[④]之语，所谓“俭”，可释为“收敛其德，不形于外”，[⑤]意思是君子在否塞之时，要行含藏收敛之德，以避免危难。《道德经》亦曰：“我有三宝，持而保之。一曰慈，二曰俭，三曰不敢为天下先。慈，故能勇；俭，故能广；不敢为天下先，故能成器长。”[⑥]老子所说的“俭”，是人作为行为主体向内的主动规避和退缩，这种精神上的内敛、收缩，反倒会给予主体生命更广的天地、更多的自由。因为简约、内敛意味着对事物染指的欲望大大降低，心思也就更加安静淡泊。韩非子也引“周公”曰“冬日之闭冻也不固，则春夏之长草木也不茂”，[⑦]就“俭，故能广”的道理，用四季草木的盛衰来作比，说没有寒冬的收敛，就没有春夏时节的枝繁叶茂。中国古代有深厚的比德传统，以菊比君子淡泊之德即是一例，陆羽在《茶经》中提出的“茶性俭”当是以君子品性相比附，其所谓俭与广，正是源于《周易》及《道德经》关于俭的论述，这样一来，茶最适合“俭德之人”饮用也就顺理成章了。赋予茶以俭的品性，首先是因为茶的自然属性，例如与酒比较，酒性烈，茶性柔，酒性热，茶性寒，酒是外放的，茶是内敛的，喝茶可以使人心思淡泊安宁。因此之故，陆羽才说，行“俭德”的人，如果有热渴、凝闷、脑疼、目涩、四肢乏、百节不舒等症状，只需啜四五口清茶，

---

①(唐)陆羽著，沈冬梅编著《茶经》，中华书局，2010年，第86页。
②(唐)陆羽著，沈冬梅编著《茶经》，中华书局，2010年，第16页。
③(汉)许慎撰，(清)段玉裁注《说文解字注》，上海古籍出版社，1988年，第376页。
④陈鼓应、赵建伟注译《周易今注今译》，中华书局，2015年，第126页。
⑤陈鼓应、赵建伟注译《周易今注今译》，中华书局，2015年，第127页。
⑥陈鼓应著《老子注译及评介》，中华书局，1984年，第306页。
⑦(战国)韩非著，王先慎集解《韩非子集解》，上海书店，1986年，第111页。

就可以达到与醍醐、甘露同样的提神效果。其次，从茶的饮用来说，茶性又合于“俭约”之道，宜少不宜多。要品得其“珍鲜馥烈”的真味，每一壶茶，以三碗、五碗为限，再多了就寡淡无味了。也正是因为茶本性清和高洁，它历来都作为“俭德”君子的标配。《茶经》“七之事”引《晋中兴书》说，陆纳任吴兴太守时，准备了茶与水果招待来访的卫将军谢安，但其侄陆俶以为叔父准备不周，私下备了丰盛的饭食款待客人。客人走后，陆纳用棍棒把陆俶打了一顿，斥责其玷污了自己的俭约习惯。无独有偶，陆羽还引《晋书》中关于桓温设宴待客只有七盘茶果的记载，应当也是用古人的事例来说明茶是君子“俭德”修为中的重要物品。就陆羽的出身与行迹来说，他本人大多时间是脚踏芒鞋、独行野壑的山林隐士，向来过着俭朴的生活，作为一种思想的外化，在《茶经》中赋予茶以“俭德”自然也就毫不奇怪。而他在《茶经》专门写了“九之略”一章，胪列泉涧林野环境下，种种可以省略不用的制茶、煮茶用具，这正好非常鲜明地体现了他作为林下隐士，在茶事上从俭、崇俭的心态。陆羽在“九之略”最后指出，这种从权、从略的俭约之态，其实是茶道精神在茶事上的灵活运用，与提倡以茶具的规范来反映其济世思想，事实上并不矛盾，作为茶道精神，“精行”与“俭德”是并行不悖的。

茶是大自然给予我们的特殊馈赠，不仅清馨宜人，而且提神健体。经过千百年的衍变，茶已经成为中国人日常生活中不可或缺的饮品。为了满足不同地域、不同群体、不同口味，人们不断改进制作工艺，研发了绿茶、红茶、白茶、普洱茶、黑茶、乌龙茶等各色品种的茶，同时还创造了各种各样的茶饮品。但无论如何变化，品味绿茶、红茶等各种茶的本味，始终是茶事的主流，“喝茶”的所指也主要是喝冲泡的茶叶，而不是调制的奶茶等茶饮品。出于多种原因或动机，当下茶的生产与消费中也不时出现“天价茶”等噱头，但也不过都是昙花一现的炒作而已，并不真正影响其作为老百姓普通生活必需品的根本属性。茶，是融入中国人血液中的生活日用品。与一千多年前的陆羽时代相比，饮茶不仅仅是风俗习尚，更是普通百姓劳烦人生的清馨慰藉、世俗情怀。一周的忙碌，从一杯带着淡淡幽香的清茶开始；周末，午休过后，泡一杯清茶，坐在阳台上静静地享受休闲时光；炎炎夏日，三五好友在树荫下泡一壶茶，围坐聊天。这便是茶与人最简单素朴，也是最愉悦温情的交融，尽管可能只是浩瀚宇宙的浮光掠影，却闪现着茶道精神的熠熠光华。

第八讲

香史、香事、香趣与香文化

传统生活中，焚香、烹茶、插花、挂画被称为文人雅士“四艺”。焚香为“四艺”之首，香文化是中华传统文化的重要组成部分。在中国古人的生活中，用香涉及生活的方方面面，如琴棋书画、静坐修养、应酬宴请、殿堂朝参、宗庙祭祀、宗教法事、熏衣熏被、感怀追思，等等，可以说无事不香。

古人的一天要从焚香开始，“奁镜初开，流苏乍暖，启窗犹寒。引螺黛、巧画双眉，宝鸭频添，香篆袅袅轻烟”；[①]中午小睡片刻，也少不得燃一缕幽香，“午梦不知缘底破，篆烟烧遍一盘花”；[②]在落梅时节的月夜，女主人带着淡淡的忧绪，添一炉馨香，慵懒地睡去：“髻子伤春懒更梳，晚风庭院落梅初，淡云来往月疏疏。玉鸭熏炉闲瑞脑，朱樱斗帐掩流苏。遗犀还解辟寒无。”[③]

---

①(清)梁清标著，梁新顺点校《棠村词》，河北人民出版社，2013 年，第 134 页。
②(宋)刘子翚《次韵六四叔村居即事十二绝》，《全宋诗》(第 34 册)，中华书局，1995 年，第 21455 页。
③黄墨谷《重辑李清照集》，齐鲁书社，1981 年，第 8—9 页。

北宋才女李清照的词里，把古人的香生活表现得淋漓尽致。如《醉花阴》："薄雾浓雰愁永昼，瑞脑消金兽。佳节又重阳，玉枕纱厨，半夜凉初透。"[①]这兽型的铜炉里慢慢烧着的"瑞脑"，又叫龙脑、冰片，是一种名为龙脑香的高大乔木树脂提取的名贵香料。再如《满庭芳》："小阁藏春，闲窗锁昼，画堂无限深幽。篆香烧尽，日影下帘钩。"[②]词人在阁楼画堂里燃一炉篆香消磨时光，唐宋时候开始，古代人将香料做成篆文形状，按照香上的篆形印记燃烧，既文雅又实用。

南宋赵希鹄《洞天清禄集》中有一段关于书房的话：

> 明窗净几，罗列布置，篆香居中。佳客玉立相映，时取古人妙迹以观，鸟篆蜗书，奇峰远水。摩挲钟鼎，亲见商周。端研涌岩泉，焦桐鸣玉佩，不知身居人世。所谓受用清福，孰有逾此者乎？是境也，阆苑瑶池，未必是过。[③]

"罗列布置，篆香居中"，在书房布置中，把香放在中间的突出位置，可见焚香在古人生活中的重要性。

如今，随着社会的发展与变化，香渐渐从人们的生活淡出，人们对香事与香文化业已比较陌生。在复兴传统文化的感召下，近年来，各地的香道、香艺活动不断涌现，据说还有了专业的香保健师、调香师，但总体来看，这些多数是商业操作。客观来讲，商业活动在一定程度上或多或少会促进人们对香事与香文化的了解，但由于香事活动的主办者重在营销或牟利，很多所谓的"香道大师"对传统香事与香文化也不过是一知半解，人云亦云，其实际意义也就会大打折扣。这里在前人研究

①黄墨谷《重辑李清照集》，齐鲁书社，1981 年，第 21 页。
②黄墨谷《重辑李清照集》，齐鲁书社，1981 年，第 18 页。
③《丛书集成初编》（第 351 册），中华书局，2011 年，第 371 页。

基础上，从香史、香事、香趣与香文化等几个方面，试对中国香作简要梳理和阐述。

香史

香的历史，当从物质和文化两个层面来把握。从物质层面来说，它包括香料、香方、香品、香具及香的用途、用法等，从文化层面来说，它涉及香及其相关事项所体现的风俗习尚、思想观念和人文情怀等。纵观中国香事与香文化的历史，可大致分为六个阶段：先秦、两汉、魏晋南北朝、隋唐、宋、元明清。先秦是中国香的物质和文化的奠基阶段，在这里，可以找到中国香与香文化的生活与精神的原点；两汉时期，贵族的尝试和异域香料的舶来，客观上促进了香事和香文化的发展；魏晋南北朝时期，名士的推崇和宗教的助力进一步丰富了香事的容量和香文化的内涵；隋唐时期，在盛世背景下，香事和香文化得到全面发展；有宋一代，是香文化的成熟时期，他们从感官和精神两个层面将其提升到一个前所未有的高度；元明清时期，香事与香文化进一步向百姓生活日用延伸，进入世俗化的新阶段，并与其他文化事项合流。

香的核心是诉诸于嗅觉的香味，如果沿着这一缕香味穿越历史的长河，定格在上古时期，大约可以追根溯源到两个重要源头：燎祭和香草。

所谓燎祭，就是通过积柴燔燎而祭祀，燎祭多选择山巅或高高的祭坛，象征着天地人的沟通，其精神要义在于使香味上达于天，燎祭物品主要是柴薪、牲畜、玉帛等，用于燎祭的三种物品，牲畜属自然范畴，玉帛属文化范畴，柴薪是融合自然与文化，并沟通人与神的中介。燎祭用的柴薪多数是具有芳香气味的松柏，并合以同样具有香味的萧蒿等香草。商周以后，燎祭逐渐演变为王朝郊祀和封禅的主要祭仪，与普通人的生活具有一定距离，但在我们中国人的生活日常中，节俗敬神、寺庙拜佛以及思亲怀祖等，这些风俗习尚却都与古老的燎祭一脉相承。

燎祭较多涉及精神层面，可以看做中国香的文化原点，而中国香的生活原点需要到先民早期基于生活需求而佩戴或燃烧的香料中寻找。先秦时期，人们主要选择原始状态的香草，作为佩戴或熏烧的香材。香味让人愉悦，这是香的诱惑力也是其魔力所在。从香的本性来说，香是植物散发出的一种气味，有的是为了吸引昆虫，有的是为了驱赶昆虫，两者都是生命的延续和存在的本能。从实用的角度而言，早期人们选择佩戴或熏烧的香草，一则是为了驱虫去灾、祛除异味，一则可以通过佩戴或熏烧产生的香味，获得感官的享受和精神的愉悦，再则可以通过佩戴的香包或衣服上熏染的香草味道，增加个人魅力。

香的使用是一个渐进的过程，在先秦时期，人们更多的是采用生活环境中较为普遍的香草类植物。如《诗经·采葛》：

> 彼采葛兮，一日不见，如三月兮！彼采萧兮，一日不见，如三秋兮！彼采艾兮！一日不见，如三岁兮！[①]

诗中的这个女子除了采葛，还采萧、采艾，葛是一种根茎可食用的草本植物，萧和艾则属于香草，佩戴和熏燃可以起到去潮、防虫、治病、散香的作用。这两种香草在中国分布极为广泛，简便易得。屈原《离骚》“扈江离与辟芷兮，纫秋兰以为佩”，[②]意思是把江离芷草披在肩上，把秋兰结成索佩挂在身上。这里面的江离、辟芷、秋兰都是香草，诗人披

①(唐)孔颖达疏《毛诗正义》，中华书局，1980年，第333页。
②(宋)洪兴祖撰，白化文点校《楚辞补注》，中华书局，2015年，第4页。

着它们、戴着它们，除了迷恋其馨香，还赋予其忠贞高洁的寓意。先秦时期，用香草编结成索佩或香囊随身携带，在礼制中有明确规定，如《礼记》：“男女未冠笄者，鸡初鸣，咸盥漱，栉縰，拂髦总角，衿缨，皆佩容臭。”[①]尚未成年的孩子在大清早去拜见长辈，需要洗漱干净，收拾整齐，佩戴香囊，以示尊重。香的日用，除了佩戴，后来更引人瞩目的熏香在先秦也已出现，相关的考古发现不少。例如最早的一个据说是战国曾侯乙墓出土的一个长颈铜熏炉，上边有一个端细底粗的喇叭形罩，炉底口沿处探出一个小管，与罩内相通，在炉盘和炉罩内壁及上端，都残留着褐色的烟灰。[②]再如江苏淮阴高庄战国墓出土的瓷双囱熏炉，肩上两侧有直管状双囱，腹部有两排错列的镂空三角形气孔。这里提到的两件战国时期的熏炉有一个共同的特点，就是都有比较长的烟囱，后来的熏炉式样中，烟囱是比较少见的。为什么这时的熏炉要有烟囱呢，考虑到熏烧时的散烟作用，烟囱出现在熏炉上应该是因为当时的香料是未加工的香草或块状香木，产生的烟尘较多，在熏炉上加烟囱，可以起到拔烟助燃的效果。既然在熏燃时烟气较重，可以猜想，这样的熏炉在当时的实际使用中，或许会出现在比较宽敞的厅堂宴会或其他交际场合，如果不能解决“烟熏火燎”的问题，似乎不太适合相对狭小的私密空间，如主卧、闺房等使用。

两汉时期，有相对安定的社会环境和较为充足的社会财富，条件优越的王公贵族对生活比较讲究，用香成为他们奢华高贵生活的重要方式；与先秦相比，两汉疆域得到很大的扩张，海外贸易往来兴盛，尤其是汉武帝时期，通过陆上丝绸之路与海上丝绸之路，大量的异域香料进入中国。这些都对两汉时期的香事和香文化起到了一定的推动作

---

①（汉）郑玄注，（唐）孔颖达正义《礼记正义》，中华书局，1980 年，第 1463 页。
②王明明主编《大匠之门》，广西美术出版社，2015 年，第 165 页。

用。《乐府诗集》说："行胡从何方，列国持何来？氍毹毾㲪五木香，迷迭艾纳及都梁。"[①]其中的五木香、迷迭、艾纳及都梁等都是香料，由这段话可以大体知道当时丝路贸易中，香料是主要商品之一。西汉中期以后，来自南亚、中东、南洋、欧洲等地的树脂类香料源源不断输入中国，这些香料与早先草木质的原始香材相比，可算是香味的浓缩，其熏烧方法也从明火燃烧变成火炭闷烧，相对更加可控、更加雅致，而香味却更浓郁，由此熏香工具也就有了更多的变化。历史经验告诉我们，很多风尚往往首先是上层贵族流行后才在社会普及的，汉代典制明文规定官员上朝必须佩香，所谓"尚书郎怀香握兰趋走丹墀"，[②]说的就是这个意思。有古宫词曰："西风太液月如钩，不住添香摺翠裘。烧尽两行红蜡烛，一宵人在曝衣楼。"[③]在长安城太液池西边，有专门的熏衣楼。《赵飞燕外传》里写赵飞燕与妹妹赵合德奢侈的生活，赵飞燕用五蕴七香汤沐浴，坐在香水里沉浸肌肤，同时又用降神百蕴香来熏燎，赵合德洗澡用豆蔻温水，涂抹的是露华百英粉。《太平御览》载东汉士人秦嘉给妻子写信，说"今奉麝香一斤，可以避恶气"。[④]游宦在外，将香作为一种表达情意的礼物送给妻子，这是再好不过的了。

两汉的皇室贵族、文人士子等阶层尝试各种香料和熏香方式，很多人对香的依赖达到近乎迷恋的程度。1972 年长沙马王堆辛追夫人墓中出土了很多陪葬品，向后人直观形象地展示了汉朝贵族奢华的香生活。墓中共出土六件香囊，其中两件握于辛追夫人手中，另四件香囊出土于边厢，内盛茅香、花椒、辛夷等香料。从功用来说，这些香囊既可以佩戴，也可以睡觉时挂在床边的帐子里，如《孔雀东南飞》"红罗复斗

---

①周秉高编著《全先秦两汉诗·两汉卷》，内蒙古大学出版社，2011 年，第 83 页。
②（宋）李昉等撰《太平御览》（第 9 册），上海古籍出版社，2008 年，第 653 页。
③（清）虫天子编《中国香艳全书》，团结出版社，2005 年，第 1551 页。
④（宋）李昉等撰《太平御览》（第 9 册），上海古籍出版社，2008 年，第 643 页。

帐,四角垂香囊",[①]主人公红罗帐的四角就挂着香囊。辛追夫人墓用于放置起居生活用品的北边厢还出土了两件竹熏笼,竹熏笼应该是与熏炉配合使用,这种用竹篾编成的透空熏笼主要起隔断作用,下边放置熏香炉。墓中还出土了一件彩绘陶熏炉,形制似豆,盖上镂孔,香气可由小孔散出,熏炉出土时里面还装有茅香、辛夷等香草。

两汉时期中国香的发展主要表现在香事的繁复上,如香料的舶来与香方的多样化,又如香具特别是香炉形制的精致化。如前所说,两汉时期大量的异域香料通过贸易进入中国,如前面提到的迷迭香、艾纳香,除此之外,还有龙脑香、鸡舌香、乳香等,这些异域香料与本土的众多香料如沉香、青木香及其他香草、香木等合在一起,构成非常丰富的香料家族。也正是在此基础上,将多种香料按照一定比例调和在一起,使气味融合而形成新的独立香品——合香出现了。汉武帝时期有百合香,传说当年汉武帝七月七日在宫里拜见西王母,熏燃百合香,西王母乘坐紫云车从天上翩然而至。这是关于好仙的汉武帝的神妙传说,但这个著名的百合香大概真的是汉武帝时期配制出来的,据说百合香香味极为浓烈,白居易有诗曰"春芽细炷千灯焰,夏蕊浓焚百合香"。[②]《香谱》中记有一种"汉建宁宫中香",[③]用多达十三种香料研成粉末,外加一定量苏合油,再加入蜂蜜,调和均匀,窨藏一个多月,然后取出,制成香丸,也可以直接用来熏烧。这是迄今为止,中国最早的合香香方。两汉的香炉样式繁多,如达官显贵上朝或行走时仆侍在前面手持香炉导引,这种香炉叫作行炉,也叫作执炉。中山靖王刘胜墓出土一枚短柄行炉,同时还有一个放置行炉的提笼。刘胜墓还有一枚错金博山炉,该炉

---

①(宋)郭茂倩编《乐府诗集》(第 3 册),中华书局,1979 年,第 1035 页。

②(唐)白居易《石榴树》,《全唐诗》(第 13 册),中华书局,1960 年,第 4889 页。

③(宋)陈敬著,伍茂源编著《香谱》,江苏凤凰文艺出版社,2019 年,第 199 页。

用失蜡法制作而成，炉体用金丝和金片错出缭绕的云气，炉盖模仿博山，呈现山峦起伏的秀丽景色，山峦间有神兽虎豹奔突跳跃，烟雾可从镂孔的山势中散出。这种香炉极为华美，是难得的珍宝。两汉还有很多动物造型的香炉，如藏于台北“故宫博物院”的铜雁炉，1989 年于河南焦作嘉禾屯窖出土的五凤铜熏炉等。

在魏晋南北朝时期，名士对香文化有很大的推动作用。注重仪表风度的名士们，谈玄论道、忘情山水的生活，与香事极为搭配。很多名士在日常生活中都喜欢傅粉、熏香，据说曹操的尚书令荀彧对熏香爱得了不得，浑身都散发着香味，以至于他到别人家里坐一会儿，坐过的地方三日留香。《世说新语》载，生活豪奢的石崇家，厕所里都放着甲煎粉、沉香汁等香物，备客人洗手、抹脸。一人到石崇家做客，期间去上厕所，见里面挂着帐子，还有侍女拿着香囊伺候，以为是卧室，弄得非常尴尬。正如《颜氏家训》记载的那样，当时的贵族子弟“无不熏衣剃面，傅粉施朱”，①这些注重仪容的上层人士，通过傅粉、熏香，追求一种奢靡飘逸的作派。《香乘》引《南史》云，“岑文敬淳谨有孝行，五岁读《孝经》，必焚香正坐”，②也有读书人在书房中焚香，借此营造一种宁静优雅的文化氛围。

佛、道二教对魏晋南北朝香事的影响也极为明显。如这时出现一种莲花熏炉，莲花是佛教文化的要素，其形制自然是受了佛教的影响。还有一种长柄香炉，在佛事活动中，教徒需要手持香炉、口诵佛经，在佛殿里烟雾缭绕、咿咿呀呀行走，这种香炉的长柄显然是为了佛事活动的方便。再如道教学者陶弘景在《名医别录》基础上编著的《本草经集注》，其中收录了沉香、檀香、熏陆香、鸡舌香、苏合香等一批香药。道

---

①（北齐）颜之推著《颜氏家训》，天津人民出版社，1998 年，第 91 页。
②（明）周嘉胄编著《香乘》，中国纺织出版社，2019 年，第 335 页。

教理论家葛洪的《肘后备急方》中则有一些使用香药疗疾的方剂和疗法，如以青木香、附子、石灰等制成粉末，涂敷以治疗狐臭，用苏合香、水银、白粉等做成蜜丸内服，治疗腹水，用鸡舌香、乳汁等煎汁治目疾，等等。葛洪还尝试用古已有之的香草"青蒿"治疗疟疾，受此启发，中国科学家屠呦呦在20世纪70年代从青蒿中提取出青蒿素，2015年10月因为发现青蒿素获得诺贝尔生理学或医学奖。这也算是中国香文化对人类医学的一个重要贡献吧。

隋唐五代可称之为香事与香文化的全面发展时期，为什么这么说？因为这近四百年的时间里，香事所涉及的方方面面，如香料、香方、香具、香品、用途、用法等，比之从前，都有全面的进步，与此同时，因为用香成为社会风尚，香文化也有了丰厚的积累。

隋唐时期，朝堂内外的政府机关以及从上到下的大小官员，普遍养成了用香的习惯，不管是重要的国事活动，还是日常的行政办公，香都如影相随。隋炀帝幸张掖，裴矩让西域二十七国人"焚香奏乐"，①在道路两旁热烈欢迎；王维《和贾舍人早朝大明宫之作》诗曰："九天阊阖开宫殿，万国衣冠拜冕旒。日色才临仙掌动，香烟欲傍衮龙浮。"②描述的都是焚香用香的情形。礼部举行进士科考试，也要在贡院门口的台阶前摆上香案，主考官与考试的举子在香气袅袅的场景中对拜行礼。在唐代人的生活中，文人有文人的香，佛家有佛家的香，道家有道家的香，每每都烧香，又各各都不同，烧香不仅普遍化，而且专门化，文人的书房用专门的文炉、琴炉焚香，厅堂则用形制稍微大一点的堂炉、供炉，卧室里则用卧炉、熏炉，拜佛、修炼则用行炉、压经炉。

---

①(唐)魏征等撰《隋书》，中华书局，1973年，第1580页。

②(唐)王维《和贾舍人早朝大明宫之作》，《全唐诗》(第4册)，中华书局，1960年，第1296页。

唐代人们对生活品质和面容仪态较为看重，大量的美容香品被开发出来，如口脂、胭脂、面药、额黄、发油，等等。例如元稹《莺莺传》中，张生曾经给崔莺莺一只五寸的口脂；无独有偶，沈既济《任氏传》中，风流公子郑崟去拜访美人任氏，抹了唇膏，打扮得漂漂亮亮。据段成式《酉阳杂俎》，唐代官方按照惯例，在腊月初八给官员发放的节日福利中，就有"口脂、蜡脂"，[①]杜甫的《腊日》中也有"口脂面药随恩泽"[②]的诗句。唐代王焘的《外台秘要方》、北朝贾思勰的《齐民要术》等当中，都有口脂制作的香方。唐代女子中盛行一种叫作额黄的妆容，用黄色的松花粉之类的植物粉末，将额角、额头的部分染成淡黄色，李商隐诗句"寿阳公主嫁时妆，八字宫眉捧额黄"，[③]说的就是这种妆容。唐代王涯《宫词》："内里松香满殿闻，四行阶下暖氤氲。春深欲取黄金粉，绕树宫娥著绛裙。"[④]则是写宫女绕着松树采集松花粉的情景。

在香品的制作和使用上，唐代出现了印香、香柱、香兽等新的形制，在熏燃的方式上则有了隔火熏香。印香又叫篆香，是用多种香料研磨成粉末，再把香粉规束在具有吉祥寓意、或丰富哲理的篆字或图案形状的印模内，从篆字的一端燃起，香粉依次燃烧，燃尽后留下青苔色的香灰，颇能引发人的观想和沉思。王建有诗《香印》："闲坐烧印香，满户松柏气。火尽转分明，青苔碑上字。"[⑤]写的就是唐代读书人焚烧印香的情形。唐代的香柱与后来的线香在制作和使用的理念上有相似之处，但在又细又长的线香出现之前，这只能看作比较原始的线香。唐代人们将香粉制成香膏，再将香膏揉搓成柱状的香柱，晾晒干了以后，插

①(唐)段成式撰《酉阳杂俎》，中华书局，1981 年，第 2 页。
②(唐)杜甫《腊日》，《全唐诗》(第 7 册)，中华书局，1960 年，第 2409 页。
③(唐)李商隐《蝶》，《全唐诗》(第 16 册)，中华书局，1960 年，第 6165 页。
④(唐)王涯《宫词》，《全唐诗》(第 11 册)，中华书局，1960 年，第 3879 页。
⑤(唐)王建《香印》，《全唐诗》(第 9 册)，中华书局，1960 年，第 3421 页。

或卧在炉灰里燃烧。这种香柱，因为人为地拉长了香的长度，其焚烧时间自然也长，非常适合在夜深人静、懒得添香的时候使用。在唐代诗歌中，香柱大多出现在灯残人定之时，如李贺诗“灰暖残香炷，发冷青虫簪。夜遥灯焰短，睡熟小屏深”，[①]写的就是夜烧香柱的情景。直到现在为止，明明点了一线香，我们却要说烧“一炷”香，大约是焚烧香柱的传统遗留。唐代还出现了一种称作香兽的香品，就是把香粉与炭屑掺和做成瑞兽的样子，有的还把香兽的腹部做成空的，在底部点燃以后，香气可从香兽的口中喷出。诗词里的“新团香兽不禁烧”[②]“金炉次第添香兽”[③]等，都是写的这种香品。一般来说，香的熏烧都是直接点燃香品，但也有不直接点燃香品，而是把它放在云母片、玉片、银片等隔热材料上，下面则是燃烧的炭。比较而言，这种熏燃方法，烟气微小，香味也就更加绵远悠长，别具一番风味。这种焚香方式，在唐代也已比较常见。

两宋时期，中国社会完成贵族政治向地方精英的转型，平民力量逐渐崛起，与此相应，香事也就由贵族专有变为士庶共享，在这个大背景下，士族文人则把更多的精力放在香事的品鉴与感悟上，给香事注入了精神与文化的力量，将香的感官享受与精神关照提升到前所未有的高度，从而造就了宋代香文化的全面成熟。

香事在两宋社会普及以后，城市中形成繁荣的香市场，并滋生了从事香事生意的专业人员。《东京梦华录》中提到几处香药店铺集中的地方，如马行街北段，一直到旧封丘门，有数不清的“香药铺席”，[④]再有如皇城东南角东去潘楼街，除去一个贩卖“鹰鹘”的客店外，“余皆珍珠

①（唐）李贺《谢秀才有妾缟练改从于人秀才引留之不得生感忆座人制诗朝谢贺复继四首》《全唐诗》（第12册），中华书局，1960年，第4413页。

②（唐）孙棨《赠妓人王福娘》，《全唐诗》（第21册），中华书局，1960年，第8328页。

③（南唐）李煜著，王兆鹏注评《李煜词全集》，长江文艺出版社，2019年，第22页。

④（宋）孟元老等著，周峰点校《东京梦华录》，文化艺术出版社，1998年，第19页。

匹帛香药铺席”。[①]在《清明上河图》中,有一个香药铺子,招牌上写着“刘家上色沉檀楝香”,还有一个铺子,横着一块匾额,上面写着“诚制沉速白檀安息各色名香”。从招牌来看,这两个香铺,一个是专门售卖上等沉香、檀香、楝香等香料的,另外一个是专门制作各种名贵香料的。《武林旧事》记载,在临安酒楼里,有专门售卖“小炉炷香”的老婆婆,叫作“香婆”。[②]

自觉把香事提到文化高度的,当是文人。北宋仁宗乾兴元年(1022年),丁谓被贬崖州,崖州位于今天的海南省三亚市西部,当时为荒远之地。经历过命运大起大落的丁谓,写了一首诗《山居》:“峒口清香彻海滨,四时芬馥四时春。山多绿桂怜同气,谷有幽兰让后尘。草解忘忧忧底事,花能含笑笑何人? 争如彼美钦天圹,长荐芳香奉百神。”[③]看淡人世百态,寄情于芬芳馥郁的草木之间,丁谓对海南沉香付出了大量心血,写了《天香传》。该文共有两千多字,追溯了中国用香的历史,描述了真宗时期香事的盛况,指出海南沉香最佳,并对其进行分类,尝试从出烟、气味等方面品评沉香。后来范成大又从烟和气两方面对海南沉香与海外“舶香”比较评鉴,并提出海南沉香香气“清淑”的说法,后人又进一步提出海南沉香“气清而长”[④]“香气清婉”[⑤]等品鉴标准。两宋对香进行学术研究评鉴的著作较多,《天香传》以后,陆续出现如洪刍《香谱》、颜博文《香史》、沈立《香谱》、张子敬《续香谱》、何梦桂《香谱拾遗》等,而南宋陈敬的《陈氏香谱》则是两宋香研究的集大成之作,全书共四卷,卷一记载香料的产地、历史、典故等,卷二、卷三记合香香

---

①(宋)孟元老等著,周峰点校《东京梦华录》,文化艺术出版社,1998年,第14页。
②(宋)四水潜夫辑《武林旧事》,浙江人民出版社,1984年,第94页。
③(宋)丁谓《山居》,《全宋诗》(第2册),中华书局,1995年,第1146页。
④(宋)赵汝适撰《诸蕃志》,商务印书馆,1959年补印本,第32页。
⑤(宋)陈敬著,伍茂源编著《香谱》,江苏凤凰文艺出版社,2019年,第11页。

方，卷三末尾介绍了香炉、香盘等香具，卷四以香珠、香药等开篇，汇集了众多的香传、香说、香诗等文化资料。

两宋理学盛行，文人在修身养性、明理见性的道德实践中，发现并发挥了香在心性修养中的重要意义。宋哲宗元祐元年（1086年）春天，任职于礼部的苏轼收到好友黄庭坚的诗《有惠江南帐中香者戏答六言二首》：

百炼香螺沉水，宝薰近出江南。一穟黄云绕几，深禅想对同参。

螺甲割昆仑耳，香材屑鹧鸪斑。欲雨鸣鸠日永，下帷睡鸭春闲。①

黄庭坚得到一款名为江南帐中香的香品，品过以后，决定与苏轼分享自己的感受。这两首诗的大意是：得了这款名贵的香品，在谷雨过后的暮春时节，落下帷帐，静卧床榻，修养调息，在一缕若有若无的香烟中参悟禅理。苏轼读了黄庭坚的诗，写诗《和黄鲁直烧香二首》回复：

四句烧香偈子，随香遍满东南。不是闻思所及，且令鼻观先参。

万卷明窗小字，眼花只有斓斑。一炷烟消火冷，半生身老心闲。②

偈子是佛经中的唱诵词，苏轼说的当然是黄庭坚送来的“戏诗”，黄庭坚笔下的闻香本身就有参禅修身的意思，苏轼则更进一步，将闻香的形而下的嗅觉体验上升为形而上的哲学思辨。苏轼在诗中提到的“鼻观”出自《楞严经》，是佛教的一种修行法，方法是注目凝观鼻尖，时间久了，会看见鼻中气息出入如烟，内心便觉得光明，进入透彻如琉璃的虚净境界，修成解除一切烦恼的阿罗汉果。写这首诗时，苏轼49岁，

①（宋）黄庭坚《有惠江南帐中香者戏答六言二首》，《全宋诗》（第17册），中华书局，1995年，第11342页。

②（宋）苏轼《和黄鲁直烧香二首》，《全宋诗》（第14册），中华书局，1995年，第9387页。

在此之前，曾经少年得意、名动京师的大才子因为乌台诗案被贬黄州，经历了一番仕宦浮沉后，年已半百的他在一炷香的“鼻观”中参透佛理和人生。可以说，在两宋文人的生活中，香已不仅仅是如先秦两汉到魏晋隋唐贵族阶层奢侈高雅生活的点缀，它在满足生活日用的同时，自然而然地渗入了个人的情思、人生的感悟。李清照的“更挼残蕊，更捻余香”，[①]那捻弄的、回味的是情思，陈与义的“小诗妨学道，微雨好烧香”，[②]陆游的“焚香闲看玉溪诗”[③]“扫地焚香悦性灵”，[④]写的是修行、是境界。

元明清时期，社会进一步平民化、世俗化，香事趋向于实用和多元，与此同时，在很多官僚贵族的香事活动中，香具的赏玩，以及对焚香与挂画、瓶花、点茶等文人雅士“四艺”的讲究，成为主流，香的焚烧反倒在其次。这种对香事装饰性、形式化的关照，实际上反映了香事活动在元明清进一步向世俗大众普及后，文人另辟蹊径，从实用层面超脱出来，对香事的一种审美追求，与香事的平民化、世俗化一上一下、一雅一俗，共同成就了香文化在中国古代社会后期雅俗共享的最后辉煌。

线香的出现和普及是香事平民化、世俗化的一个具体体现。线香目前所见最早出现在元朝李存《俟庵集》中的一句话“谨具线香一炷，点心粗菜，为太夫人灵几之献”，说明最迟在元朝线香已经在民俗祭奠中使用。线香的制作是将香料磨成粉，与黏合粉和到一起，加入水做成香泥，再将香泥塞入唧筒中，通过唧筒中拉杆和活塞的挤压，香泥从唧

①黄墨谷《重辑李清照集》，齐鲁书社，1981 年，第 17 页。
②（宋）陈与义《雨》，《全宋诗》（第 31 册），中华书局，1995 年，第 19514 页。
③（宋）陆游《假中闭户终日偶得绝句》，《全宋诗》（第 39 册），中华书局，1995 年，第 24696 页。
④（宋）陆游《山居戏题二首》，《全宋诗》（第 39 册），中华书局，1995 年，第 24627 页。

筒下端的小孔中呈线状挤出，晒干后就是线香。线香的制作工艺极为简单，线香的香料可以是单一的，也可以是多种香料的混合，可以是普通的香料，也可以使用名贵的香料，总之线香可以便捷地满足不同层次的用香需要。李时珍《本草纲目》中记载了线香的制作："其料加减不等，大抵多用白芷、芎、独活、甘松、三柰、丁香、藿香、藁本、高良姜、角茴香、连乔、大黄、黄芩、柏木、兜娄香末之类，为末，以榆皮面作糊和剂，以唧筲成线香，成条如线也。亦或盘成物象字形，用铁铜丝悬者，名龙挂香。"[①]从这个制作配方来看，所用香料相对都比较廉价，这从成本上保证了线香的普及性。

古代的达官显贵，其香事活动与普通百姓相比，除了香料的名贵，主要就是香具的精致和用香过程的讲究。按照高濂《遵生八笺》的说法，那香炉，连"官哥定窑"的都上不了台面，必须是"宣铜、潘铜、彝炉、乳炉，如茶杯式大者"，[②]才可以用。这些都是名贵高雅的香具，如"宣铜"当是著名的宣德炉，这些铜炉在明代中晚期就已经是极为珍贵的古董。文人对专门放置香具的香几、香案、香屏等也非常讲究，高濂提到一种高二尺八寸的香几，用大理石或玛瑙石制成，还用豆柏楠镶心，做成四八角、或方或圆、或梅花或葵花等的样式，可以放一瓶花，与香炉配合，或者就单独放置一炉焚香。明清时期的文人设计了很多文化氛围浓郁的篆香图，如周嘉胄《香乘》中收录的节气篆香图，《遵生八笺》设计的四款带有吉祥寓意的篆香图。再如丁月湖设计的印香炉，上层放置香铲、压灰板等，下层存储香品，上层的用香工具取出后，可以铺上香灰，打上香篆，点燃后，再盖上炉盖，炉盖是镂孔的，上面有很多精美的图案或文字。丁月湖将自己设计的香炉炉盖和香篆印模的图样

---

①(明)李时珍著《本草纲目》，人民卫生出版社，1981 年，第 900 页。

②(明)高濂著《遵生八笺》，人民卫生出版社，2007 年，第 497 页。

汇集成书，是为著名的《印香图谱》，这种风格独特的印香炉受到文人雅士的喜爱。

香事

香事涉及用香活动的方方面面，比如香料、香方、香品以及香的用法、用途，还有香具、香席、香贸易等。

香料是香事与香文化的重要物质基础，也是影响用香活动的首要因素。从香料的取材来说，主要分为天然香料和人工香料，传统的香料主要是天然香料，天然香料又分为植物香料和动物香料，植物香料主要是香草、香花、香木等草木质的香材，动物香料主要是动物的生殖腺分泌物或病变分泌物。举例来说，植物香料如草本类佩兰、艾、蒿、菊、芷、萧、川芎等，再如木本类桂、檀、樟、柏、楠、安息、迷迭、丁香（鸡舌香）、沉香、苏合、薰陆（乳香）、龙脑等，又如动物分泌物麝香、龙涎香、灵猫香、河狸香等。

在香料的使用过程中，经过不断的尝试，人们掌握了大量的香料使用方法，这就是香方。宽泛而言，早期的香草、香木如艾、萧、蒿或松柏等的焚烧，兰、芷等香草的佩戴，都有一定的方法，但是这些方法相对比较简单，称不上严格意义上的香方。准确地说，香方是对用香材料和制作使用方法的经验总结，香方的出现是香文化自觉的一个关键指标，说明古人在香的使用上具备了理性的认识，这对香事与香文化的发展来说是极为重要的。试举一例，台北“故宫博物院”藏北宋书法家黄庭坚《婴香帖》：

婴香,角沉三两,末之;丁香四钱,末之;龙脑七钱,别研;麝香三钱,别研;治弓甲香壹两(旁注钱),末之。右都研匀,入艳(旁注牙)消一(涂改半)两,再研匀,入炼蜜四(涂改六)两,和匀。荫一月取出,丸做鸡头大。略记得如此。俟检得册子,或不同,别录去。①

《婴香帖》涵盖了一般香方的主要内容:一是主要香材;二是制作或使用方法。香材的选取决定了香品高下,高濂曰:"制合之法,贵得料精,则香馥而味有余韵,识嗅味者,知所择焉可也。"②婴香香方的选材符合这个标准,所选沉香、丁香、龙脑、麝香、甲香都是较为名贵的香材。陈敬《香谱》谓:"合香之法贵于使众香咸为一体。麝滋而散,挠之使匀;沉实而腴,碎之使和;檀坚而燥,揉之使腻。比其性、等其物,而高下如医者之用药,使气味各不相掩。"③香方的要害在于使众多香材融为一体,因此在制作上需要研磨成粉末,再加入牙硝以助熔化,加入炼蜜以助融合,然后将其搅拌团揉均匀,最后再通过较长时间窨藏,让各种香材充分融合。香方的妙处在于,通过数种香料的融合产生新的香品,有的可以模仿自然界已有的香味如花香,有的则创造出自然界没有的香味。例如"韩魏公浓梅香",这味拟花香方据传是苏轼从韩琦家得来,高僧惠洪又从苏轼处得来,"香痴"黄庭坚又在惠洪那里品味了这味合香,味道"如嫩寒清晓行孤山篱落间"。④再如据说南朝人宗炳的孙子"小宗"宗茂深古风飘飘,尤善用香,黄庭坚根据本人对"小宗"气质品尚的理解,复原了"小宗香":取沉香、栈香、檀香等研磨,煮一昼夜,再

①黄君主编《黄庭坚书法精品集·信札行楷书》,江西美术出版社,2014年,第6—7页。
②(明)高濂著《遵生八笺》,人民卫生出版社,2007年,第637页。
③(宋)陈敬著,伍茂源编著《香谱》,江苏凤凰文艺出版社,2019年,第176页。
④(明)周嘉胄编著《香乘》,中国纺织出版社,2019年,第497—498页。

合入苏合油、鹅梨汁、青枣、麝香等,用炼蜜糅合,窨藏一日即可。[①]古人早已远去,但对于其精神,后人可以通过多种手段追慕,诗人可以写诗,画家可以画像,但通过复原香方,用气味为古人"画像",黄庭坚的"小宗香"可谓空前绝后。

香的用途主要有熏香、香体、香口、美容、祛秽、疗疾、养生、宗教、祭祀等,用法则有熏烧、隔火熏香、佩戴、涂敷、熏蒸、内服、悬挂等。根据香的不同用途与用法,人们发明了种类繁多的香品,如香丸、香包、香牌、香囊、香药、香粉、香膏、香妆、印香、香柱、线香、香扇、香珠、香兽、龙挂香(塔香)、香锥,等等。伴随历朝历代香事与香文化的衍变,人们又制造了各具特色的香具,如博山炉、执炉、长柄炉、动物造型熏炉、莲花熏炉、瓷熏炉、仿古瓷炉、宣德炉、熏笼、香枕、香毬等,还有烧香、储存香料、放置香事物件的辅助用具如香宝子、香盒、香筒、香插、香几、香案、香屏。

下面简要介绍一下香牌、香毬、香宝子。香牌是明清时期盛行的一种佩香,主要是佩戴在腰间,也有的拴在居室的帐子里或挂在墙上,香牌可以持续发出香味,具有馨香怡人、清心安神、祛除异味、驱蚊避虫等效果。其基本制作流程是:根据香牌香方的香料配置,将香料研磨成药粉,放入白芨粉等黏合剂,再加入适当温水,反复揉捏,揉成有一定硬度的香泥后,在香牌模子上刷一层植物油,然后将香泥填入模子并按压,成型的香牌出模后,在其顶部打一个钻孔备用,晾干后穿绳,既可使用。香毬又叫香球或香囊,传说杨贵妃缢死马嵬驿,后来李隆基派人去找寻贵妃尸身,只见肌肤已朽,香囊犹在。这个香囊有可能是丝质的香囊,也有可能是金属的。陕西法门寺地宫出土一件银香囊,通体呈球状,球体分为上下两部分,上半球为盖,盖顶铆接链条悬挂,下半球

---

①(宋)陈敬著,伍茂源编著《香谱》,江苏凤凰文艺出版社,2019年,第277页。

内置两个同心旋转环，在佩戴或悬挂香囊过程中，内装香料的香盂始终保持重心向下，处于水平状态，避免里面的香料撒落。元稹《香毬》诗曰“顺俗唯团转，居中莫动摇”，[①]说的就是香毬。香宝子是古代盛放香料的一种容器，里面盛放香料，唐五代时期较为流行。香宝子的造型，有的呈圆球状，上面有盖，下有底托，还有的呈筒状或宝塔状，一般放置在香炉旁边，有一炉一宝子和一炉二宝子两种搭配方式。

高濂的《遵生八笺》中有“焚香七要”，所谓“七要”是指：香炉、香盒、炉灰、香炭墼、隔火砂片、灵灰、匙箸等七种主要的香事用具。日常的香事生活，可以相对简单，古人曰“炉瓶三事”，指炉、瓶、盒三种必备香具，香炉用来焚烧线香或篆香，香瓶用来收纳香匙、香箸等辅助工具，香盒用来盛放香粉。“炉瓶三事”在元代已经出现，在明清时期成为士庶通用的香具，无论是文人雅士还是乡野村夫，其生活中都常见这三种香具。

大约从宋代开始，嗜香的文人墨客举行小规模品香活动，雅称香席。一般来说，香席活动在三四人，最多不超过六人为宜，其中一人作为“香首”或“炉主”，是香席的主导。若是一主三客，香首坐在香席正对门靠右的位置，主客坐在香首左侧；若是一主五客，香首坐在香席正对门中间位置，主客坐在主人的左首，次客坐在右首，再其次坐在对面及左右首。在入席前，先要品茗以净心。香席所用的香料通常分为主香和附香，所品香料不宜太多，以三种为限。香席开始，客人按照主次顺序品香，香首取香入炉，香首每出一香，客人双手接香，左手持香炉，右手掌心朝内，辅助托举，轻轻吸气，品闻三次后传给下一人，最后传到主人手中。一种香料品闻两巡后，换香另出。参加香席的人，要有舒适放松的精神状态，不能吃葱、蒜、韭等有异味的食物，要体净

---

①（唐）元稹《香毬》，《全唐诗》（第12册），中华书局，1960年，第4552页。

貌整。香席活动往往伴有清谈、观画、赏乐或古物把玩等，亦可举行诗文雅集。

贸易是满足用香需求的重要途径，唐宋以后，香成为大宗贸易。在两宋贸易中，香料利润最为丰厚，因此朝廷规定外贸中的沉香、龙涎香等由官方专营，为了方便管理，专设“榷易院”，作为香料管理机构，有的船舶专门运送香料，叫作“香舶”。1974 年，一艘宋代的“香舶”在福建泉州发掘出土，里面有乳香、龙涎香、檀香等，共两千多千克，可见当时香料贸易数量巨大。据说，现如今的香港得名于香贸易。宋元至明清时期，香港岛南端九龙的一处小港湾，是南粤莞香的集散地，因为这里长期经营香料生意，人们便称之为香港。

香趣

下面围绕香事与香文化，讲几个有趣的故事，分别是：汉武帝返魂香，曹操分香，王敦不识澡豆，杨贵妃的香汗，蔡京放香，陈与义微雨烧香，陆游扫地焚香，陈洪绶的《斜依熏笼图》。

汉武帝返魂香。汉武帝时期，西域地区某国进贡一种返魂香，如燕鸟的卵一般大小，颜色和桑葚一样。恰巧长安城发生疫情，西国的使者请求焚烧一枚防疫。宫里得病的人闻到香味立刻就好了，长安百里的范围内，都能闻到香味，芳香一直持续了九十天才消失。因为这种芳香可以治疗传染病，病人闻到香味就能活过来，因此称为返魂香。这种神奇的香丸，其神异效果让人惊叹，以目前有限的知识范围来看，确实有些传奇色彩，但烧香防病疗疾却是事实。后来这个返魂香进一步被神化，据说汉武帝思念李夫人，便让方士制作了返魂香，在香烟缭绕中，李夫人的魂魄真的降临了。这个故事显然是附会《汉书》所载方士李少君为李夫人招魂的传说，只不过把方士的法术改为神异香方。成书于11世纪初期的日本《源氏物语·总角》中，大女公子非常想念父亲，在梦中不止一次与父亲相见。她跟妹妹说到此事，两姐妹抱头痛哭，她特别想得到中国传说中的返魂香。看来，这一味返魂香的神奇功效，同样引发了东亚文化圈的共鸣。

曹操分香。一代枭雄曹操去世前立了一个《遗令》：

> 吾夜半觉小不佳，至明日。饮粥汗出，服当归汤。吾在军中持法是也，至于小忿怒、大过失，不当效也。天下尚未安定，未得遵古也。吾有头病，自先著帻。吾死之后，持大服如存时勿遗。百官当临殿中者十五举音，葬毕便除服。其将兵屯戍者，皆不得离屯部。有司各率乃职，敛以时服。葬于邺之西冈上，与西门豹祠相近，无藏金玉珍宝。吾婢妾与伎人皆勤苦，使著铜雀台善待之。于台堂上安六尺床，施繐帐，朝晡上脯精之属。月旦、十五日，自朝至午，辄向帐中作伎乐。汝等时时登铜雀台，望吾西陵墓田。余香可分与诸夫人，不命祭。诸舍中无所为，可学作组履卖也。吾历官所得绶，皆著藏中，吾余衣裘，可别为一藏。不能者，兄弟可共分之。①

大意是说，我半夜醒来觉得不大行了，死了以后呢，出殡的仪式该如何安排，生前使唤的婢女、侍妾和伎人该怎么安排，初一十五该怎么祭奠，这些情况都跟你们说一下。在这个遗嘱里，曹操还专门提到，还有些剩下的香分给诸位夫人，那些侍妾如果没有依靠，可以学着编鞋子去卖。编鞋的事权且不提，曹操在遗嘱里一本正经地分香，说明曹操是个用香、爱香、惜香之人，曹操手里应该有很多名贵的香料，说明当

---

①（汉）曹操著《曹操集》，中华书局，1959年，第57—58页。

时贵族阶层对香料极为看重,这些香大概可以卖个好价钱。前面我们说到曹操的谋士荀彧就是一个有香癖的人,再有上面的一段材料,基本可以肯定曹操以及身边的众多士族文人用香的浓厚氛围。一代枭雄临终遗言,惦记着夫人、侍妾也就罢了,偏偏还有他珍藏的香料,这种不舍的心思大约只有后来的香痴黄庭坚那样的人才能真的懂得。罗隐《邺城》说到曹操分香的事:“台上年年掩翠蛾,台前高树夹漳河。英雄亦到分香处,能共常人较几多。”[①]对人生遭际的感叹,罗隐似乎说出了几分人生况味,但若是从用香的角度着眼,如若曹操读了这首诗,一定是皱眉头的。

王敦不识澡豆。《世说新语》讲过一个很好玩的事情,说魏晋时期,澡豆还是稀罕物,上流贵族家里才用。平民出身的王敦娶了舞阳公主,突然跻身贵族社会,对很多事情都有些不适应。有一回,王敦上完厕所,家里的婢女端着盛水的澡盘,用琉璃碗盛着澡豆,意思是让他便后洗手。可王敦哪里知道那澡豆是洗脸洗手用的呢,以为是吃的东西,就把澡豆倒进水里吃起来,众婢女都捂着嘴笑他。孙思邈《千金翼方》载录了两种澡豆方,其中一种的配料相当奢侈:“丁香、沉香、青木香、桃花、钟乳粉、真珠、玉屑、蜀水花、木瓜花(各三两),奈花、梨花、红莲花、李花、樱桃花、白蜀葵花、旋覆花(各四两),麝香(一铢)。上一十七味,捣诸花,别捣诸香,真珠、玉屑别研成粉,合和大豆末七合,研之千遍,密贮勿泄。常用洗手面作妆一百日,其面如玉光净润泽,臭气粉滓皆除”。[②]这样的香料配置,也难怪当时普通人见都没有见过了。王敦闹出这个笑话以后,很长时间里,人们嘲笑一个人土气,就说此人不识澡豆。

---

①(唐)罗隐《邺城》,《全唐诗》(第19册),中华书局,1960年,第7538页。

②(唐)孙思邈著,李景荣等校释《千金翼方校释》,人民卫生出版社,1998年,第91页。

杨贵妃的香汗。五代王仁裕《开元天宝遗事》载："贵妃每至夏月，常衣轻绡，使侍儿交扇鼓风，犹不解其热。每有汗出，红腻而多香。或拭之于巾帕之上，其色如桃红也。"[①]杨贵妃大概是丰腴的美人，夏季多汗也就不算稀奇，但她出的汗不仅香味浓郁，而且还艳如桃花，就不免让人生疑。细想起来，应该不是《开元天宝遗事》的本意那样——一代美女的天然香汗。如果一个美女玉肌之上突然渗出红色的汗水，似乎称不上美丽，只能说有些恐怖。其实没有什么大惊小怪的，推究起来，杨贵妃可能是抹了某种香料而已。周嘉胄《香乘》中"利汗红粉香"的香方："香滑石（一斤，极白无石者，水飞过）、心红（三钱）、轻粉（五两）、麝香（少许）。右件同研极细用之，调粉如肉色为度，涂身体香肌利汗。"[②]所谓"心红"，大概是一种上好的朱砂颜料，把它与滑石粉、轻粉（水银炼成的一种白色粉末，外用可杀菌治湿癣疥疮）、麝香和在一起，这样的香药当然会"红腻而多香"。

蔡京放香。蔡京是北宋有名的贪官，臭名昭著的花石纲就是在蔡京的鼓动下兴起的。贪腐成性的蔡京，生活极为奢靡。可蔡京也是一个爱香之人，他的用香方式却又与常人不同，他喜欢香味却讨厌烧香伴随的烟气。蔡京每天焚香熏屋，先要在一间专门的小屋内点燃香料，待到小屋里香气充盈的时候，再吩咐人卷上帘子，放出香烟，不一会儿厅堂卧室便都香气缭绕。蔡京的这种熏烧方式，因为需要一定时间的酝酿，这本身就要消耗掉一定香味，要保持卷帘放香的效果，必须一次焚烧大量香料。蔡京卷帘放香虽被一些人看作文人雅事，却也从一个侧面反映了古代官僚贵族用香的奢侈与腐败。

---

①（五代）王仁裕等撰，丁如明辑校《开元天宝遗事十种》，上海古籍出版社，1985年，第98页。

②（明）周嘉胄编著《香乘》，中国纺织出版社，2019年，第545页。

陈与义微雨烧香。陈与义生活于北宋末、南宋初，经历过时代巨变，晚年托病辞官，看淡世事浮沉。他有一首诗《雨》："忽忽忘年老，悠悠负日长。小诗妨学道，微雨好烧香。檐鹊移时立，庭梧满意凉。此身南复北，仿佛是它乡。"[1]偏居外乡的陈与义，在时间流转中忘记了我身已老，日子一天天就这么过去了。在梧桐更兼微雨的凉意中，烧一缕好香，所有的人生感慨和对故乡的惦念，全部都寄托在这一炷香烟之上。微雨烧香，因为空气湿度较大，多了一些烟气的迟重感和缠绵感，自然而然带着淡淡的伤感，暗合了他看透人生百态却又稍显落寞的心绪。微雨烧香，是一种生活，也是一种体验，更是一种境界。雨中烧香，后来成了不少文人追求的一种优雅境界，为了追求这种效果，有的人干脆泛舟湖上，船上烧香，湖中听雨，想想都很美。

陆游扫地焚香。陆游其人大家较为熟悉，这里就香论香，也说说陆游烧香的事。陆游《山居戏题》："海山缥缈斸云扃，扫地焚香悦性灵。嫩白半瓯尝日铸，硬黄一卷学兰亭。衰颜冉冉临清镜，华发萧萧倚素屏。尊酒不空身见在，莫争天上少微星。"[2]很显然，这首诗写的是一位衰颜华发老者的隐居生活。挂冠归隐，终老乌有之乡，这是古代文人向往的一种境界。质朴、简约，这是隐居生活的标配，种豆除草，扫地焚香，与自然相通，也与古人"采菊东篱下，悠然见南山"的境界相通。具体来说，"扫地焚香"，是尘俗事，亦是高雅事，将文人高雅生活世俗化，返雅为俗，以俗当雅，在世俗生活中玩味心性文章、人生百态、宇宙道理，这是宋代文人的高明之处，其思路和方法都值得我们借鉴。

陈洪绶的《斜依熏笼图》。白居易《后宫词》："泪湿罗巾梦不成，夜深前殿按歌声。红颜未老恩先断，斜依熏笼坐到明。"[3]陈洪绶的《斜依

---

①（宋）陈与义《雨》，《全宋诗》（第 31 册），中华书局，1995 年，第 19514 页。
②（宋）陆游《山居戏题二首》，《全宋诗》（第 39 册），中华书局，1995 年，第 24627 页。
③（唐）白居易《后宫词》，《全唐诗》（第 13 册），中华书局，1960 年，第 4930 页。

熏笼图》应当是对白居易诗意的描绘和演绎。画面中,一位云鬓高髻的贵妇人,身上披着薄薄的团鹤纹锦被,慵懒地斜依在竹篾编成的熏笼上,熏笼底下有一个鸭形香炉。女子俏脸微微抬起,双眼似乎看向右上方的鹦鹉,又似乎看向画外的某个地方。女子的右边是一个几案,案上插着一枝盛开的木芙蓉。总之,这斜依熏笼的女子似是百无聊赖,图的下方,却有一个活力十足的孩童,正用团扇扑捉一只黑蝴蝶,一旁的侍女腰肢略屈,双手放在膝盖上,紧紧跟随、小心翼翼地护佑着这个顽皮的孩童。从画面内容来说,贵妇人显然是在室内,而嬉戏玩耍的孩童当是在室外,本不是一个空间的场景,作者偏偏要把它放在一起:一动一静,亦实亦虚,通过直观的对比,表现这位贵妇人婚后生活的富贵荣华和无所事事。当然,我们更感兴趣的是"斜依熏笼"的画意和韵味。熏笼里熏烧着名贵香料,释放热量和香味,一则作用于触觉,一则作用于嗅觉,微微的暖意和浓浓的香味,会让人舒适、放松乃至沉醉。画中女子"斜依",首先是实写这种生活状态,这是真实的;其次"斜依"也是一种内心境界在生活情态上的体现,因为无聊,干脆就把整个身心都沉溺于熏香所织造的温暖舒适、香气四溢的温柔乡里。由此,我们如果再去看那贵妇人的眼神,就可以发现,她似乎既不是望着鹦鹉,也不是望着画外,她可能就是昏昏欲睡,两眼无神,正在享受这种长日闲闲的无聊时光。而作为忙忙碌碌的当下人,这种时光我们真的只有羡慕的份儿了。

香文化

香文化是中华优秀传统文化的一个重要组成部分,其自滥觞之时起，便具有一种神秘而又高贵的气质，伴随着中华文化的演进，香文化也经历了漫长的发展与变化，从贵族官僚阶层的专有独享渐变为士庶共享，成为一种影响中国人生活方方面面的传统文化。时至今日，中国香文化似乎退出了历史舞台，普通人对香文化的认知往往极为有限，很多人印象中的“香事”也仅限于祖先、寺庙的祭拜烧香，为数不多的各地香事活动，要么是商业操作，意在售卖香事套件，要么是附庸风雅，有意无意地照搬国外回流的所谓“香道”与仪轨，总之，很多都是貌似高贵，实无风雅，貌似高深，实则肤浅。综合中国香的发展历程，香文化既不神秘，亦不复杂，它起源于人们物质与精神生活的平常日用，也作用和服务于人们物质和精神的平常日用。

从香的使用来说，传统的中国香主要可以分为日常佩香、居室熏香、文人烧香、礼神祭祖、香席香道等几种，前四种使用方式中，香都作为一种工具，“有意图”地发挥了一种功能性的作用，例如日常佩香意在增强祛味染香、增添个人魅力，居室熏香可以净化环境、营造馨香优雅的工作或生活空间，文人烧香意在摆脱尘世喧嚣、回归素朴、重新获得感悟生命和自然的能力，礼神祭祖主要是寄托美好期望、表达思念之情。在这四种功能性的使用方式中，日常佩香、居室熏香、礼神祭祖的实用性一面较强一些，有人可能说礼神祭祖不是精神的因素更多吗，事实上在中国的祖先祭祀、宗教祭拜中，烟雾缭绕的香传递的是非常明确和实用的文化信息，其实用性远远超过精神性。其中的文人烧香比较特殊，它既是一种典型的生活用香，同时又具有独特的文化内涵和思想意义，因为其中往往融入了文人的静坐宁心，以及基于个人精神体验、道德修养的思想反省和生命感悟，文人烧香给中国香文化注入了生命活力和思想厚度，从而真正如点铁成金般赋予中国香文化以深厚人文精神。香席香道主要是闻香识香、香技呈现、香道仪轨以及香具欣赏、环境布置、香事分享等系列活动，其实是文人烧香与文人雅集的一种自然合流和仪式化呈现，是一种带有技艺性的艺术活动，在香席香道活动中，抛开参与者目的和能力的因素，其总体上引领和诱导香席的参与者全神贯注于感官对象也就是香事或烧香的审美感受，因此也就更强调和注重形式，从而就升华为一种艺术活动。

于字源而言，“香”的本意是成熟的粮食甘甜可口，引申为带有芳香气味的东西。从人的嗅觉来说，芳香的东西让人舒适、愉悦，因此，对香的喜爱是人的本能，反过来说，让人感觉舒适、愉悦的香味，意味着好的和美的，就是说，香是一种美好的气味。古人认为气来源于味，是从物的味中分解出来像雾露一样轻清的部分。气又分阴阳，香为纯阳之气，是纯阳之气的凝结，通过香的宣发、熏泽，香气充盈于人的身体，则可以辅助人的纯阳之气，是利生养生的。中国人对香的认识，一开始就赋予其浓厚的生命色彩和生命意义。在天人合一、物我一体的传统思维中，香始终都作为一种生命体验和审美关照的对象，中国人对香的使用根本来说是一种生命的交互与融合，这种交互、融合既存在于形而下的器与物，亦存在于形而上的道与心，前者主要是保持养护生命的美好舒适，后者主要是回归体悟生命的安宁自由。

从人类的感知能力来说，我们能够通过呼吸在空气中感觉到各种气味，香味只是其中的一种。气味给我们的印象似乎是一种独立的存在，但它实际上如王阳明“岩中花树”①一般，作为认识的客体，它在那里，然而如果没有我们的味觉，没有我们人类认识主体的存在，香味并不能独自展现它的存在。这样说，并不否认物质世界的第一性，而是强调认识对象与认识主体的相互性，香作为一种物质实体，其本真的呈现与绽放有赖于我们的感觉在场，更有赖于中国传统生命哲学对生命本身的认识，香作为生命感知的对象，其全部的价值和意义在于护佑

①(明)王守仁撰《王阳明全集》，上海古籍出版社，2011 年，第 122 页。

生命的独立性、完整性与永恒性。所以说，中国香文化自始至终都重视生命体验和交互融合，这应当符合香文化的事实逻辑，也抓住了其根本要义。

中国香文化是传统农业文明和商业文明相互交融的产物，外来商业贸易仅仅给中国香的使用带来了更多的香材，为中国香增添了更为丰富的内涵和魅力，并没有改变中国香文化的根本。外来香料的大量引入，主要是合香的发明，其思维根基是和合思想，具体来说就是调和阴阳的“香性之和”，通过各种香材的调和与使用，使其气味、性能、韵味等和谐统一，营造和美的芳香氛围，有利于人的气血之和，达到天人和合的效果。中国的合香，无论怎么调和，根本来讲都是基于天然香材的调和搭配，这是中国香文化的重要特征，也是中国香文化的奥妙所在、魅力所在。

中国香和中国香文化的衰落，其实是西方工业文明冲击的结果，19世纪末西方化学合成香料大量问世，工业合成香水跟随西方的坚船利炮一起进入了中国，并以其简便快捷而迅速占领了普通人的生活用香领域，传统的中国香也在不知不觉之间遭受重创，逐渐退出了历史舞台。事实上，如果我们认真检讨传统中国香的衰落，不能不说这是一个文化的创伤和遗憾。西方化学香水源于西方工业文明，琳琅满目、成千上万的各色香水的生产、销售，都是基于现代商业逻辑、资本逻辑的消费文化，它大量地使用影像和符号，激发购买欲望，制造浪漫想象，引诱人自我满足和沉溺于感官的幻想中，从而以假当真，以虚为实，既远离了真实世界，又忘却了生命本真。总而言之，它用工业文明的神奇药水，做成了实用主义的枷锁，剥离了人的本真自我。正如有的西方哲学家忧心忡忡地指出的那样，西方工业文明带来物质世界巨变的同时，人与人之间关系的内在意蕴和辉煌力量也消失了，凡是工具性染指的地方，人类的精神离开了世界。不无遗憾的是：现代世界光怪陆离、灯红酒绿的影像世界，我们看见了，但是否真的有所见；我们听到了，却又并非真的有所闻；我们嗅到了，却也似乎并非捕获到气味本身。

在现代商业文明背景下，我们谈中国香或许不再是一个简单轻松的话题，因为中国香和中国香文化的思维逻辑和价值内涵，恰恰是解开工业文明枷锁的一把钥匙。中国香基于天人合一的思维逻辑，中国香基于自然本真的价值逻辑，中国香事和香文化寓于其中的生命体验与精神感悟，以及中国香席香道独具特色的审美形式和文化内涵，非常有助于被工业文明裹挟的当代人，找回丧失已久的感受自然、感受生命、感受人与人之间关系丰富性的能力，重新获得生命的本真和精神的自由。而当下中国香文化研究的主要任务也就是要围绕上述目标，抓住香文化的精髓，理清香文化的脉络，阐明香文化的历史逻辑和价值逻辑，创新香文化的内容和形式，赋予中国香文化以新的时代价值和意义。

第九讲

中国古代养生思想、方法与食养食疗

俗话说，开门七件事，柴米油盐酱醋茶。吃饭是人生大事，古今中外概莫能外。能把饭吃好，才能保证有个好身体，身体好，事情才能干好，人的生命质量才有保障。如何把饭吃好，是个专门的学问，往上了说它牵扯到养生思想，是形而上的哲学问题，往下了说它关涉饮食养生，是形而下的吃饭问题。中国人的养生思想其实并不深奥，往往都在生活日常里。例如俗语“冬忌生鱼，夏忌狗肉”“冬吃萝卜夏吃姜，不用医生开药方”，说的是吃鱼吃肉和食养食疗的时令问题，却又暗含中国人遵循天时、顺应自然的思想因子。吃饭的事情，稍稍升华一点，便成了文化与哲学。如“顺的好吃，横的难咽”“好饭不怕晚，好话不嫌慢”“宁可荤口念佛，不可素口骂人”“吃一堑，长一智”“吃得苦中苦，方为人上人”，都是“吃出来”的人生道理。“养生之道，莫先于饮食”，[①]理一理中国人的养生思想，聊一聊中国饮食文化中的食养食疗，特别是一些值得借鉴的思想、方法、美食和趣事，对于关心生活品质和生命质量

①《清代文字狱史料汇编》（第 7 册），北京图书馆出版社，2007 年，第 497 页。

的当下人来说，应当是有意义的。

古代养生思想

中国古代的养生思想，在哲学层面主要是整体思想、矛盾思想、天人合一与阴阳五行，这四种思想共同构成中国养生思想的严密体系。人生在天地宇宙之间，与天地万物共同构成一个整体，是一个“大宇宙”，而人体本身也是一个整体，是一个“小宇宙”。从人与天地万物的关系来说，人与天地同构一体，人应该效法和顺应天地时空的运转变化，与自然构成物质交换的平衡，从人这个生命体自身来说，人体内部结构犹如自然万象，同样需要保持较好的生态平衡，而后一平衡又与前一平衡紧密相关。天地万物构成的宇宙自然存在对立统一、此消彼长的物质力量，可用阴阳两个概念和金木水火土五种要素加以阐释。无论是人与自然的物质平衡，还是人体内部的物质平衡，都合于阴阳五行相互矛盾、相互调和及相生相克的道理。

天人合一是我们祖先认识人类与自然关系的一种哲学思想，大约形成于春秋战国时期。如果将天神化为掌握人类命运的天帝，这种思想就走向故弄玄虚的神学。如孔子每每仕途不顺之时，就感叹自己“天命”不济，又说是因为“凤鸟不至，河不出图”；[①]再如孟子也说“天将降大任于是人也，必先苦其心志，劳其筋骨”，[②]如何如何。总之都是宣扬上天掌握了人们的命运，冥冥中主宰人的吉凶祸福。这种思想运用到

①杨伯峻译注《论语译注》，中华书局，2009年，第88页。
②杨伯峻译注《孟子译注》，中华书局，2010年，第276页。

社会层面就是君权神授，以及荒唐无稽的历史循环论。但如果把天地宇宙看作和我们共存的物质实体，天人合一就会成为指导人类生存和实践的重要哲学思想。庄子说“天地与我并生，万物与我为一”，[①]意思是天地和人类同根同源，相互依存，生生不息。阴阳五行是古人在对自然界存在的对立统一、此消彼长的物质力量深刻认识和把握的基础上凝练出来的哲学思想。阴阳五行被用来解释自然界中相互对立、相互矛盾，又相互调和、相互统一的现象与规律。如日与月、昼与夜、热与寒、晴与阴、天与地、男与女、动与静、生与死等，皆可用阴阳来阐释；世界上的各种事物，如声音、颜色、气味，如蔬菜、瓜果、粮食，皆可以“五音”“五色”“五味”，以及“五菜”“五果”“五谷”等予以分析。从总体来说，阴阳五行作为一种思想认识，有利于人们更好地把握和分析自然及人类自身变化规律，但如果作为一种教条，将其套用在物质世界和人体内部的所有方面，就未免会出现方枘圆凿的情形，甚至会滑向神秘荒诞的泥淖。

以上述思想为基础，中国养生思想首先是讲顺应，就是顺应自然变化、身心变化以养生，其次是讲调和，就是要调和阴阳、五行、表里、寒热、虚实等矛盾以养生。古人有谓“和于阴阳，调于四时”，[②]就是讲究顺应自然界的天气冷暖和四时变换，根据春温、夏热、长夏湿、秋燥、冬寒的基本自然规律，我们的生命个体要学会根据这些规律和变化，在生活和身心上及时作出调整。例如人们在夏天时习惯吃凉爽的食物，冬天时应该多吃蛋白质丰富、热量高的食物，那西瓜在夏天吃是比较合适的，在冬天吃就不大符合节令和人体的基本规律。孔子早就说过

---

①陈鼓应注译《庄子今注今译》，商务印书馆，2016年，第88页。

②（唐）王冰次注，（宋）林亿等校正《黄帝内经素问》，上海古籍出版社，1991年，第11页。

“不食不时”,[①]其实这不是什么大道理,就是让人们按时吃饭,按照节令吃该吃的东西。再如《周礼》云:“凡和,春多酸,夏多苦,秋多辛,冬多咸,调以滑甘。”[②]农谚也有“春酸夏苦秋辣冬咸”的话。春天应该多吃酸味的食物,夏天要多吃苦味的,秋天要多吃辛辣的,冬天要多吃咸的,一年四季都用甘、滑的东西加以调和。按照中医的观念,酸苦甘辛咸五味对应五行的木火土金水,再对应五脏,酸入肝、苦入心、甘入脾、辛入肺、咸入肾,五味又对应着季节,春木、夏火、长夏土、秋金、冬水。其实无论多么复杂,都是讲要根据和顺应季节变化,合理安排和调配饮食。

中国的养生思想,还与尊生思想与治未病思想颇有渊源。《庄子·让王》:“能尊生者,虽贵富不以养伤身,虽贫贱不以利累形。”[③]这篇奇文举了很多例子,例如尧舜把天下让给许由等人,他认为与养护自己的生命比较起来,天下实在不值一提,又如韩国与魏国为争夺土地打得不可开交,子华对昭僖侯说,假如天下是块铭牌,你用左手来取铭牌,就把右手砍掉,你用右手来取铭牌,就把左手砍掉,只要砍掉了胳膊,你就可以取得天下,你愿意吗?昭僖侯说,我不愿意。子华说,很好啊,你看,人的胳膊比天下重要,人的身体又比两只胳膊重要。这里反复说明的道理,就是人们对任何外物的追逐都不如自身的生命更重要。《老子》中其实也有类似的话:“名与身孰亲?身与货孰多?”[④]儒家也从社会伦理道德的层面,提倡要注意养护身体,不让其受到不必要的伤害,这是对生命的尊重,也是对父母的孝行。高濂《遵生八笺》言之更详:“故尊生者,尊天地父母生我自古,后世继我自今,匪徒自尊,直尊此道耳。不知生所当尊,是轻生矣。轻生者,是天地父母罪人乎!何以

①杨伯峻译注《论语译注》,中华书局,2009年,第101页。
②(汉)郑玄注,(唐)贾公彦疏《周礼注疏》,中华书局,1980年,第667页。
③陈鼓应注译《庄子今注今译》,商务印书馆,2016年,第858页。
④陈鼓应著《老子注译及评介》,中华书局,1984年,第234页。

生为哉？”[①]人的生命小处说得之于父母，大处讲源于自然宇宙，但无论如何，人的生命只有一次，是唯一的也是最珍贵的。人这一生可能有很多需要去争取的东西，但没有什么东西是比人自身的生命更重要的，所以要尊重生命、珍惜生命、养护生命。如何尊生呢？古人认为尊生的要害在预防，通过养护治未病。《黄帝内经》曰："是故圣人不治已病治未病，不治已乱治未乱，此之谓也。夫病已成而后药之，乱已成而后治之，譬犹渴而穿井，斗而铸锥，不亦晚乎？”[②]朱震亨在《丹溪心法》中也说："与其救疗于有疾之后，不若摄养于无疾之先，盖疾成而后药者，徒劳而已。是故已病而不治，所以为医家之法；未病而先治，所以明摄生之理。夫如是则思患而预防之者，何患之有哉？此圣人不治已病治未病之意也。”[③]可见预防为主，防重于治，这就是治未病的核心思想。养生就是如此，无病养生，未雨绸缪，这才能够防患于未然，提高生命质量。

养生的方法

养护生命健康的方法有很多，概括而言，主要包括隐修养生、怡悦养生、雅趣养生、运动养生以及药饵养生、饮食养生等。

隐修大致是一种生活状态，既可以是退归山野，隐居修养，也可以是身在城市，闭门养德。但无论是在山林也好，在廊庙也好，隐修者都

①(明)高濂著《遵生八笺》，人民卫生出版社，2007 年，第 15 页。
②(唐)王冰次注，(宋)林亿等校正《黄帝内经素问》，上海古籍出版社，1991 年，第 15 页。
③(元)朱丹溪著《丹溪心法》，中国医药科技出版社，2018 年版，第 4 页。

对功名利禄采取一种超然的心态，在他们看来，远离名利，就避免了很多难以预料的烦恼和祸患，在绿水青山、庭院池沼间修身养性，会带来生活的乐趣和身体的健康。所谓“杖履山水，歌咏琴书，放浪形骸，狎玩鱼鸟。出虽局于一时，而处则蹈彼千仞。如是则心无所营，而神清气朗，物无容扰，而志逸身闲，养寿怡生，道岂外是？”①古往今来，那些以隐逸姿态示人的文人，尽管在行为上都貌似高洁不群，但有的也不见得是真隐修。例如唐寅因为科举失意，隐居桃花庵，写诗曰：“桃花坞里桃花庵，桃花庵里桃花仙。桃花仙人种桃树，又折花枝当酒钱。酒醒只在花前坐，酒醉还须花下眠。花前花后日复日，酒醉酒醒年复年。不愿鞠躬车马前，但愿老死花酒间。”②若只看这几句诗，唐寅俨然就是隐修养德、高蹈避世的高人，而事实上，忽然一天一个想篡权的王爷一声召唤，唐寅立刻欣喜雀跃进城去了，等到后来发现人家其实只把他当个权力工具，这才算是彻底死了那砰砰跳动着要讨个一官半职的功利之心。由此看来，所谓隐修，与其说是一种行为状态，还不如说是一种心境更合适。

怡悦养生就是通过各种途径，保持心情愉悦、舒畅、平和、安乐。高濂《遵生八笺》“起居安乐笺”，指出：“知恬逸自足者，为得安乐本；审居室安处者，为得安乐窝；保晨昏怡养者，为得安乐法；闲溪山逸游者，为得安乐欢；识三才避忌者，为得安乐戒；严宾朋交接者，为得安乐助。”③怎样在平日里保持安宁快乐呢？高濂认为可以从六个方面来做：懂得知足常乐，这是安乐的根本；明白居所安定舒适，就有了安乐的地方；保持早晚的修养，就得了安乐的方法；没事到山水间放纵游玩，就获得

①(明)高濂著《遵生八笺》，人民卫生出版社，2007年，第634页。

②陶红亮编著《人间最美古诗词》，现代出版社，2019年，第174页。

③(明)高濂著《遵生八笺》，人民卫生出版社，2007年，第185页。

了安乐的欢畅；知道对天地人的种种忌讳，这是懂得安乐的警戒；认真对待与宾朋的交往，这就获得了安乐的助力。对于这六个方面，他还做了详细的阐释，举了大量的事例，这里不妨就其中的两个方面略作分析。如知足常乐，高濂说，如果你是做官的，做官要知足，如果你退居林下，那么下来翻翻书，出门看看山，回来与妻儿吃顿粗茶淡饭，远行竹杖芒鞋，或者骑一头瘸腿的驴子，没事了与几个老友喝喝酒，与农人扯几句闲话，这都是很好的，总之要顺其自然，安之若素，这样才能获得心情的安乐和身体的健康。再如闲来无事到山水间畅游，春天了到郊外去踏青，夏天了到野外去露营，秋天了到园里赏菊，冬天了去踏雪寻梅，只要你有一份好心情、好兴致，一年四季都有大好美景，在大好景色中流连忘返，忘掉尘世的烦恼，身心自然得到和乐健康。

雅趣养生主要是在闲暇时间，做些雅趣之事，如赏古玩、尝美食、弹琴、论画、练字、品茶、看花等。人的诸多烦恼皆源于心思不定，而选择一项喜欢的、感兴趣的事情，专心致志、心无旁骛去审视、把玩、探究，心思自然也就回归质朴安定的状态，一物在手，万念俱消。举几个例子来说吧。苏轼是个有名的美食家，尤其喜欢食鱼，当然，单纯的吃还说不上雅趣，苏轼看鱼、钓鱼、烹鱼、食鱼，这“吃”里彻头彻尾都有十足的雅趣。宋熙宁六年（1073 年），苏轼在浙江省桐庐西南严陵山西边的七里濑垂钓，“一叶舟轻，双桨鸿惊。水天清、影湛波平。鱼翻藻鉴，鹭点烟汀”。①苏轼在黄州的时候，喜欢自己烹鱼，他还有一个《煮鱼法》：“子瞻在黄州，好自煮鱼。其法：以鲜鲫鱼或鲤治斫，冷水下入盐如常法，以菘菜心芼之，仍入浑葱白数茎，不得搅。半熟，入生姜、萝卜汁及

---

①（宋）苏轼著，李之亮笺注《苏轼文集编年笺注·诗词附》，巴蜀书社，2011 年，第 40 页。

酒各少许，三物相等，调匀乃下。临熟，入橘皮线，乃食。”[①]河豚是非常鲜美的人间珍味，苏轼对此很有研究：“煮河豚，用荆芥煮三四次，换水则无毒。”[②]至于吃河豚要冒着中毒的风险，苏轼却说“据其味，真是消得一死”。[③]可见他真的是美食成癖、乐在其中。现代作家周瘦鹃曾经说过一段话，谈自己的雅好：“我是一个爱美成癖的人，宇宙间一切天然的美或人为的美，简直是无所不爱。所以我爱霞，爱虹，爱云，爱月。我也爱花鸟，爱虫鱼，爱山水。我也爱诗词，爱书画，爱金石。因为这一切的一切，都是美的结晶品，而是有目共睹的。我生平无党无派，过去是如此，现在是如此，将来也是如此；要是说人必有派的话，那么我是一个唯美派，是美的信徒。”[④]凡是美的、好玩的，都可观、可看、可品、可鉴，都可寓养于乐，修心养性。

运动养生是中医理论的重要组成部分，是在传统养生思想的基础上形成的体育活动和健身方法，运动养生的方法主要有仿生类、行气类、肢体活动类、按摩祛病类等。仿生类是模仿动物的运动养生方法，例如华佗的五禽戏来自对虎鹿熊猿鸟五种动物的模仿。南北朝的陶弘景在《养性延命录》中详细介绍了五禽戏，并指出了这种运动养生方法的原则和效果：“夫五禽戏法，任力为之，以汗出为度，有汗，以粉涂身，消谷食，益气力，除百病，能存行之者，必得延年”。[⑤]行气类是指以控制和调整呼吸为主、技术动作为辅的运动养生法。《庄子》“吹呴呼吸，吐

---

①（宋）苏轼撰，孔凡礼点校《苏轼文集》（第6册），中华书局，1986年，第2371—2372页。

②（宋）苏轼著，李之亮笺注《苏轼文集编年笺注·诗词附》，巴蜀书社，2011年，第503页。

③朱易安、傅璇琮等主编《全宋笔记》，大象出版社，2006年，第8页。

④周瘦鹃著《紫罗兰盦序跋文》，广陵书社，2020年，第96页。

⑤李世华、沈德惠点校《道藏养生书十种》，中医古籍出版社，1987年，第18页。

故纳新，熊经鸟伸，为寿而已矣”[①]的话，说的就是用呼吸导引之术健身养生。马王堆出土的《导引图》，绘有四十四幅导引全图，几乎涵盖了呼吸与躯体运动相结合的方方面面，我国第五套广播操中的八个动作基本囊括了《导引图》的精华部分，如上肢运动有“龙登”，体侧运动有“螳螂”，腹背运动有“满政”，跳跃运动有“引颈”等。肢体活动类是通过适度运动以维系身体生理机能的运动养生法。例如被武侠小说演绎的神乎其神的《易筋经》，说是练习了“内壮神勇”的功法后，“从骨中生出神力，久久加功，其臂、腕、指、掌，迥异寻常，以意努之，硬如铁石，并其指可贯牛腹，侧其掌可断牛头”。[②]这功法的效果，大约有些夸大的成分，但通过肢体运动强化身体内外功能的健康则是事实。按摩祛病类是以结合意念引导和按摩导引为主要手段，推动经络和气血的畅通，以疗病康复为目的运动养生方法。如陶弘景《养性延命录》导引按摩篇非常具体地介绍了如啄齿、吞津、握固、摩腹、摩手、梳发、樊眼、吐纳、干浴、体操等导引、按摩的方法。

药饵养生就是根据身体情况适当服用药饵，以达到养护生命、延年益寿的目的。中医的药饵养生重视培补滋养及扶持、调理，主张使用温平、滋补的方剂，从气血、精神等方面进行补益，药饵的使用要顺应年龄、季节、体质等的基本情况和基本规律，其作用主要是扶持和调理。其常用药饵如人参、白术、山药、陈皮、砂仁、首乌、枸杞、黄精、胡桃仁等，都是温平、中和之物。孙思邈说：“凡人四十以下有病可服泻药，不甚须服补药。必若有所损，不在此限。四十以上则不可服泻药，须服补药。五十以上，四时勿阙补药。如此乃可延年，得养生之术耳。”[③]到

①陈鼓应注译《庄子今注今译》，商务印书馆，2016 年，第 456 页。
②周伟良《＜易筋经＞的作者、主要版本及其内容流变》，《首都体育学院学报》2009 年第 2 期。
③(唐)孙思邈撰，高文柱、沈澍农校注《备急千金要方》，华夏出版社，2008 年，第 35 页。

了一定年龄，就要服用一定量的药饵，来补益身体，抵抗和预防身体疾病，延缓身体衰老，这是一个通俗易懂的道理。药饵养生的重点是培补滋养，因此不宜服食过度，亦不可操之过急，所谓“亦须量体，宁从缓治，不可责效目前”就是这个意思。

俗语有言，“药补不如食补”，确实如此。所谓食补就是通过调整饮食来摄养身体机能，保持身体健康，预防疾病发生。上述隐修养生、怡悦养生、雅趣养生、运动养生、药饵养生，有的需要一定的心境、有的需要一定的条件，比较而言，饮食养生较为经济，也较为简便。民以食为天，人生一世，这一日三餐是无论如何都免不了的，适当掌握一些基本的饮食知识和方法，就可以养生祛病，是再好不过的事情了。下面重点谈谈食养食疗。

食养食疗

饮食本是人的基本生理需求，但能不能吃上饭，关系人的生死，能不能吃得好、吃出健康，又关乎人的生命质量。因此，关于饮食，需要有一套维系身体能量平衡，护佑其远离病患，从而提高生命质量的理论、方法。用食物保养身体，是为食养，用食物治疗和预防病患，是为食疗。

《周礼》将当时的医生分为医师、食医、疾医、疡医、兽医，其中食医“掌和王之六食、六饮、六膳、百馐、百酱、八珍之齐”，[1]可见食医是掌管宫廷贵族饮食滋味温凉及分量调配的医官。中国人很早就重视食物“保养身体”的作用，古人讲“药食同源”，又说“五谷、五畜、五果、五菜，

①（汉）郑玄注，（唐）贾公彦疏《周礼注疏》，中华书局，1980 年，第 667 页。

用之充饥则谓之食，以其疗病则谓之药”[①]“食能排邪而安脏腑，悦神爽志，以资气血”[②]，良好合理的饮食，不仅可以充饥，而且可以保养身体，祛除疾病。

时食以养。就是按照一年四季的节令变化，一日早晚的气血变化以及人的一生年龄变化，来安排和调配饮食，做到“不时不食”，达到“食能以时，身必无疾”[③]的效果。古人强调食养食疗应辨五脏、明五味，因时制宜。如夏天的食养食疗，人们脾胃功能较差，加之人们多食用生冷寒凉食物，容易损伤脾胃，因此应该多食用一点有苦味的食物，按照传统中医的理论，苦味入于心经，泄降心火。同时，苦味食品富含氨基酸、维生素等，具有解热祛暑、抗菌消炎、消除疲劳等功效，对脾胃功能恢复也有明显效果。例如适量吃些苦瓜、凉拌蒲公英，喝点啤酒、喝点茶，都是不错的选择。一日中的饮食，也是有讲究的。例如“一日之忌，暮无饱食”，[④]就是说一天之中，傍晚不要吃得太饱。人到了一定的年龄，身体机能就会下降，因此更要注重食养食疗。如《道林摄生论》谈到“养寿之道”，说不要吃饱了就躺下，要饭后稍微走动一下，要少食多餐，多了不易消化，不要等到饿才吃，不要等到渴才喝，生的东西、冷的东西都要少吃，各种物性的食物都要注意适量食用，“酸多伤脾，苦多伤肺，辛多伤肝，咸多伤心，甘多伤肾，此数者，老人尤当加意”。[⑤]

---

①龙伯坚、龙式昭编著《黄帝内经集解·灵枢》，天津科学技术出版社，2016 年，第 1868 页。

②（唐）孙思邈撰，高文柱、沈澍农校注《备急千金要方》，华夏出版社，2008 年，第 463 页。

③冀昀主编《吕氏春秋》，线装书局，2007 年，第 54 页。

④（唐）孙思邈撰，高文柱、沈澍农校注《备急千金要方》，华夏出版社，2008 年，第 483 页。

⑤曹洪欣总主编，张志斌主编《中医养生大成·养生通论》，福建科学技术出版社，2012 年，第 1419 页。

淡食以养。所谓淡食,并非现在我们常说的少盐、淡口,而是指清淡为主的饮食。古人很早就认识到长期食用肥腻的食物对身体不好,而且淡食也符合中国人俭约的观念。《黄帝内经》云“凡治消瘅、仆击、偏枯、痿厥、气满发逆,肥贵人则膏粱之疾也”,[①]食用过多的肥腻食物,会引发糖尿病、半身不遂等疾病。《吕氏春秋》又云“肥肉厚酒,务以自强,命之曰烂肠之食”,[②]肉吃多了,酒喝多了,会得胃溃疡,会对肠胃不好。所以,少食肥腻,多吃淡食,是养生的重要法门。其实淡食是食物的本真,我们之所以忘掉了其本真味道,是因为太多的五味严重扰乱了我们的味觉,顾仲《养小录》序:“本然者,淡也,淡则真。昔人偶断肴馐,食淡饭曰‘今日方知其味,向者几为舌本所瞒’。”[③]这段话说的就是以上的意思。所谓淡食,有两个层面的意思:一是食材的选择上要以清淡的素食为主,但这并非绝对的食素,而是以素为主,以荤为辅,荤素搭配;二是食物的烹调上,尽量尊重和保护食物的真味,调味品不宜太多,更不宜喧宾夺主。《山家清供》讲了一个“真汤饼”的故事:

> 翁瓜圃访凝远居士,话间,命仆:“作真汤饼来。”翁讶曰:“天下安有‘假汤饼’?”及见,乃沸汤泡油饼,人一杯耳。翁曰:“如此,则汤泡饭,亦得名‘真泡饭’乎?”居士曰:“稼穑作,苟无胜食气者,则真矣。”[④]

在凝远居士看来,“真汤饼” 就是要保留食物本身的香甜味道,这就是“真”的“真意”。为保留食物的“真味”,《山家清供》中的很多菜肴

①(唐)王冰次注,(宋)林亿等校正《黄帝内经素问》,上海古籍出版社,1991 年,第 100 页。

②冀昀主编《吕氏春秋》,线装书局,2007 年,第 14 页。

③(清)顾仲撰《养小录》,商务印书馆,1937 年,第 1 页。

④(宋)林洪撰,章原编著《山家清供》,中华书局,2013 年,第 83 页。

都以蒸煮的方法制作，蒸煮之法广泛适用于蒸糕、煮面、泡饼、熬粥、做羹汤，还有焯水后拌凉菜。当然，所谓淡味，并非无味，并非要天天吃水煮菜，喝稀粥，强调“淡味”“真味”，是因为肥腻过度，危害身体健康，这显然出于养生的考虑。

和食以养。“和”者，调和也，所谓“和食”，就是讲究平衡膳食、合理搭配。古人很早就认识到了饮食平衡对养生的重要作用，《黄帝内经》有曰：“五谷为养，五果为助，五畜为益，五菜为充，气味合而服之，以补精益气。”[①]提出了以谷类食物为主，通过瓜果、肉类、蔬菜以及调味品的合理搭配，来补充人体所需要的营养物质，从而保证人体正常的生理功能和旺盛的生命活力。食物和药物一样也具有寒热温凉四性，可用来调理人体，达到阴阳平衡。例如《山家清供》中有一种“通神饼”，[②]以姜为主要成分，把姜切成薄片，葱切成细丝，用盐汤焯水，加入适量白糖和面粉，搅拌均匀后，用麻油少许炸，可以去除寒气。因为姜性辛温，去寒邪。孟诜《食疗本草》载有白鸭肉去烦热的食疗方剂，以白鸭肉和葱、豉，煮汁饮之。[③]从物性而言，白鸭肉味甘、微凉，清劳去热。《山家清供》有一“自爱淘”：

> 炒葱油，用纯滴醋和糖、酱作齑，或加以豆腐及乳饼，候面熟过水，作茵供食，真一补药也。食，须下热面汤一杯。[④]

这种叫作“自爱淘”的“过水”面，性温，但其作料，融合了辛、酸、

---

①（唐）王冰次注，（宋）林亿等校正《黄帝内经素问》，上海古籍出版社，1991 年，第 84 页。

②（宋）林洪撰，章原编著《山家清供》，中华书局，2013 年，第 107 页。

③（唐）孟诜撰，（唐）张鼎增补，付笑萍、马鸿祥校注《食疗本草校注》，河南科学技术出版社，2015 年，第 60 页。

④（宋）林洪撰，章原编著《山家清供》，中华书局，2013 年，第 174 页。

甜、咸几种味道，另外的两种佐食，豆腐性凉，乳饼微寒。可见这一道过水面，其实就是一碗总体微寒的凉面，融合丰富的调味，在炎热的夏天吃起来一定是清爽可口。但吃完以后，一定要喝一碗热乎乎的面汤，可以对此时脾胃的寒凉起到中和作用。一碗“自爱淘”，要说什么“补药”倒不一定算得上，但吃过后舒服妥帖是肯定的。

节食以养。节食，就是懂得饮食的“度”，要讲究饮食量的适度，还要讲究饮食营养的适度。《管子》有曰：“凡食之道，大充伤而形不臧，大摄骨枯而血沍，充摄之间，此谓和成。”①《吕氏春秋》亦云：“凡食之道，无饥无饱，是之谓五藏之葆。”②这都是说，饮食的基本原则是，不要过于饥饿，也不要吃的太饱，吃的太多既伤身体，又损形貌，太过保养，又伤骨骼，又容易阻塞气血。因此要饮食节制，不多也不少，这就叫作饮食适量。平日里我们可能更留意饮食中量的节制，吃多了损伤肠胃，事实上，对营养摄入的节制也很重要，“膏粱之变，足生大丁”，③什么意思呢？就是说肥甘厚腻的高热量、高营养的东西摄入过多，容易引发毒疮一类的疾患。适当节制饮食对养生来说是非常简便的良药，西晋博物学家张华在《博物志》中说：“所食愈少，心开愈益，所食愈多，心愈塞，年愈损焉。”④适当节食，会让人心灵开悟，吃得越多，会越不舒服，对年寿有损。对饮食的节制，还要注意品种的选择，总体而言，尽量取平常易得的谷物、鱼肉、果蔬等，《备急千金要方》有云：“高平王熙称食不欲杂，杂则或有所犯。有所犯者或有所伤，或当时虽无灾苦，积久为人作患。又食啖鲑肴，务令简少，鱼肉果实，取益人者而食之。凡常饮食，每

①魏翔凤撰，梁运华整理《管子校注》，中华书局，2004年，第947页。
②冀昀主编《吕氏春秋》，线装书局，2007年，第54页。
③（唐）王冰次注，（宋）林亿等校正《黄帝内经素问》，上海古籍出版社，1991年，第16页。
④（西晋）张华等撰《博物志：外四种》，华文出版社，2018年，第27页。

令节俭”。[①]这里引用魏晋著名医学家王叔和的话,阐述“不杂食”“不多食”的养生之道。认为吃得太杂,有可能对身体有所侵害,有的当时没有问题,但过了很久才引发病患。饮食中宁缺勿滥的道理,对提倡饮食多样化,追求新奇食材的当代人来说,或许有一定启示意义。

辟谷以养。什么是“辟谷”?单纯从字面来说,辟谷就是“节制谷物”或“去除谷物”的意思,意味着控制谷物的摄入,或干脆不食谷物。简单地说,辟谷就是少吃饭或不吃饭的意思,如果真是这样,那通过这种方法来养生靠不靠谱呢?其实如果回到历史语境中,就会发现辟谷并非简单的少吃或不吃,而是与道教的“导引”“服气”等内丹工夫紧密相关,辟谷只是其中的一环。如东晋陶弘景“善辟谷导引之法,年逾八十而有壮容”,[②]唐朝卢藏用“隐居终南山,学辟谷练气之术”,[③]宋朝陈抟“因服气辟谷历二十余年”[④]等,可见历朝历代进行辟谷的人,都同时行类似于中医气功的服气导引。在古代典籍中,有谓“食风者灵而延寿,食谷者多智而劳神,食草者愚痴而足力,食肉者鄙勇而多嗔,服气者长存而得道”。[⑤]道教认为服气可以返本还源,直至长生不老。道教修炼时,要静坐、服气,同时控制食物的摄入,不然就有可能会“气有结滞,不得空流,或致疮节,譬如泉源不可壅遏”。[⑥]就是说,辟谷的本意是“服气辟谷”,其核心是“服气”,“辟谷”只是一个副产品。弄明白这一点非

---

①(唐)孙思邈撰,高文柱、沈澍农校注《备急千金要方》,华夏出版社,2008年,第463页。

②(唐)姚思廉撰《梁书》(第3册),中华书局,1973年,第743页。

③(后晋)刘昫等撰《旧唐书》(第9册),中华书局,1975年,第3000页。

④(元)脱脱等撰《宋史》(第38册),中华书局,1985年,第13420页。

⑤《道藏》(第22册),文物出版社,上海书店,天津古籍出版社联合出版,1988年,第254页。

⑥(宋)张君房编《云笈七签》(卷三十二),第9册,上海涵芳楼借印白云观藏正统道藏本。

常重要。结合现代医学的研究，我们是否可以这样理解，辟谷养生，大致相当于限食养生（主要是热量控制）和服气养生（主要是中医气功）的复合方法。在通过调整控制身、息、心三者，达到身心宁静状态的情况下，适当减少食物的摄入，甚至完全不食，是有可能的。据说弘一法师曾写辟谷日记，详细记载其前后二十天的体验，其中包括七天完全不食。在辟谷状态下，由于胃肠没有了食物消化的负担，辟谷者有更多的能力去调控气血，也就更容易感到神清气爽。但因为辟谷涉及服气导引等源于古代方术层面的内容，稍不留神就容易陷入故弄虚玄，乃至荒诞离奇的歧途，因此使用这种养生方法还是要慎之又慎。

吃的真谛

林洪《山家清供》讲了一个“冰壶珍”的故事：

太宗问苏易简曰：“食品称珍，何者为最？”对曰：“食无定味，适口者珍。臣心知齑汁美。”太宗笑问其故。曰：“臣一夕酷寒，拥炉烧酒，痛饮大醉，拥以重衾。忽醒，渴甚，乘月中庭，见残雪中覆有齑盎。不暇呼童，掬雪盥手，满饮数缶。臣此时自谓：上界仙厨，鸾脯凤脂，殆恐不及。屡欲作《冰壶先生传》记其事，未暇也。”太宗笑而然之。后有问其方者，仆答曰：“用清面菜汤浸以菜，止醉渴一味耳。或不然，请问之‘冰壶先生’。”[①]

宋太宗问苏易简说：“食品中称得上珍贵的，什么是最珍贵的？”苏

①（宋）林洪撰，章原编著《山家清供》，中华书局，2013年，第15—16页。

易简回答说:“食物没有一定的风味,适合自己口味的最珍贵。臣心里觉得腌菜汁美味。”原来是有天晚上非常冷,苏易简喝多了酒,蒙头大睡,突然醒来后口渴,乘着月光看到庭院中腌菜的缸,来不及喊童仆,用雪洗洗手,满饮了几缶。当时觉得天上的仙厨下凡做的菜肴,也比上这腌菜汁。宋太宗听了点头称是。什么样的食物是最好的?哪些食物最养人?这恐怕真的没有一定之规,同样的食物对有的人来说是好的,对别人就不一定,同样的食物在某个特定的时间、地点就是好的,换个节点就不一定。“食无定味,适口者珍”是一句很有意义的话,适合的才是最好的。就像我们念念不忘的“妈妈的味道”,大概也并非是因为妈妈做得有多好,主要是因为适合个人口味。

芋头本不是什么山珍海味,但唐代天宝年间,和尚懒残寒夜中正用牛粪火煨芋头,有人相邀,他却说:“尚无情绪收寒涕,那得工夫伴俗人。”我在忙着煨芋头吃呢,流着鼻涕都懒得搭理,哪里有功夫理会俗人俗事。对于这正在煨着的芋头,懒残真的是视若珍宝,他说:“深夜一炉火,浑家团栾坐。煨得芋头熟,天子不如我。”[①]先撇开芋头温补养生的物性不谈,试想想,在寒冷的冬夜里,饥肠辘辘,有一团火可以取暖,火里煨熟的热乎乎的芋头可以充饥,真的是再惬意不过的事情,此时此刻,烤火吃芋头当真比当皇帝都快乐。可见食物这个东西,有时候简单的也可能是最好的。

袁枚在《随园食单》中举过两个有趣的例子:

尝见某太守宴客,大碗如缸,白煮燕窝四两,丝毫无味,人争夸之。余笑曰:“我辈来吃燕窝,非来贩燕窝也。”[②]

---

①(宋)林洪撰,章原编著《山家清供》,中华书局,2013年,第55页。
②(清)袁枚著,陈伟明编著《随园食单》,中华书局,2010年,第32页。

余尝过一商家，上菜三撤席，点心十六道，共算食品将至四十余种。主人自觉欣欣得意，而我散席还家，仍煮粥充饥，可想见其席之丰而不洁矣。[①]

自古以来，燕窝都是名贵补品。但作为珍馐来说，似乎不如这有钱的太守家，贪图炫耀食物的名贵，一人端上一盆，这样不仅把好东西浪费了，而且影响了口感和味道，真的是暴殄天物。这个商人呢，主要是贪多，认为多了才是对客人的尊重，全然不顾客人的感受，其实宾客吃完这顿饭，还要回家煮粥吃。袁枚就这两个例子，分别提出了“戒耳餐”“戒目食”两种告诫，无非是强调饮食不要过分追求名气和排场，食物是用来吃的，不是拿来让人夸的，也不是用来给人看的，徒然炫人耳目的奢靡风气，与中国饮食文化及养生思想都是不合拍的。

林洪《山家清供》记有一道“拨霞供”[②]的佳肴，并讲了一个故事。有一回作者到武夷山游玩，顺道访问道士止止师，遇上下雪天，弄来一只兔子，但是没有厨子给制作成菜肴。止止师提供了一个简便易行的法子，说把兔子肉切成薄片，用调味料腌制，在火炉上烧水，等水开了，客人自己用筷子夹着肉片放到汤水里，随意摆动，煮熟就可以吃了。现代人看着这个做法似乎并不陌生，就是火锅而已，但在当时的作者看来，这道“拨霞供”让他印象深刻，为什么呢？因为这是顺应天时、地利、人和的种种因素，根据实际条件做出来的一顿山中味道。用身边易得的食材，用简易适当的方法，既可得大好妙味，这“拨霞供”本身就蕴含了中国传统思想文化的真意。

大诗人陆游擅长养生，他活了 86 岁，在古代算得上是高寿了。陆

①(清)袁枚著，陈伟明编著《随园食单》，中华书局，2010 年，第 33 页。
②(宋)林洪撰，章原编著《山家清供》，中华书局，2013 年，第 79 页。

游66岁退居乡野后，常年过着清贫的生活，锄禾拔草，蔬食淡饭，却也心情潇洒，自得其乐。陆游的长寿大概与他的生活环境和心理状态有关，但注意饮食也是重要原因。据说他在晚年很少吃肉，基本是粗茶淡饭，尤其喜欢喝粥，“老便藜粥美，病喜粟浆酸”，[①]他还专门写了一首食粥养生的诗：“世人个个学长年，不悟长年在目前。我得宛丘平易法，只将食粥致神仙。”[②]诗中的“宛丘”指的是中国的人文始祖伏羲，因为他是宛丘人。陆游在这首诗里说，大家都想学习长寿的方法，其实长寿的方法非常简单，多喝粥就可以做长生不老的神仙。按照一般生理规律，人的肠胃功能会在中年以后有所下降，粥这种融合了五谷杂粮的流食，非常适合老年人食用，这是顺应自然规律的简单而又平易的道理。

中国养生思想的根本就是顺应之道、调和之道，肥脂美味可以为人提供更多的热量，这对体力充沛、精力旺盛的年轻人或许必要，但于年老体衰之人就不合适；在高热量、高营养食品已经极度丰富易得的今天，即便是年轻人，恐怕也要考虑每日补充和摄入适量的五谷杂粮，以调和饮食结构，保证身体的健康。是否可以这样说：当下人的养生，不是多么高深多么复杂的理论问题，而是学会回归简单、回归素朴的认识问题，食养食疗的重点不是吃什么更营养的问题，而是吃什么更合适、更健康的问题。对于这些问题的回答，也许中国古代的养生思想可以给我们提供启示和参照。

---

①（宋）陆游《村居》，《全宋诗》，中华书局，1995年，第24964页。
②（宋）陆游《食粥》，《全宋诗》，中华书局，1995年，第25008页。

第十讲
画里的瓶与瓶里的花:中国瓶花艺术

瓶里插花,装点室内,这是一种生活方式,更是一门艺术。有人说,人充满劳绩,但还诗意地栖居在这片大地上。是的,我等芸芸众生,尘世生活忙忙碌碌,真的是心神俱疲,不胜劳烦,这时候非常需要找到哪怕是那么一丁点儿的净地,从俗网中超脱出来,安顿自己的心灵,让精神获得暂时的放松,那也是好的。要想超尘拔俗、转俗成雅,有两种方式:一是道德修养,二是艺术。瓶花极好,既简单,又超脱,是生活,也是艺术。

借花献佛与《花九锡》

花朵之美,有目共睹,"桃之夭夭,灼灼其华"。[1]花的美如人的美,

①(唐)孔颖达疏《毛诗正义》,中华书局,1980年,第279页。

都是因为生命的绚丽绽放，“山有扶苏，隰有荷华”①“有女同车，颜如舜华”。②采花赠人，既是对鲜花的礼赞，也是情谊的传达，三千年前的溱、洧河畔，男女相会，说说笑笑，“赠之以芍药”。③相传，南朝陆凯与范晔相善，自江南寄梅花一枝，诣长安与晔，赠诗曰：“折花逢驿使，寄与陇头人。江南无所有，聊赠一枝春。”④留下一段文坛佳话。以瓶插花据说最先出现在佛教的供养习俗里。4 世纪末到 5 世纪初佛陀耶舍、竺佛念共同翻译的佛教典籍《四分律》载有一个“借花献佛”的故事，有一位善女子在花园中见一香色殊妙的七茎莲花，极为妙好，心生喜悦，采花置于瓶中，献与尚未成佛正在修菩萨道的释迦（名为弥却摩纳）。这样的实物，现存不少，例如龙门石窟北魏孝明帝时期皇甫公窟北壁，释迦佛与菩萨之间就有一瓶花供养：撇口、粗颈、鼓腹、喇叭形高足，莲花高高树立于瓶口之上。从形式上来说，瓶花最先出现在佛事的供物中，用瓶花礼佛，带有宗教的善念和虔诚，当然，也带有世俗信徒以俗人心态诠释宗教情怀的意趣：我看花美、颜色极好，我献菩萨，让菩萨喜欢。

大唐长安，达官贵人以爱花、赏花、惜花为荣，杨国忠为花园里的花做了专门的玉石围栏，生怕雀鸟摇落了盛开的花朵，有人在花丛中穿上绳子、挂上铃铛。白居易《买花》诗曰：“帝城春欲暮，喧喧车马度。共道牡丹时，相随买花去。贵贱无常价，酬直看花数。灼灼百朵红，戋戋五束素。上张幄幕庇，旁织巴篱护。水洒复泥封，移来色如故。家家习为俗，人人迷不悟。”⑤写出了京城人对花的执着爱好。杜牧《杏园》，也

---

①（唐）孔颖达疏《毛诗正义》，中华书局，1980 年，第 341 页。
②（唐）孔颖达疏《毛诗正义》，中华书局，1980 年，第 341 页。
③（唐）孔颖达疏《毛诗正义》，中华书局，1980 年，第 346 页。
④（宋）李昉等撰《太平御览》（第 9 册），上海古籍出版社，2008 年，第 570 页。
⑤（唐）白居易《买花》，《全唐诗》（第 13 册），中华书局，1960 年，第 4676 页。

写京城人买花、惜花:"莫怪杏园憔悴去,满城多少插花人。"[①]可想而知,赏花插花在唐朝日常生活中已经很常见。现存唐朝周昉的《簪花仕女图》中,五位亭亭而立的贵妇,头梳高髻,簪着金步摇,从左到右,他们头上分别插着芍药、海棠、荷花、蔷薇和牡丹。花事极盛的背景下,插花活动也由簪花转为盆插、瓶插。如宫廷中用大瓶和缸插花,但类型偏少、花型偏大,大致是春插牡丹、秋插菊,这与唐朝喜好体量硕大的赏花风习有关。他们还以盘、盆来插花,称作春盘。欧阳詹的《春盘赋》中说"多事佳人,假盘盂而作地,疏绮绣以为春。丛林具秀,百卉争新,一本一枝,叶陶甄之妙致,片花片蕊,得造化之穷神",[②]真是方寸之间,春意盎然!五代十国时期,瓶花技艺在宫廷中已为时尚。后主李煜每当春盛之时,梁栋窗壁,柱拱阶砌,并作隔筒,密插杂花,榜曰:"锦洞天。"后蜀花蕊夫人《宫词》写道:"小雨霏微润绿苔,石楠红杏傍池开。一枝插向金瓶里,捧进君王玉殿来。"[③]花蕊夫人用金瓶插花,极尽奢华。又有郭江洲独创占景盘花器:"铜为之,花唇平底,深四寸许,底上出细筒殆数十。每用时,满添清水,择繁花插筒中,可留十余日不衰。"[④]这些都说明五代时瓶花艺术已达到相当高的水平。到了宋朝瓶花已经深入百姓的生活日用,成为世俗生活的一部分。欧阳修《洛阳牡丹记》中说,"洛阳之俗,大抵好花。春时,城中无贵贱皆插花,虽负担者亦然。"[⑤]《西湖老人繁盛录》中记载南宋京城临安端午节插花习俗,说:"城内外家家供养,都插菖蒲、石榴、蜀葵花、栀子花之类,一早卖一万贯花钱不啻。何以见得?钱塘有百万人家,一家买一百钱花,便可见也……虽小家无

①(唐)杜牧《杏园》,《全唐诗》(第 16 册),中华书局,1960 年,第 5961 页。
②(清)董诰等编《全唐文》,上海古籍出版社,1990 年,第 2665 页。
③(后蜀)花蕊夫人《宫词》,《全唐诗》(第 23 册),中华书局,1960 年,第 8976 页。
④(宋)陶谷撰《清异录》(卷下),康熙最宜草堂精写刻本。
⑤(宋)欧阳修等著,杨林坤编著《牡丹谱》,中华书局,2011 年,第 52 页。

花瓶者,用小坛也插一瓶花供养,盖乡土风俗如此。寻常无花供养,却不相笑,惟重午不可无花供养。”与唐代相比,伴随着唐宋之际中国古代社会由贵族社会向平民社会的变迁,宋代的瓶花艺术最重要的特征亦表现为平民化和世俗化,而从此瓶花艺术也真正走进了百姓家。杨万里《道旁店》诗云:“路旁野店两三家,清晓无汤况有茶。道是渠侬不好事,青瓷瓶插紫薇花。”[①]就是对上述情形的生动写照。到了明清时期,瓶花不仅在达官显贵和平民百姓的生活中成为重要的事情,而且还成为画家艺术表现的重要对象,这也是我们后面话题的主要内容。

花是人世间的一大美景,看花是人世间的一大乐事。南朝谢灵运在《拟魏太子邺中集诗八首并序》中写道:“天下良辰、美景、赏心、乐事,四者难并。”[②]确乎如此!这良辰、美景、赏心、乐事都是抛却了功利性的纯粹审美的境界,得其一尚且难,四者齐全,断乎难得!要刚刚好的时节、刚刚好的地点、刚刚好的心境、刚刚好的事体,一切都是刚刚好。这样恰如其分的拿捏,人的因素至为重要,所谓“春有百花冬有雪,夏有凉风秋有月。若无闲事挂心头,便是人间好时节”,这里面其实需要的是一种充分放松了的闲暇状态和心境的自由。《汉宫春色》里写孝惠皇后张嫣梦见汉惠帝,汉惠帝说了这样一番话:

> 汝体貌备四时之气,春宜鼓琴,宜浇花,宜折柳,宜晨起梳妆,宜倚案读书,宜搴帘而出,行步珊珊。夏宜围棋,宜挥团扇,宜披葛纳凉,宜竹下小立,宜凭楼眺望,宜临荷沼,面映水中。秋宜对月,宜折桂,宜赏菊,宜以承露盘盥手,宜七夕望牵牛,宜倚红窗课宫人刺绣。冬宜玩雪,宜折梅,宜围炉,宜焚香静坐,宜剪烛清谈,宜

---

①(宋)杨万里《道旁店》,《全宋诗》(第 42 册),中华书局,1995 年,第 26512 页。
②程章灿撰《南北朝诗选》,商务印书馆,2017 年,第 41 页。

披狐裘,御珠冠锦袍受朝贺。汝之丰趣,惟我领之最深。[①]

这四季佳时,适宜干什么都是有讲究的,鼓琴、读书、围棋、赏月、玩雪、焚香、插花,世俗的生活因为这些合了时令和心境的讲究,便多了一份消闲和风雅。元朝张雨的《水仙子》唱得好:"归来重整旧生涯,潇洒柴桑处士家。草庵儿不用高和大,会清标岂在繁华?纸糊窗,柏木榻。挂一幅单条画,供一枝得意花,自烧香童子煎茶。"[②]

将鲜花插在盛水的瓶里,借以把握一段靓丽的生命,甚至再造一段生命奇迹,出于人对生命、对花朵热爱的本性。瑞士哲人亚美尔说:"一片自然风景是一个心灵的境界。"[③]也正如袁宏道所言,世事扰扰,名利纷纷,唯有"山水花竹者,名之所不在,奔竞之所不至也",[④]作为人类世界的关照对象,花花草草,比之人类社会,要单纯得多,采采花、种种竹,少了些许的功利之心,也就更多一些审美意味。尽管比之在广阔的山川溪流、沃野平畴间穿越驻足的欢乐畅快相比,瓶花之乐,略显局促,但也因为"胆瓶贮花,随时插换""所有名卉,一旦遂为余案头物,无扦剔浇顿之苦,而有味赏之乐",[⑤]少了岁月流转、风雨侵袭带来的忧心。

瓶花说到底是一种空间艺术,是室内生活的艺术化。将生活艺术化其实是超越了生活本身的,它的最主要的特征就是"讲究"。

唐朝罗虬的《花九锡》最早谈及瓶花,其曰:

---

①薛洪勣,王汝梅主编《稀见珍本明清传奇小说集》,吉林文史出版社,2007年,第615—616页。

②徐征、张月中、张圣洁、奚海主编《全元曲》(第10卷),河北教育出版社,1998年,第7686页。

③梁宗岱著《宗岱的世界·诗文》,广东人民出版社,2003年,第139页。

④(明)张谦德、袁宏道著,张文浩、孙华娟编著《瓶花谱 瓶史》,中华书局,2012年,第113页。

⑤(明)张谦德、袁宏道著,张文浩、孙华娟编著《瓶花谱 瓶史》,中华书局,2012年,第113页。

花九锡，亦须兰蕙梅莲辈乃可披襟，若芙蓉、踯躅、望仙、山木、野草，直惟阿耳，尚锡之云乎？重顶帷(障风)、金剪刀(剪折)、甘泉(浸)、玉缸(贮)、雕文台座(安置)、画图、翻曲、美醑(赏)、新诗(咏)。①

非常有意思！相当讲究！诗人赠与花的这九种美好、贵重的事物就是：一、用来挡风遮雨的帷幔；二、用来剪枝叶的剪刀；三、用来浸养枝叶的泉水；四、用来插贮花卉的容器；五、用以放置插花的台座；六、描绘插花的图画；七、歌唱插花的歌曲；八、饮酒赏花；九、为插花作诗以咏颂。七十七个字涵盖了裁剪、养护、容器、放置、插花、欣赏等瓶花之美的方方面面。

有人这样来描述瓶花艺术：

“瓶花”是每个人内心深处对植物，对花器，对环境的理解呈现出来的艺术……我拿到这个枝子，叶子都没有，它有没有感动你？是要找它和你当下的交流，器物、环境和你的互动。我们的瓶花就是这样的。技法、器物在里面占了很小一部分，我们关注更多的是情怀，是你的艺术修养的外化。②

确乎如此，瓶花在本质上是人类内在素养和情感的传达，是通过对美好的瓶花的择取、装点、放置、欣赏，人与自然、人与人之间的审美关照、心灵对话。

当然，在中国文人的骨子里，瓶花不只是装点生活，甚至也不只是一种艺术，它还是一种人生修行。通过对自然万物的关照，领会和获得自然宇宙运行的道理，以及人生的启迪、感悟，这本就是好事文人禅

---

①(清)虫天子编《中国香艳全书》，团结出版社，2005年，第393页。
②徐文治著《瓶花之美》，九州出版社，2018年，第19页。

修、德修的正经功课。宗教和道德修行，空山深谷本是最好的去处，但对于城中做官的人来说，却又多有不便，因此，在局促的居室之内装点瓶花，把山林的自然秀丽和生命之美转移到小小的瓶中之花上来，便是山林修行的一种极好代替。

画里的瓶

明朝张谦德说，“凡插贮花，先须择瓶”，[①]袁宏道《瓶史》又说，插花器具“皆花神之精舍也”，[②]将插花器雅称为“金屋”“精舍”“大地”，在古人看来，插花器具便是花神的房舍，既关乎其日常“居处”，又关乎其生命“尊严”。作为插花的重要依托，插花容器的择取极为重要，它影响瓶花的艺术质量，也反映主人的审美品格。中国传统的插花容器主要包括瓶、盘、碗、缸、筒、篮六大类。碗作为插花容器，并不多见。上面提到的“春盘”就是盘状花器，特点是口径大、贮水浅，一般将短花枝直接浸润或浮于盘状花器的浅水中。罗虬《花九锡》中提到的玉缸也是一种插花容器。“缸”作为插花容器的实物现在可见的也不多，唐代卢楞伽绘制的《六尊者像》（北京故宫博物院藏）第八嘎纳嘎拔喇尊者画中有藤编几架，上置一色彩黯然的花器，有人说是小缸，里面插着两朵白色牡丹花。篮花器，指用竹、藤、柳、草、麻等材料编织而成的篮形花器，有圆有方也有奇形怪状的，有的有盖或提梁，器型有花箱、花斗、花笼、花

①（明）张谦德、袁宏道著，张文浩、孙华娟编著《瓶花谱 瓶史》，中华书局，2012年，第16页。

②（明）张谦德、袁宏道著，张文浩、孙华娟编著《瓶花谱 瓶史》，中华书局，2012年，第129页。

筐、花篓、花箩、花篼、花笠等。苏轼诗曰“筠篮擷翠爪甲香，素绠分碧银瓶冻”，[1]里面的“筠篮”就是用竹子编制的篮型花器。筒状花器上下尺寸相仿，有竹、木、瓷、金属等质地，截面呈圆、方、六角、三角等形状。上面提到的李后主的“锦洞天”就是筒状花器。毫无疑问，瓶是花器的主要类型，以至于瓶花成了插花艺术的代名词。

瓶器主要有两种，一种是铜器，一种是瓷器。张谦德说，“铜器之可用插花者曰樽，曰罍，曰觚，曰壶”。[2]樽的形制为敞口、粗颈、深腹、圆底，有大口宽折肩式和大口圆肩式两种。罍，口小，深腹圆鼓，平底。觚，圈足，敞口，长身，最明显的特征是口部和底部都呈现为喇叭状。壶，深腹，敛口，多为圆形，也有方形、椭圆等形制，其明显特征是有把儿或提梁。这些容器本都是盛酒的容器，但因为年代久远，结实又古雅，所以适合作为花器使用。

樽瓶与罍瓶，从形制上来说存在敞口与小口的差别，但在实际生活中，人们对它们并未进行过于精细的区分，一般那种深腹略鼓、平底，带有古雅意态的都称作樽瓶或樽罍。周之冕的《岁朝清供图》中有一敞口、长颈、鼓腹、圆底，清锈斑斑的古铜樽瓶，里面插着梅花与海棠，勾花点叶，意态生动，清雅淳朴。陈洪绶的《来鲁直夫妇像》，画中来鲁直左侧放置一大口宽折肩式的樽瓶。仇英《蕉阴结夏图》，其宽折肩大口的特征更加明显。清朝兰亭翁的《岁朝清供图》，其花瓶乃是一口小、深腹圆鼓、平底的罍瓶。罍瓶里插的是梅花、牡丹，罍瓶后边花盆里置兰花，旁边花篮和地上错落排置水仙，花篮里还点缀两个橙红色的柿子。很显然，这幅图比较适合阴历正月初一“岁朝清供”的节日氛围，

---

①（宋）苏轼《同正辅表兄游白水山》，《全宋诗》（第14册），中华书局，1995年，第9522页。

②（明）张谦德、袁宏道著，张文浩、孙华娟编著《瓶花谱 瓶史》，中华书局，2012年，第29页。

无论是胀鼓鼓的罍瓶,还是象征“富贵”“高洁”“如意”“团圆”的各色花事都适合给其乐融融的春节增加一份雅趣。

作为花瓶,觚是比较容易辨识的,因为它上下都呈喇叭状。如明朝陈洪绶的《调梅图》《玩菊图》《歌诗图》《吟梅图》等,其中都有觚瓶作为生活图景的点缀。例如《调梅图》,画面描绘主仆三人在火炉旁调梅的情景。两个丫鬟围着火炉,一人端盘,一人用筷子在锅中搅拌。在画面正中的石椅上,坐着一位仪态端庄、面容平静的贵妇人,她目光朝着画面之外,仿佛若有所思,她身后的石桌上放置着一个插着梅花的觚瓶,花材典丽,花器呈暗赭色,暗赭色的觚瓶与贵妇高高的黑色云髻,以及画面下端两个仕女的黑色发髻和暗赭色的火炉,分别是两个较为突出的三角构图,由于花瓶后面有近一半的画面空间留白,因此墨色古朴的觚瓶与典丽的梅花在悠远的背景下,营造出空灵典雅的境界。

壶形的花瓶,因为有提把儿,故亦有较高的辨识度。元朝钱选的《岁朝清供图》等,画的主要就是壶形瓶花,其中稍大的瓶器,古铜色质地壶身,瓶腹锈迹呈古色古香的天青色,瓶里插着松枝、梅花和天竹,象征“天地长春”的寓意。

因为铜瓶较为昂贵,所以很多如前所说的樽、罍、觚、壶等形制的瓶器,在尚窑瓷的唐朝以后,渐渐都有瓷质的花瓶。相对而言,瓷瓶的形制更为多样, 在这里我们举几个上述传统形制以外的主要类型:胆瓶、鹅颈瓶、柳叶瓶、一枝瓶、纸槌瓶。

胆瓶,因器型如悬胆而得名,其形制圆腹底厚、颈长口小、简洁流畅、稳定挺拔,如宋朝徐兢《宣和奉使高丽图经》卷三一“花壶”条所言“上锐下圆,形若垂胆”,[1]适合于插贮单枝长茎花草。宋朝姚月华的《胆

①(宋)徐兢撰,朴庆辉标注《宣和奉使高丽图经》,吉林文史出版社,1986 年,第 64 页。

瓶花卉图》中有一黑色胆瓶，笔力纤细，画风细腻。明朝陈洪绶的《瓶花图》，其中的花瓶敞口、粗颈、深腹、圆底，通身锈迹斑驳，古色古香，典雅质朴。瓶中高低错落插着折枝梅、山竹、茶花，大朵茶花袅娜盛开，旁逸斜出的古梅枝头繁花点点。陈洪绶的《岁朝图》在构图上与《瓶花图》如出一辙，不过花瓶为敞口、深腹圆鼓、圆底的胆瓶。题为马湘兰的《岁朝图》中也有胆瓶一枚。马湘兰乃明末清初“秦淮八艳”之一，轻财帛、重然诺，貌不过人而才艺绝佳，尤其擅长画兰花，其《岁朝图》笔力柔弱，连胆瓶都称得上“满纸春分太婀娜”，与文人画里的典雅气派大异其趣。

鹅颈瓶，敞口细颈，鼓腹圈足，它与胆瓶的区别是口径稍宽。例如陈书的《清供图》，溥儒的《岁朝清供图》，齐白石的《案头清供》等，都是鹅颈瓶。其中齐白石的《案头清供》颇有意趣，淡墨勾勒的鹅颈瓶里，古梅虬枝盘折，红花怒放，似乎全然不顾袁宏道谈瓶花艺术的禁忌和警告，旁边红烛高烧，红色的灯火与盛开的梅花相呼应，仿佛在竟相渲染节日的欢快气氛。最为离奇的是，画家一改常态，在清丽典雅的“清供”图里插入了俗味十足的酒和蟹，当然，反过来说，因为酒和蟹的入画，这清供才真正迎合了它在民间的世俗气和烟火气。因此这又不妨看作雅与俗的很好融合：淡墨勾出的鹅颈瓶与酒壶酒盅，红艳艳的梅花与烛火，一俗一雅，一而二，二而一，殊途同归。

柳叶瓶乃清代康熙官窑特有瓶式之一，侈口、细颈、敛腹修长、卧足，造型曲折优雅，秀美多姿，若悬垂的柳叶，又似亭亭玉立的美人，故亦俗称“美人肩”。如清末民初马骀的《四季如意图》，一姿态秀美婀娜的柳叶瓶，里面插着盛开的月季花，柳叶瓶后面横置一如意，取“四季如意”之意。再如马荃的《岁朝清供图》，画中有一碎瓷纹的柳叶瓶，简约淡雅。

纸槌瓶是形若纸槌的一种瓶式，器呈小口，口翻沿，细长颈，丰肩，圆腹,始于北宋。例如元朝佚名的《岁朝图》,清朝高凤翰的《岁朝图》,以及明末八大山人的《芝兰清供图》,清末溥儒的《岁朝图》等,都可见纸槌瓶的独特风姿。元朝佚名的《岁朝图》中有两个白色碎瓷纹的纸槌瓶,一个插着梅花,与植有兰花的盆景相映成趣,一个却盛放松子,倒伏在地,一只毛茸茸的小松鼠正在捡拾松子。瓶中的梅、盆里的兰象征着高洁雅致,松子和小松鼠则寓意着多子多孙。画里的两个纸槌瓶,也算是雅俗共赏了。八大山人的《芝兰清供图》中,淡墨勾画一碎纹纸槌瓶,瓶中插贮兰花,后一小花盆插贮灵芝。题诗曰:"春酒提携雨雪时,瓶瓶钵钵尽施为。还思竹里还丫髻,画插兰金两道眉。"[①]显然,八大山人的纸槌瓶蕴含的是文人的雅趣。

有一种花瓶,因为器型小巧,只能插一枝花,故称一枝瓶,适合摆置于文人的书房里。这种瓶可以是小胆瓶、小鹅颈瓶,也可以是小柳叶瓶,总之比较小巧,在形制上没有一定之规。例如南宋马公显的《药山李翱问答图》,据说李翱为朗州刺史时,访药山禅师,禅师于松下阅经,不理睬。李翱曰:"见面不如闻名。"禅师曰:"何得贵耳贱目?"李翱问:"如何是道?"禅师向上一指,向下一指,曰:"云在青天水在瓶。"李翱闻之,茅塞顿开,呈偈曰:"练得身体似鹤形,千株松下两函经;吾来问道无余说,云在青天水在瓶。"[②]画中可见药山禅师石桌上放置经函与一小瓶梅,梅枝倒挂,小巧可爱,禅意十足。

所谓工欲善其事必先利其器,张谦德在《瓶花谱》中也说"凡插贮花,先须择瓶",可见插花艺术中,花瓶的选择是极为重要的。张谦德接下来的一段话提出了花瓶选择的基本原则:

---

①萧鸿鸣辑注《八大山人研究——八大山人现存诗辑》,北京燕山出版社,2006 年,第 52 页。

②方忆《宋代插花与花器刍议 以宋画或宋意绘画为例》,《收藏家》2017 年第 12 期。

春冬用铜，秋夏用磁(瓷)，因乎时也。堂厦宜大，书室宜小，因乎地也。贵磁(瓷)、铜，贱金、银，尚清雅也。忌有环，忌成对，像神祠也。口欲小而足欲厚，取其安稳而不泄气也。大都瓶宁瘦毋过壮，宁小毋过大。极高者不可过一尺，得六七寸，四五寸瓶插贮，佳。若太小，则养花又不能久。①

上面短短的几句话，从时令、空间、审美、形制等方面概括了花瓶选择的几个相关因素。“春冬用铜，秋夏用磁(瓷)”，说的是使用什么花器，跟季节有关系。秋冬季节，天气寒冷，用铜可以防止有冻裂之虞，这可能是其中的一个原因吧，但花瓶用铜的讲究恐怕绝非仅限于此。铜具有抑制细菌和病毒在水中生长的作用，古代有“铜壶装水不会臭”的说法，大概就是这个意思。据说有人研究发现，铜制品放入水中能有效抑制蚊虫等繁殖，在花瓶中放入几枚铜币，便可以阻止细菌的生长，保持鲜花的花期。还有人说，秋冬两季的气温要低于春夏两季，而铜是植物必须的微量元素，参与植物的新陈代谢，可有效促进植物的光合作用，因此，秋冬用铜制瓶器养花，可提高插花的生命活力、抗寒能力。从材质上来说，瓷器在体感和视觉上都给人清凉感，古人常常在炎热的夏秋季节使用瓷枕，正是因为这个原因，所以在花瓶的选择上古人主张“秋夏用磁(瓷)”。

关于空间，张谦德说“堂厦宜大，书室宜小”，其实并不玄奥，说的是根据使用空间的大小进行合理选择的道理。作为一种人们生活空间的装饰艺术，瓶花装饰的是物理空间，也是心理空间，更是人的感知空间，它从视觉和心理上作用于人的审美感受。因此，空间较为宽敞的堂屋广厦适合放置体型较大的花瓶，高濂的《瓶花三说》说得详细，“如堂中插花，乃以铜之汉壶，大古樽罍，或官哥大瓶如弓耳壶，直口敞瓶，或

①(明)张谦德、袁宏道著，张文浩、孙华娟编著《瓶花谱 瓶史》，中华书局，2012年，第18—29页。

龙泉蓍草大方瓶,高架两旁,或置几上,与堂相宜”;[1]空间较小的书房则适合放置形制小巧的花瓶,“若书斋插花,瓶宜短小,以官哥胆瓶、纸槌瓶、鹅颈瓶、花觚、高低二种八卦方瓶、茄袋瓶、各制小瓶、定窑花樽、花囊、四耳小定壶、细口扁肚壶、青东瓷小蓍草瓶、方汉壶、圆瓶、古龙泉蒲槌瓶、各窑壁瓶。次则古铜花觚、铜觯、小樽罍、方壶、素温壶、匾壶,俱可插花。又如饶窑宣德年烧制花觚、花樽、蜜食罐、成窑娇青蒜蒲小瓶、胆瓶、细花一枝瓶、方汉壶式者,亦可文房充玩”。[2]从尺寸上计算,张谦德说四五寸、六七寸比较合适,明清时期一寸约合现在的 3.3 厘米,因此,他所说的室内普通的花瓶比较合适的尺寸是二三十厘米。当然,具体多大,恐怕要瓶花的主人根据自己具体的使用需求,灵活选择和布置,佛家有言,“如饮水者,冷热自知”。

在瓶的选择上,古代的文人讲究清雅,因此有“贵磁(瓷)、铜,贱金、银”[3]的说法。如张谦德等人的这种审美观点,可能与明代的复古思潮相关,但事实上,宫廷、贵族多用价格高的金银,普通官员、平民百姓多用价格较为低廉的瓷、铜花瓶,这原本就是生活常理。而从本质上来说,贵瓷铜、贱金银的审美观,也充分体现了瓶花艺术超越了基于金钱观的世俗价值判断, 主要依据审美趣味判断花瓶价值的审美观念,这是极为有见地,同时也是具有当代价值和意义的审美观念。

在花瓶的形制上,张谦德指出“口欲小而足欲厚,取其安稳而不泄气”“瓶宁瘦毋过壮,宁小毋过大”的观点。首先是考虑瓶的重心问题,口小足厚,不只是重心靠下造成实际上的稳妥,而且在视觉上也同样会具有安稳感,总之这样不至于有“颠覆之患”;其次是考虑瓶“体型”

---

①(明)高濂著《遵生八笺》,人民卫生出版社,2007 年,第 510 页。
②(明)高濂著《遵生八笺》,人民卫生出版社,2007 年,第 510 页。
③(明)张谦德、袁宏道著,张文浩、孙华娟编著《瓶花谱 瓶史》,中华书局,2012 年,第 18 页。

的“胖瘦”“大小”，作为一种室内的装饰品，精致小巧才不至于喧宾夺主。当然，从使用的效果来说，口小也会减少水分的散失，体型小更符合文人的清雅审美追求。

瓶里的花

忙忙碌碌的现代生活中，其实并不缺乏物质，说现在是一个物质极大丰富的时代，似乎一点也不为过，当然，如果我们想要拥有一束花，不管是炎炎夏日还是冰天雪地的冬季，基本上也就是动动手指头就可以做到的事情。上午手机下单，中午同城的快递员就送货上门了。真的是神速！专业化、虚拟化是当代生活带给我们的便利，也是我们与古人生活的大不同。当然我们不能说，花店买的或快递员送的花不鲜艳，也不能说它无法传递如南朝陆凯“江南无所有，聊赠一枝春”那样的拳拳之情，但无论是谁，我们其实都能感觉到，花店里买来的花，因为少了人亲手的攀折、择取、插贮、养护的功夫，便少了许多的亲近感，趋同化的专业化捆束和包装，也让鲜花失去了自然的意趣，正如长途电话可以暂缓亲朋的怀念之情，却永远代替不了面对面的亲近，快餐可以充饥但总也赶不上慢条斯理的乡野生活中舌尖上的味道。

让我们回到中国瓶花艺术的讨论中。先来看折枝。折取花枝，时间和花期的选择非常重要，张谦德认为“侵晨带露，择其半开者折供，则香色数日不减”。[1]对天时的尊重是中国人特有的精神信条，这反映在

①（明）张谦德、袁宏道著，张文浩、孙华娟编著《瓶花谱 瓶史》，中华书局，2012年，第71页。

祭祀、军情、农事、节令习俗、日常起居等方方面面,在清早择取花枝,是考虑到这时候太阳还没有升起来,光线较弱,温度较低,水分蒸发相对缓慢,这对于保持花枝的水分来说是极为有利的。其实这绝非危言耸听,试想在骄阳似火的中午折下花枝,且不加任何保护的情况下,花朵在很短的时间内就会变得蔫头耷脑,甚至枯萎下垂。选择花朵半开的枝条,也是一条非常重要的原则。花朵开得过盛或花蕾太小,都不利于花枝插贮的耐久性。半开也就是含苞未放的花,对于机械性损伤的抗性较强,在插贮的时候,对机体内促进新陈代谢的乙烯的反映不太敏感,花蕾的呼吸作用也就不像全开的花朵那么强劲,相对而言,其水分散失和营养消耗都会慢一些。但这只是一个大致的原则,并非一个放之四海而皆准的指标,事实上,根据现代农艺的经验,有些花如月季、兰花、非洲菊等,需要在花朵开放后折取,因为这些花如果在半开未开的时候采折,以后就不会再正常开放或者开花十分缓慢,从而影响插花的美观程度。花枝折下来以后,枝条离开母体,不能再由根部供应水分,而蒸发作用仍在继续,枝条机体内原有的水分平衡状态被打破,这时采取恰当的措施,保持水分非常重要。这一点古人并没有讲,但他们并非不予重视。古人留下来的生活场景中,常见抱瓶折枝。例如陈洪绶《摘梅高士图》,一位高士手折梅花一枝,一个家仆手捧花瓶侍立。很显然,在“侵晨带露”的时候,叫上侍从端着装好水的花瓶,到花园或郊野折取一枝半开的鲜花,然后直接插贮在花瓶中,最大程度地减少折枝的损耗,保持其生命活力,这是古人对自然规律的遵从,也是对美丽绽放的生命之花的尊重。

折取怎样的花枝呢?这也是有讲究的,因为花枝的“意态”对瓶花的整体审美起到至关重要的作用。张谦德对此是这样表述的:

凡折花须择枝,或上葺下瘦,或左高右低,右高左低,或两蟠台接，偃亚偏曲，或挺露一干中出，上簇下蕃，铺盖瓶口。取俯仰高下，疏密斜正，各具意态，全得画家折枝花景象，方有天趣，若直枝蓬头花朵，不入清供。

花不论草木，皆可供瓶中插贮。第摘取有二法：取柔枝也，宜手摘取；取劲干也，宜剪却。惜花人亦须识得。采折劲枝尚易取巧，独草花最难摘取，非熟玩名人写生画迹，似难脱俗。[①]

如若从以上两段话中各找一个关键词，第一是“天趣”，第二是“脱俗”。何谓“天趣”，天然的风致、自然的情趣是也，这都拜自然所赐，与人工无涉。花枝的“天趣”要从俯仰、高下、疏密、斜正等“意态”上下功夫，类似于绘画中构图的对称、平衡、节奏、变化等，通过对枝条的各方面的审视和考量，判断其整体上是否具备天然的趣味和效果。要么选取上端繁茂下端瘦削的（如宋代赵昌的《写生杏花图》），要么选取左高右低或右高左低的（如宋代马麟的《层叠冰绡图》），要么选取两只盘曲的花枝互相衬托，压低身姿，偏斜曲折的（如宋代马麟的《梅竹图》），要么选取枝干挺拔突出，上下都繁茂成簇、且能覆盖住瓶口的（如清代陈兆凤的《博古花草图》）。有两种情形最为忌讳，就是直枝或蓬头的花枝，因为愣头愣脑，呆板无趣，是绝对要避免的。张谦德还提到一句话，人们没有太过留意，就是“独草花最难摘取”，他想说的是：木本的枝条只要把握了以上几条，比较而言较为容易，但唯独草本的花最难摘取，因为草本花缺乏枝条盘折屈曲的意趣，以上的几个原则完全用在草本花上就失效了。那怎么办呢？张谦德指出了一个捷径：熟玩名人写生画迹。这确实是一个很好的办法，因为画家写生，都是要仔细观察花草

①（明）张谦德、袁宏道著，张文浩、孙华娟编著《瓶花谱 瓶史》，中华书局，2012年，第72—73页。

的,经过了“应物象形”“随类赋彩”“经营位置”“传移模写”,[①]尽力取得“气韵生动”的效果,花与叶的裁剪和搭配上,已经进行了刻意的经营,大多数传世的写生画都具有天然的姿态和生动活泼的意趣。

中国的插花艺术中,对于枝条的把握非常精细,按照花枝插贮的地位,还分为主枝、客枝、使枝,这是较为形象的说法,主枝自然是整个花束的主干和核心,影响瓶花的重心,是“多插瓶花在处安”[②]的关键,客枝是瓶花插贮的辅助和宾佐,是“左右手”,使枝则如家里的仆婢,起烘托衬托的作用。枝条的俯仰、高下、疏密、斜正的意态,也正是主、客、使三种枝条相互照应取得的整体艺术效果。从花枝的姿态来说,有四种样态:直立、倾斜、水平、下垂。花型为哪种,要看主枝的样态,如主枝为直立型,那么其花型也就是直立型。例如陈洪绶的《岁朝图》为直立型,陈洪绶的《岁朝清供图》为倾斜型,任伯年的《岁朝清供》为水平型,兰亭翁的《岁朝清供图》为下垂型。也有论者指出,花枝的生长状态大体有三种,一种是挺秀,就是往上生长;一种是垂露,就是往下生长;还有一种是平出,就是横着生长。挺秀的,不能直勾勾只管往上,还要有旁枝逸出、回环曲折、交叉映衬才美;垂露的,也不能一个劲儿向下,更不能一泄到底,要有偏返之势才迷人;平出的,枝条不能只顾横着伸展开去,要有高低层次、参差起伏之致。总而言之,要顾盼生情、俯仰得宜才好。

花与瓶的高低比例,“花稍高于瓶”[③]是基本原则,总体上既要掌握稳定性,又要兼顾艺术性,既不能让花枝显得太高,太高了在实用和视

---

①(南朝齐)谢赫、(南朝陈)姚最撰,王伯敏标点注译《古画品录·续画品录》,人民美术出版社,1959年,第1页。

②(宋)史文卿《惜春》,《全宋诗》(第14册),中华书局,1995年,第22210页。

③(明)张谦德、袁宏道著,张文浩、孙华娟编著《瓶花谱 瓶史》,中华书局,2012年,第80页。

觉上就有颠覆的可能和感觉，也不能太低，花枝太低了，瓶花就失去了生意盎然的雅趣，就有宾主异位之嫌，因为瓶花艺术中，瓶是依托，花才是主角。至于什么样的比例才是最合适的，这个应该没有绝对的尺度来衡量，张谦德提出的"瓶高一尺，花出瓶口一尺三四寸，瓶高六七寸，花出瓶口八九寸"，[①]也只是举一个例子而已。一般来说，如果是放置在客厅"肚大下实"体型较大的花瓶，花枝主干需要比瓶身略高，如果是较为小巧的花瓶，最高枝须比瓶身略低一点点。最为忌讳的是"花瘦于瓶"和花的种类太多显得"繁杂"不堪。

到了这里，瓶花艺术的主要环节几近完成，剩下的基本就是后续工作了。这瓶花的艺术，不妨作几句简单总结吧。瓶花这种带有东方智慧的活动，原本就是采撷自然、剪裁自然、表现自然和把握自然的生活艺术。其采撷、剪裁和表现，要尊重自然之道，要有一颗惜花之心，懂得依循花草的生长规律和自然形态，再配合得体恰当的艺术技巧，从而实现乾坤大挪移，再现和创造一个活泼的瓶花世界。

插贮完成，便是花的养护，瓶花的滋养，关键在水。古人认为，"滋雨露以生"是花的天性，因此，"瓶中养花，宜用天水"，所谓"天水"以从天而降的雨水为最佳，但这种水"靠天吃饭"，有时可遇而不可求，只好有备无患"多蓄听用"，若"不得已则用清净江湖水"。[②]"天水"的选择在古代或许是对的，但对现代人来说，工业化污染较为严重的情况下，天然雨水却不见得是最好的选择。反倒是那些看起来并不"天然"的方法，可以为瓶花提供较好的水源。例如，太阳晒过的水、煮沸过的水，或

①(明)张谦德、袁宏道著，张文浩、孙华娟编著《瓶花谱 瓶史》，中华书局，2012年，第80页。

②(明)张谦德、袁宏道著，张文浩、孙华娟编著《瓶花谱 瓶史》，中华书局，2012年，第88页。

是在花瓶的水中投入硫黄或烧热的煤块,这些都具有一定的杀菌消毒的效果,具有一定的科学道理。为了减少瓶中细菌的生长,花瓶中的水,要经常更换,从而延长其花期和寿命。

惜花与赏玩

但凡世间有好妙物事,便有疼惜与赏玩之人,世上有多少疼惜赏玩之人,便有多少好妙物事。因喜爱而倍加珍惜,因珍惜而执着,因执着而成癖。有癖好至少说明你有真情有真心,张岱《陶庵梦忆》曰:“人无癖不可与交,以其无深情也;人无疵不可与交,以其无真气也。”[①]曾有古人东莞刘邕嗜痂成癖,近似病态,但如若惜花成癖,就大不一样。袁宏道在《瓶史》中说,嵇康癖好打铁,王武子癖好弓马,陆羽癖好茶饮,米芾癖好奇石,倪云林有洁癖。对于“花癖”,袁宏道说:

> 余观世上语言无味、面目可憎之人,皆无癖之人耳。若真有所癖,将沉湎酣溺,性命死生以之,何暇及钱奴宦贾之事?古之负花癖者,闻人谈一异花,虽深谷峻岭,不惮蹶躄而从之。至于浓寒盛暑,皮肤皴鳞,汗垢如泥,皆所不知。一花将萼,则移枕携襆,睡卧其下,以观花之由微至盛至落至于萎地而后去。或千株万本以穷其变,或单枝数房以树其趣,或臭叶而知花之大小,或见根而辨色之红白,是之谓真爱花,是之谓真好事也。[②]

①(明)张岱著《陶庵梦忆》,岳麓出版社,2003年,第15页。

②(明)张谦德、袁宏道著,张文浩、孙华娟编著《瓶花谱 瓶史》,中华书局,2012年,第164页。

在袁宏道的眼里，这“花癖”绝对是一个语言有趣而面目可爱之人，这人简直是以生命爱花，一旦听到哪里有一奇异的花卉，一定是不惮崇山峻岭、寒冬盛夏，从花萼始萌到落花委地，干脆带着铺盖，整日整日睡在树下看花。这人对花的研究也极为精到，嗅叶便知花朵大小，见根而知花色红白。这才是真正的爱花人，好事人！这种人满心满眼、言谈举止都是花，春夏秋冬、从早到晚只看花。其实袁宏道便是嗜花成癖的爱花人，他的《戏题黄道元瓶花斋》诗云：“朝看一瓶花，暮看一瓶花。花枝虽浅淡，幸可托贫家。一枝两枝正，三枝四枝斜。宜直不宜曲，斗清不斗奢。傍佛杨枝水，入碗酪奴茶。以此颜君斋，一倍添妍华。”[①]在“花癖”看来，花是有灵性的，花是有生命的，既是关照的对象，亦是可以对话的密友。陈继儒为袁宏道写的跋文云：“花寄瓶中，与吾曹相对，既不见摧于老雨甚风，又不受侮于钝汉粗婢，可以驻颜色，保令终，岂古之瓶隐者欤。”[②]在陈继儒看来，这瓶花哪里是花，乃是一可敬的瓶中隐士。在那些有“花癖”的人的头脑里，好花胜过世上的一切。传说，唐代诗人张籍性爱花，听说一富贵人家有一种花朵奇大的山茶花，便用自己的爱姬柳叶换之。还有一个叫梁绪的人，梨花盛开之时，折花簪头，压歪了帽檐，居然整得连头都抬不起来，真的是不成体统！如此放肆，却又真的是那么洒脱、那么可爱！

古今惜花之人何其多！你看苏轼：

> 东风袅袅泛崇光，香雾空蒙月转廊。只恐夜深花睡去，故烧高烛照红妆。[③]

---

①沈乃文主编《明别集丛刊》，黄山书社，2015年，第451页。

②（明）袁宏道、张谦德著《瓶史》，山东画报出版社，2015年，第86页。

③（宋）苏轼《海棠》，《全宋诗》（第14册），中华书局，1995年，第9333页。

你再看李清照:

昨夜雨疏风骤,浓睡不消残酒。试问卷帘人,却道海棠依旧。知否,知否?应是绿肥红瘦。[①]

同是惜花人,张籍、苏轼和李清照疼惜的是植栽的花,并非瓶花,但与张谦德、袁宏道等人比较起来,他们对花的怜惜、疼爱之心并无二致。只不过,说到惜花,后者更专业,也更讲究。面对心心念念的瓶花,什么适宜,什么忌讳,花瓶怎么养护,瓶花如何洗沐,真是事无巨细。折下的花枝是要爱惜的,除了上面说的要注意用水,有的花枝要用火烧折口,这样可以防止茎内组织外溢,在灼烧的时候,最好是用湿毛巾等遮挡枝叶花朵,以免烧伤。对于折口的处理,有的花适合擦盐,有的要在折口包上泥,海棠花折下来,要用薄荷的嫩叶包根,然后插到水里,牡丹花插到瓶里,要用蜂蜜水来养。在冬天,花瓶必须解决冻裂的问题。张谦德给出的方法是在寒冬时节用敞口的樽罍瓶插花,里面要用锡管作内胆,这样就可以免遭冻裂。或者是用瓷瓶的话,那就投掷少许硫黄,每天放在靠南的窗户下,晒晒太阳,夜里就放在相对暖和的卧室靠近床前,利用卧房"人气"的温暖来防冻。利用"人气"来"护瓶",这是花比人"贵"啊,真是奇思妙想!这惊人之举,真称得上惜花成癖了。在惜花人看来,瓶花养护是有很多忌讳的。张谦德提出了六条忌讳,每一条都有它的道理:

一者,井水插贮;二者,久不换水;三者,油手拈弄;四者,猫、鼠伤残;五者,香烟、灯煤熏触;六者,密室闭藏,不沾风露。[②]

---

①黄墨谷《重辑李清照集》,齐鲁书社,1981 年,第 12 页。

②(明)张谦德、袁宏道著,张文浩、孙华娟编著《瓶花谱 瓶史》,中华书局,2012 年,第 99 页。

井水插贮，久不换水，油手拈弄，猫、鼠伤残和密室闭藏，不沾风露，这几条都容易理解。“香烟、灯煤熏触”需要略说几句。关于这点，其实袁宏道也说过“花下不宜焚香，犹茶中不宜置果”①的话，意思大致是一样的。这不能在花下焚香，怕的是香料的烟味损夺了花的香味，又怕浓烈的烟熏火燎伤害了花朵，当然最最怕的是烛火和烟煤，它们怕是能直接杀死瓶花，是千万要注意的。其实古人的这些忌讳，按照现代科学的分析，也是有道理的。因为在焚香的过程中，会有乙烯等气体产生，而乙烯是促进瓶花新陈代谢和花朵衰老的重要因素，烛火、烟煤等燃烧所释放的二氧化碳、一氧化碳、甲烷等有害气体，对人对花本身都是有害的，袁宏道所说的“杀花”并非危言耸听。

小小瓶花，可不仅仅是一瓶花，它多半是主人的心灵寄托，多愁善感的主人，只恐花睡去为花烧高烛，又怕花摧残为花忧风雨。既然折取了花枝，将它美丽的生命引入室内缓缓绽放，那就与它一起开启一段美好的生命之旅，和它一起讲述一段美丽的生命传奇。只要懂得珍惜，这段人与花的生命际遇是感受得到的，也是可以把握的，剩下的就是小心翼翼地陪伴、关照和赏玩。

赏玩是一种把握世界、感受生命、获得真知的生活方式。这是一种心境，也是一种生活状态，更是一种人生态度。对于忙忙碌碌的现代人来说，这种方式和状态极为难得，却又非常简单，其实不过就是两个字：闲暇。闲暇不只是有时间，更重要的是闲下来的心态，慢下来的节奏，是要活得简约，活得洒脱，活得光明和通透。董其昌在《骨董十三说》中说：“古董，今之玩物也，惟贤者能好之而无敝。”还引文中子的话说：“人能置身优游闲暇之地，留心学问之中，得事物之本末终始，而后

①（明）张谦德、袁宏道著，张文浩、孙华娟编著《瓶花谱 瓶史》，中华书局，2012年，第144页。

应物不失大小轻重之宜,经权之用,乃能即物见道。学以聚之,问以辩之,其进有不可量者矣。”[①]在“优游闲暇”的心境和状态中,通过对古董的赏玩,“即物见道”,获得真知。

毫无疑问,瓶花的赏玩也是“优游闲暇之地”的一大乐事。就让我们全文照录袁宏道《瓶史·清赏》,来结束我们的讨论吧:

> 茗赏者上也,谈赏者次也,酒赏者下也。若夫内酒、越茶及一切庸秽凡俗之语,此花神之深恶痛斥者。宁闭口枯坐,勿遭花恼可也。夫赏花有地有时,不得其时而漫然命客,皆为唐突。寒花宜初雪,宜雪霁,宜新月,宜暖房。温花且晴日,宜轻寒,宜华堂。暑花宜雨后,宜快风,宜佳木荫,宜竹下,宜水阁。凉花宜爽月,宜夕阳,宜空阶,宜苔径,宜古藤巉石边。若不论风日,不择佳地,神气散缓,了不相属,此与妓舍酒馆中花何异哉?[②]

瓶花的赏玩有三种,品茶赏花最为清雅,清谈赏花是其次,喝酒赏花为最下。喝着宫里的酒、越地的茶,说着一些庸俗无聊凡夫俗子的话,这是花神最为厌恶的,宁可一言不发,兀自干坐着,也不要让花神着恼。赏花要有特定的地点、时间,时机不合适随随便便邀客赏花,都是冒失无礼的。冬天赏花要在初雪时,要在雪晴时,要在新月乍出时,要在温暖的房子里。春日赏花要在晴天,要在微冷天,要在华美的厅堂。夏天赏花要在雨后,要有凉爽的风,要在上佳的树荫下,要在翠竹下,要在临水的亭台楼阁中。秋天赏花要在清爽的月夜,要在夕阳西下时,要在空阶寂寥下,要在苔藓满径旁,要在古藤盘折、嶙峋怪石旁。如

---

①(明)周高起、董其昌著,司开国、尚荣编著《阳羡茗壶系 骨董十三说》,中华书局,2012 年,第 124—125 页。

②(明)张谦德、袁宏道著,张文浩、孙华娟编著《瓶花谱 瓶史》,中华书局,2012 年,第 168 页。

果全然不理会天气、时节，不挑选赏花的好地方，瓶花的精神气貌涣散迟滞，与时空环境全不协调，这样赏玩与在妓院酒楼赏花有何不同呢？

有西方哲人说，“许多伟大真知灼见的获得，往往正是处在闲暇之时。在我们的灵魂静静开放的此时此刻，就在这短暂的片刻之中，我们掌握到了理解‘整个世界及其最深邃之本质的契机’”。[①]正是在闲暇时光的赏玩中，我们才能够体验生命的真实，不断获得惊奇的感觉，从而怀抱希望，领悟人生洞见。

画里的瓶，让我们了解瓶花文化，瓶里的花，使我们识得瓶花艺术。人生实苦，但请你足够相信：一只瓶，一束花，便可照亮你的人生和世界。

①[德]约瑟夫·皮珀著，刘森尧译《闲暇：文化的基础》，新星出版社，2005年，“第一篇”引言。

第十一讲

梅兰竹菊与君子人格

中国传统观念中,人在天地宇宙间,与自然万物是一种交融并生的关系,虽然中国人也称人为万物之灵长,但那只是一种小心翼翼的自我价值认同,从来不曾也不打算对周遭事物采取一种以我为主的霸王姿态,而是以一种平等乃至谦卑的立场看待自然万物。在中国古人的日常生活中,人们于山川草木也常常是一种全身心的融入与交流,以平视的角度,与日月为友,与山川作伴,在对日月山川、草木林石的观照中,悟得自然之道、人生哲理,如“江海之所以能为百谷王者,以其善下之,故能为百谷王”,[1]以江海山川譬喻人生道理,反过来,有时候人们也赋予山川草木以精神与人格,例如视梅兰竹菊为花中四君子。这里拟就梅兰竹菊与君子人格作一讨论。

①陈鼓应著《老子注译及评介》,中华书局,1984 年,第 303 页。

君子以及"四君子"

何谓君子？古人有云"谦谦君子"[①]"君子之交淡若水，小人之交甘若醴"[②]，我们也常说"君子成人之美"[③]"君子一言，驷马难追"[④]，等等。《礼记》有言："君子比德于玉焉。温润而泽，仁也；缜密以栗，知也；廉而不刿，义也；垂之如队，礼也；叩之其声清越以长，其终诎然，乐也；瑕不掩瑜，瑜不掩瑕，忠也。"[⑤]这里以君子比德古代社会精神文化重要象征的玉，揭示了君子人格的方方面面。春秋战国时期，列国纷争，社会动荡，礼崩乐坏，人心惟危，人们便期望通过道德秩序的构建拯救累卵之急、倒悬之势，对"君子"这一人格理想的系统阐释就出现在这样的背景下。例如君子的人格特征"仁、智、勇"，所谓"君子道者三，我无能焉：仁者不忧，知者不惑，勇者不惧"；[⑥]君子在社会的立足之本"礼"，所谓"君子博学于文，约之以礼"[⑦]"不知礼，无以立也"[⑧]；君子的价值取向"义"，所谓"君子义以为质"[⑨]"君子喻于义"[⑩]；君子的外在仪表"文质彬彬"，所谓"质胜文则野，文胜质则史，文质彬彬，然后君子"；[⑪]君子的精

---

①陈鼓应、赵建伟注译《周易今注今译》，中华书局，2015年，第145页。
②陈鼓应注译《庄子今注今译》，商务印书馆，2016年，第594页。
③杨伯峻译注《论语译注》，中华书局，2009年，第127页。
④语出《论语·颜渊》，原文是"夫子之说君子也，驷不及舌"。
⑤（汉）郑玄注，（唐）孔颖达正义《礼记正义》，中华书局，1980年，第1694页。
⑥杨伯峻译注《论语译注》，中华书局，2009年，第153页。
⑦杨伯峻译注《论语译注》，中华书局，2009年，第62页。
⑧杨伯峻译注《论语译注》，中华书局，2009年，第209页。
⑨杨伯峻译注《论语译注》，中华书局，2009年，第164页。
⑩杨伯峻译注《论语译注》，中华书局，2009年，第38页。
⑪杨伯峻译注《论语译注》，中华书局，2009年，第60页。

神风貌“自强不息，厚德载物”，所谓“天行，健，君子以自强不息”[①]“地势，坤，君子以厚德载物”[②]。怎样才能够成为君子呢？不管是个人的修养还是为人处世的方法等都有很多的路径，是谓“君子之道”。“君子之道四焉：其行己也恭，其事上也敬，其养民也惠，其使民也义”。[③]对自己要求严格，要做到行为庄重，对上级要有恭敬之心，对老百姓要施以恩惠，使用老百姓要合理有度。“君子有三变：望之俨然，即之也温，听其言也厉”。[④]君子看上去矜持而庄重，态度温和有礼，讲话言之有物、切中要害。“君子有三戒：少之时，血气未定，戒之在色；及其壮也，血气方刚，戒之在斗；及其老也，血气既衰，戒之在得”。[⑤]君子在年少时期要经得住各种事物的诱惑，血气方刚的壮年时期要力戒卷入无谓的争斗、矛盾和冲突，年老时则要避免贪求的欲念。“君子有三畏：畏天命，畏大人，畏圣人之言”。[⑥]意思是君子要有敬畏之心，要以战战兢兢，如临深渊，如履薄冰的心态做人做事。“诚者物之终始，不诚无物。是故君子诚之为贵”。[⑦]“古之君子，其过也，如日月之食，民皆见之；及其更也，民皆仰之”。[⑧]诚就是实就是真，就是老老实实的态度，即便是有过失，也如日食月食的瑕疵一样坦然示人，不去做那些自欺欺人、遮遮掩掩的事。君子还要做到慎独、慎言、笃行，所谓“君子必慎其独也”[⑨]“君子一言以为知，一言以为不知，言不可不慎也”[⑩]“君

①陈鼓应、赵建伟注译《周易今注今译》，中华书局，2015年，第9页。
②陈鼓应、赵建伟注译《周易今注今译》，中华书局，2015年，第39页。
③杨伯峻译注《论语译注》，中华书局，2009年，第46页。
④杨伯峻译注《论语译注》，中华书局，2009年，第198—199页。
⑤杨伯峻译注《论语译注》，中华书局，2009年，第174页。
⑥杨伯峻译注《论语译注》，中华书局，2009年，第174—175页。
⑦（汉）郑玄注，（唐）孔颖达正义《礼记正义》，中华书局，1980年，第1623页。
⑧杨伯峻译注《孟子译注》，中华书局，2010年，第92页。
⑨（汉）郑玄注，（唐）孔颖达正义《礼记正义》，中华书局，1980年，第1673页。
⑩杨伯峻译注《论语译注》，中华书局，2009年，第203页。

子欲讷于言而敏于行”[①]“君子博学而孱守之，微言而笃行之，行必先人，言必后人，君子终身守此悒悒”[②]，君子要讲究独处时候的道德自律，说话要谨慎，做事要踏实。君子还要做到“九思”，“视思明，听思聪，色思温，貌思恭，言思忠，事思敬，疑思问，忿思难，见得思义”。[③]“视思明”，就是看事情、观察事物要明白透彻；“听思聪”，就是要能听清楚别人说话的要害和内涵，分清是非曲直；“色思温”和“貌思恭”，则是对待他人要有一个温和、谦恭的礼貌脸色和姿态，而这种态度根本上是对待他人要有谦和尊敬的意识；“言思忠，事思敬，疑思问，忿思难，见得思义”，意思是说话做事要忠厚老实，不夸大其词，不偷奸耍滑，勤勉敬业，这是讲恭敬心，讲责任感，而在做事情的过程中，有疑问就要提出来，这是求真，也是勤学好问，同时君子还应该保持一个良好的心态，要平和，不要冲动，还有，对待利益，要考虑所得是否合乎道义，不拿不义之财，不做不义之事。总而言之，君子有良好的个人修养、君子有高尚的道德情操、君子勇于承担社会责任、君子擅长处理各种关系。要矜持庄重、温和有礼、文质彬彬、谦而又谦、求仁爱人、乐天知命、淡泊名利、正直忠信、谨言力行、慎思自省、自强不息、好学有知、言之有物、约之以礼、以和为贵、义以为上。可以说，在中国传统文化中，君子就是融诸多至上的道德标准、价值观念、行为规范于一体的，极富魅力的完美人格，极度理想的完满人格，人们既可以“君子”自我标榜，以示清高，亦可以标榜他人、他物，以示尊崇。

梅兰竹菊自古以来都深受人们喜爱，但把它们作为道德风范而标榜并称，则是明代中期以后的事。作为物与物的组合，松与竹的联系较

---

①杨伯峻译注《论语译注》，中华书局，2009年，第40页。
②杨秀礼译注《曾子·子思子译注》，上海三联书店，2018年，第120页。
③杨伯峻译注《论语译注》，中华书局，2009年，第175页。

早一点。《礼记》有云："其在人也，如竹箭之有筠也，如松柏之有心也。二者居天下之大端矣，故贯四时而不改柯易叶。"[①]这里以松竹组合，譬喻正直坚贞的品格。除了松竹的组合，梅与竹的联姻更为紧密，相比而言，梅与松似乎很少出现在一起。这个其实不难理解，因为从物象组合的美感上来说，无论是松竹还是梅竹，都是一粗壮一修长，一主一副，而松与梅同样的枝干苍劲、虬枝横出，不易搭配在一起。南朝民歌《子夜四时歌》有谓"杜鹃竹里鸣，梅花落满道"，[②]唐朝诗歌"竹里梅花相并枝，梅花正发竹枝垂"，[③]写的都是梅竹相互映衬的景象。朱庆馀《早梅诗》赞颂梅花斗雪迎春的品格，较早把梅与松竹相提并论，其曰："天然根性异，万物尽难陪。自古承春早，严冬斗雪开。艳寒宜雨露，香冷隔尘埃。堪把依松竹，良途一处栽。"[④]朱庆馀的诗歌中出现了松梅竹"岁寒三友"的雏形，但真正出现"三友"的说法还是宋代的事。如姚述尧《念奴娇·梅词》"更看难老，岁寒长友松竹"，[⑤]楼钥《题徐圣可知县所藏杨补之二画》"梅花屡见笔如神，松竹宁知更逼真。百卉千华皆面友，岁寒只见此三人"[⑥]等，都明确以梅、松、竹并称"岁寒三友"了。南宋李纲还提出了"四友"的说法，其《梁溪四友赞》曰："山居有松竹兰菊，目为四友。"而且他还给"四友"分别起了字号："松曰岁寒，竹曰虚心，兰曰幽芳，菊曰粲华。"[⑦]可见，不管是梅、竹、松"三友"也好，松、竹、兰、菊"四友"也好，文人们在文学与书画作品中，逐渐习惯将这几种事物组合在

①（汉）郑玄注，（唐）孔颖达正义《礼记正义》，中华书局，1980 年，第 1430 页。
②（宋）郭茂倩编《乐府诗集》（第 2 册），中华书局，1979 年，第 644 页。
③（唐）刘言史《竹里梅》，《全唐诗》（第 14 册），中华书局，1960 年，第 5324 页。
④（唐）朱庆馀《早梅》，《全唐诗》（第 15 册），中华书局，1960 年，第 5889 页。
⑤周振甫主编《唐诗宋词元曲全集》（第 4 册），黄山书社，1999 年，第 1250 页。
⑥（宋）楼钥《题徐圣可知县所藏杨补之二画》，《全宋诗》（第 47 册），中华书局，1995 年，第 29476 页。
⑦（宋）李纲著《李纲全集》，岳麓书社，2004 年，第 1335 页。

一起，并赋予其高尚的品格。明神宗万历年间，新安（今安徽省黄山市）人黄凤池辑成《梅竹兰菊四谱》，作为学画范本，其好友陈继儒在画谱上题签“四君”，以此标榜清高节操，此后，梅兰竹菊“四君子”不胫而走，为文人雅客所崇尚，清代《芥子园画传》又专列兰、竹、梅、菊四谱，刊行于世，“四君子”之说遂趋定型，进而深入人心，并渐为世俗大众广为接受。

虽然梅兰竹菊四君子并称较晚，但它们作为审美个体进入中国人的视野，却是很早的事，“同心之言，其臭如兰”[①]“季秋之月”“菊有黄华”[②]，特别是在《诗经》中，终南山的梅和淇水边的竹，都已有了“君子”的身影，“终南何有？有条有梅。君子至止，锦衣狐裘”[③]“瞻彼淇奥，绿竹猗猗。有匪君子，如切如磋，如琢如磨”[④]。在中国传统文化中，向来讲究天人合一，以及人与自然的和谐共生，面对春夏秋冬四季轮转，我们的先祖经过长时期的观察和思索，分别在四季找到了具有代表性的植物：冬梅、春兰、夏竹、秋菊。并通过对其生长习性和身姿形态的研究、揣摩、品味，分别赋予其丰厚的价值意义和文化内涵：坚贞俊逸的冬梅、馨香清雅的春兰、直节虚心的夏竹、淡泊高洁的秋菊。梅兰竹菊四君子是极富中华传统文化特色的审美符号，是中国古人在久远的天人对话中，富有创造性的精神凝练和价值升华，通过植物与节令的巧妙关联，梅兰竹菊这四种普通的事物，具有了“时间秩序”和“生命韵味”，成了中国人精神交流的对象和品格修为的参照。在人类历史长河中，大概也只有中国人对自然宇宙，对山川草木、虫鱼鸟兽投入一片真情，自在无碍地与大自然融为一体，在

①陈鼓应、赵建伟注译《周易今注今译》，中华书局，2015 年，第 593 页。
②（汉）郑玄注，（唐）孔颖达正义《礼记正义》，中华书局，1980 年，第 1379 页。
③（唐）孔颖达疏《毛诗正义》，中华书局，1980 年，第 372 页。
④（唐）孔颖达疏《毛诗正义》，中华书局，1980 年，第 321 页。

物我一体、物我两忘中，敞开怀抱，坦露自己的真善美，并通过对梅兰竹菊等的精神关照，净化自己的心灵，升华自己的人格，拓展自己的人生境界。

坚贞俊逸与傲雪冬梅

梅，原产于中国，梅的树龄较长，主干遒劲有骨力，外表鳞皴斑驳，多苔藓蟠绕，枝条虬枝嶙峋，梅花往往盛开在岁寒霜雪时节。从梅的外形和物性来说，其苍然遒劲的体骼本身就有一副卓然不群的姿态，再加上它生命绚丽绽放的花开之时，不畏严寒，傲雪凌霜，就更有一份坚贞俊逸的风骨。在寒冷的冬春时节，梅花既是一年中最晚开放的花，又是一年中最早开放的花，在众花凋落的时候，它却面向霜雪，独自开放。

古人对梅的认识经历了一个从食其味到赏其花到品其性的过程。《尚书》有云“若作酒醴，尔惟麴糵；若作和羹，尔惟盐梅”，[①]梅在这里显然是调味品；《诗经》“摽有梅，其实七兮”，[②]亦着眼于梅成熟的果实。可见人们早期主要关注梅的食用价值。梅花是很美的，其清香也很宜人，其审美价值被发掘和崇尚也是很自然的事情。《西京杂记》记载，汉初修的上林苑里，远方贡献的名果异树，就有朱梅、胭脂梅等，说明至少汉朝起，人们已经看重梅花的观赏价值了。但据文献来看，人们一开始

①(汉)孔安国撰，(唐)孔颖达正义《尚书正义》，中华书局，1980 年，第 175 页。
②(唐)孔颖达疏《毛诗正义》，中华书局，1980 年，第 291 页。

常把梅和桃李看成是同类的花，南朝吴均有"梅性本轻荡，世人相陵贱"[①]的诗句，鲍照《中兴歌》里也说"梅花一时艳，竹叶千年色。愿君松柏心，采照无穷极"。[②]梅花只呈一时的艳丽，与竹叶松柏千年不改其色相比，自然是有些轻浮了。甚至曾巩《菊花》诗仍把桃与梅相提并论："菊花秋开只一种，意远不随桃与梅。"[③]在曾巩看来，与菊花相比，梅花与桃杏一样，都是浮艳之物，没有菊花那样悠远的意味。

当然，唐宋时期，鲍照和曾巩对梅的看法并不能代表全部，上文我们提到朱庆馀《早梅诗》里就把梅与松竹相提并论，赞美其斗雪迎春、坚贞俊逸的品格。在有些文人的眼里，人们把梅与桃杏李相提并论实在是一种"误解"，苏轼《红梅》诗云："怕愁贪睡独开迟，自恐冰容不入时。故作小红桃杏色，尚余孤瘦雪霜姿。寒心未肯随春态，酒晕无端上玉肌。诗老不知梅格在，更看绿叶与青枝。"[④]苏轼认为对于梅的品赏不应局限外形，还应该关注其内在品格与神韵，见解独到而又合理，这在梅的审美史上真的是神来之笔。此后人们对这风骨卓异的傲雪冬梅毫不吝惜地挥笔泼墨：它是凌冬梅，在冰雪中挺立着美丽身姿、散发着淡淡清香。"墙角数枝梅，凌寒独自开"，[⑤]它"众芳摇落独暄妍""疏影横斜水清浅，暗香浮动月黄昏"。[⑥]它还是报春梅，在春寒料峭中，送来春的消息，却不与那绚烂的花朵争奇斗艳。它"冰雪林中著此身，不同桃李

---

①(南朝梁)吴均撰《吴朝请集》，光绪十八年善化章氏经济堂重刊本，第39页。
②(南朝宋)鲍照撰，高时显、吴汝霖辑校《鲍氏集》(卷6)，上海中华书局据宋刻本校刊《四部备要》本。
③(宋)曾巩《菊花》，《全宋诗》(第8册)，中华书局，1995年，第5536页。
④(宋)苏轼《红梅三首》，《全宋诗》(第14册)，中华书局，1995年，第9316页。
⑤(宋)王安石《梅花》，《全宋诗》(第10册)，中华书局，1995年，第6682页。
⑥(宋)林逋《山园小梅二首》，《全宋诗》(第2册)，中华书局，1995年，第1218页。

混芳尘。忽然一夜清香发，散作乾坤万里春”。[1]范成大《梅谱》云：“梅以韵胜，以格高，故以横斜疏瘦与老枝怪奇者为贵。”[2]此语一出，人们对梅的品赏终于上升到道德象征和精神品味的高度，从食其味到观其色，提高到欣赏其韵味格调。

若是抛开梅的审美，回到传统生活的视域，中国“梅文化”亦称得上是意蕴深厚、趣味盎然。

《太平御览》卷九七〇引《荆州记》说，陆凯与范晔相好，陆凯从江南寄梅一枝到长安与范晔，并赠诗曰：“折花逢驿使，寄与陇头人。江南无所有，聊赠一枝春。”[3]据考证，陆凯此时任职荆州，作为南方人给在北方的友人范晔寄来一枝江南早春的梅花。这一枝梅花带着满满的江南春色，也带着朋友间满满的情意，同时也满满都是身处当时战略要地荆州的陆凯的地域自豪和文化自信。这一枝梅折下来可不得了，它不仅远绍《诗经》折芍药以赠有情人的久远身姿，而且开启了一个折梅寄赠的文化母题。南朝民歌《西洲曲》“忆梅下西洲，折梅寄江北”，[4]不知道是否受到陆凯诗歌的影响，但至少是同时代文化上的呼应。唐朝宋之问《度大庾岭》“魂随南翥鸟，泪尽北枝花”，[5]所谓“大庾岭上梅，南枝落，北枝开”，[6]这“北枝花”指的就是梅花，以梅花象征对北方故里的思念。宋朝黄庭坚“欲问江南近消息，喜君贻我一枝春”，[7]秦观“驿寄梅

---

①卢盛江、卢燕新主编《中国古典诗词曲选粹·元明清诗卷》，黄山书社，2018年，第97页。

②（宋）范成大等著《梅兰竹菊谱》，中华书局，2010年，第30页。

③（宋）李昉等撰《太平御览》（第9册），上海古籍出版社，2008年，第570页。

④（宋）郭茂倩编《乐府诗集》（第3册），中华书局，1979年，第1027页。

⑤（唐）宋之问《度大庾岭》，《全唐诗》（第2册），中华书局，1960年，第641页。

⑥（唐）白居易《白氏六帖事类集》卷三十，文物出版社，1985年据傅增湘旧藏影印本。

⑦（宋）黄庭坚《刘邦直送早梅水仙花四首》，《全宋诗》（第17册），中华书局，1995年，第11415页。

花,鱼传尺素,砌成此恨无重数”,[①]明朝倪谦“一别江南几度春,折梅谁寄陇头人”,[②]清朝王文治“来春驿使江南路,应折梅花报好音”[③]等,都在不断传唱这一主题。

据《太平御览》引《杂五行书》载,宋武帝刘裕的女儿寿阳公主,在正月初七“人日”仰卧于含章殿屋檐下,梅花落在额头上,有五个花瓣,拂之不去。皇后让留下它,看看能够保留几天,过了三天才洗掉了。宫女都觉得很奇异,竞相效仿,后来所谓梅花妆就是从这里来的。很显然,这个故事用一个奇异香艳的宫廷传闻来解释梅花妆的由来,其真实性有些让人生疑,但它至少从侧面说明梅花妆在南朝可能就已经出现了。到了唐代梅花妆就比较流行了,卢仝《人日立春》诗曰:“春度春归无限春,今朝方始觉成人。从今克己应犹及,颜与梅花俱自新。”[④]诗中女子在正月初七“人日”这天化的就是梅花妆。吴融《个人三十韵》“额点梅花样,心通棘刺情”,[⑤]也是写梅花妆。李商隐“寿阳公主嫁时妆,八字宫眉捧额黄”,[⑥]据此,这梅花妆与额黄可能是一种妆容。“额黄”也就是北朝民歌《木兰辞》里,木兰对着镜子贴的“花黄”。所谓梅花妆,其实就是女子在额头眉心处或粘贴或描画梅花样式的妆容,只不过梅花妆在使用过程中不只是红色,还有黄色、绿色等,图案也有各色样式。但是因为梅花妆名声在外,以后人们习惯于用梅花妆来指代女子的艳丽妆容。

---

①胡云翼著《宋词选》,北京出版社,2021年,第90页。
②王国平总主编《杭州文献集成》(第22册),杭州出版社,2014年,第128页。
③转引自曹旭、严维哲《陆凯〈赠范晔诗〉本事旁证及折梅母题》,《上海师范大学学报》2016年第5期。
④(唐)卢仝《人日立春》,《全唐诗》(第12册),中华书局,1960年,第4371页。
⑤(唐)吴融《个人三十韵》,《全唐诗》(第20册),中华书局,1960年,第7870页。
⑥(唐)李商隐《蝶三首》,《全唐诗》(第16册),中华书局,1960年,第6165页。

无论是折梅寄赠还是梅花妆，人们主要着意于视觉审美中梅花美丽的形与色，比较而言，北宋林逋"梅妻鹤子"的典故似乎更中意于梅的品格。《西湖佳话·孤山隐迹》载，林逋，杭州钱塘人，家贫少孤，苦心向学，通晓经史百家，宋真宗年间浪迹于江淮之间，后来发现世人追逐的名利与自己的性格不相合，各地的山水又大多不及家乡西湖明媚，就回到家乡隐居。期间，有人劝他做官，有人劝他娶妻，他都觉得不如隐居生活更快乐。他在西湖边的居所旁植树种花，浓桃艳李，月桂风荷，春兰秋菊，姚黄魏紫，处处皆是，但他最钟情于梅，房前屋后种的都是梅。梅花盛开的时节，他徜徉于梅树下、花丛中，流连忘返："众芳摇落独暄妍，占尽风情向小园。疏影横斜水清浅，暗香浮动月黄昏。霜禽欲下先偷眼，粉蝶如知合断魂。幸有微吟可相狎，不须檀板共金樽。"①有的时候，他还泛舟西湖，终日不归，临行前每每嘱咐看家童子：如若有人拜访，速速放鹤，我看见天上的飞鹤，便知有客来访，就会划船而返。林逋迥然不群、潇洒俊逸的行为，无异于滚滚红尘中的一股清流，不仅为世人所敬仰，便是当朝皇帝和达官显贵也敬他三分，又是赏赐，又是拜访，他却依旧我行我素，因此名声也就更为显赫。可见，在林逋这里，梅是作为一种坚贞俊逸的精神品格与人相互映照。

人们对梅的喜爱在宋代达到了一个高潮，就像唐代人爱牡丹不惜冒着偷窃的污名，悄悄将一丛稀有的品种挖走一样，北宋"太平宰相"晏殊将吴中红梅引入京城，独领风骚，却不料看管的园丁受了游人贿赂，偷折一枝，后来辗转嫁接，北方遂而遍地开花。这吴中红梅据说为重瓣花朵，呈紫红色，香味极为浓郁，故为人们喜爱。古代还有一种极为珍贵的黄香梅，呈似黄非黄、似白非白的淡黄色，宋代有人写诗曰："新翻微变寿阳妆，喜色横斜水一方。点破冰肌愈清绝，月明无处著清

①（宋）林逋《山园小梅二首》，《全宋诗》（第2册），中华书局，1995年，第1218页。

香”①“雪里何人作道装,冰绡重叠色鹅黄。染时定著蔷薇露,雨洗风吹故自香”。②黄香梅冰玉之质、清香宜人,煞是可爱。范成大《梅谱》中记载的“百叶缃梅”就是指它。中国著名的“梅花院士”陈俊愉曾在日本找到一类似的品种,连续三次请求赠送一株,均未成功,陈院士一直引以为憾。后来陈院士在南京梅花山调查时发现了这种珍贵的梅花,“失传”很久的黄香梅终于得以重现江湖,“梅花院士”陈俊愉矢志不渝寻找黄香梅的事迹,也成就一段“梅坛”佳话,给这珍稀品种增添了一份难得的当代君子人格。

赏梅向为文人雅事。明万历年间上海嘉定人王圻在《三才图会》中提出,“梅有四贵:贵稀不贵繁,贵老不贵嫩,贵瘦不贵肥,贵含不贵开”。与范成大“梅以韵胜,以格高,故以横斜疏瘦与老枝怪奇者为贵”③的说法遥相呼应,共同成为赏梅的重要理论依据。单纯于梅花入手,梅的色与香自然非常重要。其花色有粉红、紫红、淡黄、纯白等多种颜色,有的梅花香浓郁,有的梅暗香袭人。但上述理论却似乎并未强调梅的色与香,而是着眼于梅的形与韵。范成大的“老枝怪奇”,以及王圻的“贵老不贵嫩”是梅花枝干的审美标准,范成大的“横斜疏瘦”与王圻的“贵稀不贵繁”“贵瘦不贵肥,贵含不贵开”,是梅花花朵外形的审美标准。而范成大和王圻提出的赏梅标准,其着重点则在梅的韵味与格调。无论是“横斜疏瘦”“老枝怪奇”,还是“稀”“老”“瘦”“含”,其实都是强调梅的古雅、冷俊、拔俗等具有古君子人格风范的审美标准。

---

①《永乐大典》(第36册),书目文献出版社,1983年,第6页。

②(宋)曾几《黄香梅》,《全宋诗》(第29册),中华书局,1995年,第18583页。

③(宋)范成大等著《梅兰竹菊谱》,中华书局,2010年,第30页。

馨香清雅与幽谷春兰

兰，多年生草本植物，叶子细长，春季开花，花色有白色、淡黄等，气味清香悠远。兰属植物种类甚多，现在常见的有春兰、建兰、墨兰、蕙兰、寒兰等。兰没有高大的身躯，亦没有硕大的花朵，它往往生在空山幽谷之中，与那花中贵族牡丹和香艳的桃李比较起来，似乎并不惹眼，但惟其如此，它却多了一份坚贞素洁、宁静致远的君子气质。比之那岁寒三友梅、松、竹，梅有花而无叶，松有叶而无香，竹有节而无花，唯独这乍看并不起眼的兰，叶、花、香三者兼而有之，以色清、气清、神清、韵清的“四清”之誉独冠群芳，是少有的“全德”之花。

兰最初为国人所喜爱当是因为其香味，所谓“幽香清远，馥郁袭衣，弥旬不歇”，[①]兰在很早就有“香祖”的美誉。兰的香味不仅怡神，而且佩戴兰花，还可以逐蠹虫、避不祥，具有可纫、可佩、可膏、可浴的实用价值。相传孔子从卫国返回鲁国途中，见幽谷之中兰香独茂，喟然叹曰：“夫兰为王者香，今乃独茂，与众草为伍。”孔子停下车，拿起琴，鼓了一首《猗兰操》：

> 习习谷风，以阴以雨。之子于归，远送于野。何彼苍天，不得其所。逍遥九州，无所定处。世人蔽暗，不知贤者。年纪逝迈，一身将老。[②]

唐代人韩愈写了一首《幽兰操》：

---

①（清）汪灏等著，张虎刚点校《广群芳谱》，河北人民出版社，1989年，第1013页。
②吉联抗辑《琴操》（两种），人民音乐出版社，1990年，第4页。

兰之猗猗，扬扬其香。不采而佩，于兰何伤。今天之旋，其曷为然。我行四方，以日以年。雪霜贸贸，荠麦之茂。子如不伤，我不尔觏。荠麦之茂，荠麦之有。君子之伤，君子之守。①

不管是相传孔子所作的《猗兰操》，还是韩愈的《幽兰操》，其对兰花一以贯之的精神文化主线都是：君子之品德与操守。孔子的喟然叹息，尽管只是对着一株貌不惊人的幽谷兰草，但发出的是有德君子生不逢时、迥然不群，宁愿隐居乡野，也不愿与暗蔽世人同流合污的铿锵之音。因此，孔子"兰为王者香"的说法也才具有了超越时空、直指人心的穿透力。

黄庭坚同样由兰的香味入手，揭发其君子之德，其《书幽芳亭记》曰：

士之才德盖一国，则曰国士；女之色盖一国，则曰国色；兰之香盖一国，则曰国香。自古人知贵兰，不待楚之逐臣而后贵之也。兰盖甚似乎君子，生于深山薄丛之中，不为无人而不芳，雪霜凌厉而见杀，来岁不改其性也。是所谓遁世无闷，不见是而无闷者也。兰虽含香体洁，平居萧艾不殊，清风过之，其香蔼然，在室满室，在堂满堂，是所谓含章以时发者也。②

黄庭坚以兰之香比士之德、女之色，谓之"国香"，从而赋予兰香以极为崇高的地位。而兰与古人心目中的君子比较而言，它不因为没有人看而失去芳泽，是为"为己""慎独"；虽为霜雪而凋落，来年依然如故，是为"惟精惟一"、专心致志；而且它也不会因为隐逸无名而闷闷不

①（唐）韩愈《幽兰操》，《全唐诗》（第10册），中华书局，1960年，第3761页。
②（宋）黄庭坚著，屠友祥校注《山谷题跋》，上海远东出版社，1999年，第29页。

乐，如君子一样“不患人之不己知”，它安贫乐道、安之若素；它明明馥郁芳香、志向高洁，却“居易以俟命”、平易以近人。但当清风拂过，这君子之兰瞬间就让满屋子都充满了浓浓的芳香，这不正是含香待发、相时而动的君子吗？

兰不仅可以观赏，而且可以养德。张应文《罗钟斋兰谱》曰：

> 夫兰清芬醖（蕴）藉，比德君子，日与薰陶，使人鄙吝之心油然自消。盖不特众芳之冠冕，诚宇宙清淑之气所萃，而独钟其美者也。余尝谓他花之馨通于鼻，以形用；此花之馨入于心，以神用。烟霞泉石间，对此当如明师良友，爱而敬之。吾知万法由心建立，心生种种法生。其于滋养之方，自当随时触处曲畅旁通，圆机活泼，日新不已，渐臻乎神解之妙。兰而有神，亦当发荣滋长，愈出愈奇，若将报答知己。斯时也，精神命脉，相为流贯，不知兰之非我，我之非兰也已。其兴也勃焉，孰能御？若视为玩物，爱而弗敬，纵稍能滋养，固已为芳草羞矣。①

关于养德的功夫，王阳明说“种树者必培其根，种德者必养其心”，②品性道德上的沉疴恶疾，往往被遮蔽，我们要主动找到病根，通过自我反省和向良师益友的学习，去除这些德性疾病，这是古人道德修为的功夫。张应文把兰作为修身养德的良师益友，真的是奇思妙想、灵丹妙药！用兰比德君子之馨香清淑，让其馨香通过鼻子的味觉，入心入神，长此以往，滋养心性，在品德修养上触处皆通，生机勃勃，日新月异，最终达到物我两忘的神妙境界。可以说，以兰养德，本身就是古

---

①谭属春、严昌注译《俗文化四书五经》，海天出版社，1996 年，第 590—591 页。
②（明）王守仁撰《王阳明全集》，上海古籍出版社，2011 年，第 37 页。

人比德君子的旨意所在。《孔子家语》早就有“与善人居，如入芝兰之室，久而不闻其香，即与之化矣。与不善人居，如入鲍鱼之肆，久而不闻其臭，亦与之化矣”[①]的话，只不过张应文这里把以兰养德描绘的更加透彻生动而已。

南宋末年，苏州文人郑思肖善画墨兰，日本东京大阪市立美术馆收藏有一幅郑思肖的《墨兰图》真迹。这幅画偌大的空白画面中间，一株兰花茕茕孑立，只有几片叶子，中间有一朵小花，画面既不见盆，又不见土，在视觉上有强烈的“无根兰”的效果。前人留下来的文献中确有郑思肖画“无根兰”的相关资料：

> 时写兰，疏花简叶，根不著土。人问之，曰：“土为番人夺，忍著耶？”[②]
>
> 不画土，人询之，则曰：“一片中国地，为夷狄所得，吾忍画耶？”[③]

联系上述两段材料，再来看这幅《墨兰图》，其“无根兰”确实是大有寓意。郑思肖是何许人呢？郑思肖，原名少因，字忆翁，号所南，宋理宗年间随父郑起辗转临安（今杭州）、平江（今苏州）等地，20岁左右为太学生，又为靖和书院山长，后元兵入侵，苏州沦陷，作《陷虏歌》，后写《心史》，誓不降元。据说，他的姓名和字号都是后来取的，思肖的“肖”是从“赵宋”的“赵”拆借而来，意思是思念赵宋，字忆翁，表示他不忘宋朝，号所南，表示一心向南方，决不事北。元代倪云林曾在一幅郑思肖

---

①（三国魏）王肃注《孔子家语》，上海新文化书社，1934年，第77页。

②周积寅编著《中国历代画论：掇英·类编·注释·研究》，江苏美术出版社，2013年，第691页。

③程敏政撰《宋遗民录》（卷十三），嘉靖二年至四年程威刻本。

的《墨兰图》上题诗："秋风兰蕙化为茅，南国凄凉气已消。只有所南心不改，泪泉和墨写离骚。"[①]这首题诗进一步坐实了郑思肖所画无根之兰，就是要隐喻和传达他作为南宋遗民，时刻不忘宋土沦丧的心志，表现了他忠贞高洁的君子气节。郑思肖的《墨兰图》上还题有一首诗，其曰："向来俯首问羲皇，汝是何人到此乡？未有画前开鼻孔，满天浮动古馨香。"[②]大致意思是：先前，我俯首作揖，问询伏羲："你是谁？到这里做什么？"伏羲回答说："在还没有画出八卦前的宇宙洪荒之时，我张开鼻孔，闻到了漫天浮动着的上古兰花的馨香。"这看似充满禅意、高深莫测的问答，其实是说：在未画之前，先有一种如清风拂面、兰香熙然，心境空明、大彻大悟的境界。在这里，兰同样被赋予空灵清雅的君子人格。

古往今来，人们常用兰来比喻美好的事物，称女子品性之美为"兰心蕙质"，把知心朋友称"兰交"，把带来好消息的书信称为"兰讯"，把居室称"兰室"，称赞他人华美诗文为"兰章"，好的兆头叫作"兰梦""兰兆"。总之，兰代表一切美好和高雅。因此之故，人们也以"全德"的标准来欣赏兰。对其他的花花草草，人们或者重其枝干，或者重其花，或者重其色，或者重其香，却很少像对兰一样，既重其花又重其叶的全方位审视。宋朝《兰谱》举名兰品种若干，如"李通判"，其曰："色白，状者十二萼。叶有剑脊，挺直而秀，最可人眼。所以识兰趣者，不专看花，正要看叶。"[③]正是赏兰花之美，又赏兰叶之秀，按照《兰谱》的说法，这样才算是真正懂得赏兰的门道和趣味。中国兰花素有"观花一时，赏叶经年"之说，说的也是同样的道理。赏其花，观其叶，春兰国色天香、端庄

---

①陈高华编著《元代画家史料汇编》，杭州出版社，2004年，第526页。

②周积寅编著《中国历代画论：掇英·类编·注释·研究》，江苏美术出版社，2013年，第693页。

③（宋）范成大等著《梅兰竹菊谱》，中华书局，2010年，第87页。

优雅，蕙兰清远淡雅、灵巧秀美，建兰清幽可人、亭亭玉立。兰生在深谷而不自怨自艾，长在闹市庭院而不沾沾自喜，永远都是超凡脱俗、亭亭玉立的身姿，永远都是馨香悠远、淡洁清雅的芳泽，既不以花色艳丽而取媚于人，又不以身姿特出而显名于世，它安宁素雅，纯味绵长，可比君子之宁静以致远，正所谓"人不知而不愠，不亦君子乎"。[1]正是因为兰具备上述物性和特征，自古以来，人们称兰为花中君子，说它有王者之风，有国士之美，有馨香之德。兰的品性也确乎暗合了中国古人对君子之风的塑造和期许，如此以来，这香、姿、德、品俱佳的兰怎会不让中国人倾心和动情呢？

直节虚心与猗猗夏竹

竹，多年生禾本科植物，四季常翠，修长挺拔，傲雪凌霜，自古以来就深受中国人喜爱，不仅如此，竹在大江南北都有深厚文化传统，南方洞庭君山的湘妃竹，北方淇水之畔的猗猗绿竹，是中国竹文化的根脉。

尧帝的两个女儿娥皇、女英，一同嫁给了舜。舜晚年时，带病到南方去视察，娥皇、女英也一同前往。舜帝由于过度操劳，不幸死在南方，娥皇、女英悲痛极了，哭泣不已，滴滴眼泪洒在竹林里，竹子上留下了斑斑泪痕，后人称这竹为"斑竹"，也叫"湘妃竹"。这种竹子，在湖南、浙江等地都有分布，主干上生有黑色斑点，非常漂亮。娥皇、女英二妃泪洒竹叶斑斑成痕的故事，则又给这竹子增添了一层愁绪和幽怨。据西汉刘向《列女传》，作为舜帝的两个妻子，娥皇、女英在对待家人方面称

①杨伯峻译注《论语译注》，中华书局，2009年，第1页。

得上宽厚孝慈,她们在舜帝死后,痛不欲生,最终跳入湘江,化为女神,人称湘君或湘夫人,《列女传》称她们"德纯而行笃"。[1]可见这湘妃竹不仅仅是悲伤的泪痕,它还是德行的象征。

在北方弯弯的淇水旁也曾经是绿竹成荫,《诗经·淇奥》曰:

> 瞻彼淇奥,绿竹猗猗。有匪君子,如切如磋,如琢如磨。瑟兮僩兮,赫兮咺兮。有匪君子,终不可谖兮。瞻彼淇奥,绿竹青青。有匪君子,充耳琇莹,会弁如星。瑟兮僩兮,赫兮咺兮。有匪君子,终不可谖兮。瞻彼淇奥,绿竹如箦。有匪君子,如金如锡,如圭如璧。宽兮绰兮,倚重较兮。善戏谑兮,不为虐兮。[2]

这首诗歌大致意思是:看那淇水弯弯的岸边,翠绿茂盛的竹子一片片,那高雅的君子品德高尚、学问精湛、胸怀宽广、语言风趣、威风凛凛。这首诗歌采用借物起兴的手法,借绿竹的青翠、挺拔、茂密来赞颂君子的高风亮节,开创了以竹喻人的先河。这淇园的丛丛绿竹,当年或许真的是非常茂盛,到了汉武帝时期,濮阳南边的瓠子决口,费了九牛二虎之力还是堵不住,只好派人砍伐淇园的竹子做桩,这才堵住了决堤的口子。东汉时期,河内太守寇恂又砍伐淇园竹子制作弓箭百余万。这两次对淇园竹的砍伐,数量还是比较大的。可能是因为人们对淇园之竹砍伐太过,也可能是魏晋南北朝战争时期,生态破坏严重,到了北魏郦道元写《水经注》的时候,淇水边已经没有什么竹子了,郦道元斩钉截铁地说:"今通望淇川,并无此物。"[3]几百年后的唐代高适《自淇涉黄河途中作十三首》写道:"南登滑台上,却望河淇间。竹树夹流水,孤

①(汉)刘向撰,刘晓东校点《列女传》,辽宁教育出版社,1998年,第4页。
②(唐)孔颖达疏《毛诗正义》,中华书局,1980年,第321页。
③(北魏)郦道元撰《水经注》,中国书店,2012年,影印明嘉靖黄省曾刻本。

城对远山。”[①]也许是唐代的时候，这淇园绿竹又有所恢复，但更有可能是高适“殆以古障眼，想当然耳”[②]的文学想象而已。

这还没完，后人还继续演绎这湘妃竹和淇园竹的故事。南宋李曾伯《管顺甫以湘竹为青奴儿觅为名湘夫人赋以谢之》中写道：“妾家淇园北封君，厥祖慈事宗苍筤。子孙异代贞节闻，枝分一派从南巡。千古流落湘江滨，几番雨露敷新荣。”[③]这淇园的君子之竹，“枝分一派”，流落到湘江之滨，成了湘妃竹。好事文人哪怕是搬弄起竹子的是非来也真的是脑洞大开。明代陆容《满江红·咏竹》干脆煞有介事将此作为典故了：

> 不种闲花，池亭畔、几竿修竹。相映带、一泓流水，森寒洁绿。风动仙人鸣珮遂，雨余净女添膏沐。未成林、难望凤来栖，聊医俗。
>
> 问华胄，名淇奥。寻苗裔，湘江曲。性孤高似柏，阿娇金屋。坐荫从容烦暑退，清心恍惚微香触。历冰霜、不变好风姿，温如玉。[④]

论其血缘与根脉，淇奥之竹是华夏后裔，湘江之竹则是其派生的后裔。但这青青绿竹，一律都是品性高洁，有温润君子之风。由此看来，中国竹文化早就打上了深深的君子人格的烙印。

竹的种类较多，物性差异较大，用途也因物性差异而较为多样。据南朝宋戴凯之《竹谱》，如篃竹，是一种挺拔坚韧的细竹，适合作为投壶用的箭；如篁竹，竹竿坚硬圆滑，竹节较少，可以制成撑船用的竹篙；如

---

①(唐)高适《自淇涉黄河途中作十三首》，《全唐诗》(第6册)，中华书局，1960年，第2211页。

②钱钟书著《钱钟书集：管锥编(一)》，生活·读书·新知三联书店，2007年，第154页。

③(宋)李曾伯《管顺甫以湘竹为青奴儿觅为名湘夫人赋以谢之》，《全宋诗》(第62册)，中华书局，1995年，第38762页。

④饶宗颐初纂，张璋总纂《全明词》，中华书局，2004年，第362页。

棘竹俗称刺竹，竹节间有刺，丛生而茂密，可以用来做篱笆；如苦竹，是一种常见的竹子，差不多各地都有分布，又因竹皮颜色的差异分为紫苦竹、黄苦竹、白苦竹、青苦竹等，顾名思义，苦竹的竹笋多数有苦味，不宜实用，苦竹多用来编篮筐，枝干可用作菜园的支架等；如百叶竹，生长在南方偏远地区，据说有剧毒，土著人用来刺杀虎豹等猛兽；如篙竹，体态巨大，南方多用来作为房子的梁柱；如筇竹，竹节弯曲，实心而坚硬，适合作为手杖使用；篲竹，是一种细密矮小的竹子，适合做扫帚。《竹谱》还记有一种体型特别巨大的竹子，叫作员丘帝竹，说是一节就可以做成一条船，但这种竹子现在并未被发现，南方有比较大的竹子直径可达 15 厘米，连成排可以做船。《竹谱》还一口气列出了篔筜、射筒、箖箊、桃枝四种竹子。篔筜竹在四川和两广地区分布较广，当地人用这种竹子制作席子或织布，传说有人在篔筜竹里发现过几寸长的“竹人”，非常怪异。射筒竹适合制作一种吹箭的发射筒，把射筒竹的竹节打通，然后用力吹弹竹箭，发射出去。这种吹箭在武侠小说里面常见，其实它在唐代就已经出现了，这种方法主要用来自卫，其本身的力量有限，并不依靠其力道，而是用箭簇上的毒伤人。箖箊竹本身并不起眼，它为人所注意，主要是因为春秋时期的越女与袁公比试剑法，越女用箖箊竹代替剑，击败了猿公。桃枝竹外皮顺滑洁净，非常适合制作簟席。

各地的竹子其竹笋大多可以食用，是非常鲜美的食材，有的竹还能开花结籽，叫作竹米，清香可口，具有很高的食用和药用价值。唐代的文献中说，开元年间的时候，有一年饥荒，终南山和岭南的竹子开花结籽，人们取而食之；又说天复年间，山里的竹子纷纷开花结籽，救活很多饥饿的百姓。总之，若是从功用来说，竹是“四君子”里面功劳最大的。但在中国人的文化传统中，人们还是更多地对其挺拔修长的外形和硬实中空的内里投来钦佩的目光。白居易《养竹记》曰：

> 竹似贤,何哉?竹本固,固以树德,君子见其本,则思善建不拔者。竹性直,直以立身,君子见其性,则思中立不倚者。竹心空,空以体道,君子见其心,则思应用虚受者。竹节贞,贞以立志,君子见其节,则思砥砺名行、夷险一致者。①

白居易从"本固""性直""心空""节贞"四个方面,归纳了作为君子之竹的高尚品德,从而传达了"养竹"即修行,君子与竹朝夕相处,耳濡目染,自可树德、立身、体道、立志的道理。竹子不仅有上述"四德",还具有刚、柔、忠、义、谦、常"六品"。刘岩夫《植竹记》云:

> 君子比德于竹焉。原夫劲本坚节,不受雪霜,刚也。绿叶萋萋,翠筠浮浮,柔也。虚心而直,无所隐蔽,忠也。不孤根以挺耸,必相依以林秀,义也。虽春阳气王,终不与众木斗荣,谦也。四时一贯,荣衰不殊,恒也。垂蕡实以迟凤,乐贤也;岁擢笋以成干,进德也。及乎将用,则裂为简牍,于是写诗书篆象之命,留示百代,微则圣哲之道,坠地而不闻矣,后人又何所宗欤?至若镞而箭之,插羽而飞,可以征不庭,可以除民害,此文武之兼用也;又划而破之为篾席,敷之于宗庙,可以展孝敬;截而穴之,为篪为箫,为笙为簧,吹之成虞韶,可以和人神,此礼乐之并行也。夫此数德,可以配君子,故岩夫列之于庭,不植他木,欲令独擅其美,且无以杂之乎。②

竹子讲气节,不畏风霜,这是刚正;绿竹轻抚,这是柔顺;虚心而坦直,这是忠;不孤傲、合于群,这是义;不与众木争荣,这是谦逊;四季如一,荣盛不变,这是常。低垂着果实等待晚来的凤凰,这是乐贤,每年长

---

①(唐)白居易著,朱金城笺校《白居易集笺校》,上海古籍出版社,1988年,第2744页。

②(清)董诰等编《全唐文》,上海古籍出版社,1990年,第3385页。

出竹笋成为竹竿，这是进德。不仅如此，这青青翠竹、谦谦君子并非只是道义楷模、品德标杆，它还与人类文化和生活紧密相关。说到它的用处，竹子可以制成简牍，书写文辞，记载文化，传承圣贤之道；还可以制作弓箭，征讨异国，为众除害；还可以划破竹片制成篾席，铺展在宗庙，以行孝敬；砍下竹子，打上眼儿，制成各色乐器，演奏美妙的音乐，可以娱乐人与神，行礼乐教化。正是因为竹子有以上种种美德，故可以比德君子。君子讲理想人格、讲高远志向，但也讲脚踏实地、积极有为，“君子博学而孱守之，微言而笃行之”。[①]所以，除了“本固”“性直”“心空”“节贞”的“四德”和刚、柔、忠、义、谦、常“六品”，再发掘其无处不在的实际价值，正好填补了其君子人格的一个空白点。兰称“全德”，侧重品性，而竹的君子之德，似乎更为全面，也更为笃实。

东晋王子猷曾经借住在别人的宅子里，随即叫家人赶紧种竹子，家人说：“只是暂住一下，何必这么麻烦呢？”他却指着竹子感叹：“何可一日无此君！”[②]这随性而为的名士王子猷，直率地表达了自己对青青绿竹的痴情。苏轼也说：“宁可食无肉，不可使居无竹。无肉令人瘦，无竹令人俗。人瘦尚可肥，俗士不可医。”[③]苏轼在物质与精神、美德与美食的比较中，表达他对那似竹般高洁人格的颂扬。在中国人的文化与生活中，竹有时是高人、隐士的化身，有时是文人雅士啸咏静坐、弹琴对饮，竹林七贤的出现，生动说明了竹作为君子人格化身的文化魅力。千百年来，竹的君子形象和品德早已深入中国人的内心，历久弥新。

①杨秀礼译注《曾子·子思子译注》，上海三联书店，2018年，第120页。
②（南朝宋）刘义庆撰《世说新语》，上海古籍出版社，2012年，第154页。
③（宋）苏轼《於潜僧绿筠轩》，《全宋诗》（第14册），中华书局，1995年，第9176页。

淡泊高洁与凌霜秋菊

菊，多年生草本植物，为落叶宿根花卉，种类繁杂，花式多样，气味淡雅，它可观、可食、可饮，具有很高的观赏价值和食用价值。菊花多数为黄色，又在秋天开放，在崇尚天人合一、遵循时令物候的中国人看来，这本身就值得重视。范成大《菊谱》曰：

> 月令以动植志气候，如桃桐辈，直云“始华”，而菊独曰“菊有黄华”，岂以其正色独立，不伍众草，变词而言之欤？故名胜之士，未有不爱菊者，至陶渊明尤甚爱之，而菊名益重。又其花时，秋暑始退，岁事既登，天气高明，人情舒闲，骚人饮流，亦以菊为时花，移槛列斛，辇致觞咏间，谓之重九节物。此非深知菊者，要亦不可谓不爱菊也。①

《礼记·月令》中，用动植物的生长来记录气候变化，对于桃花、桐花等，都直接说“开始开花”，唯独菊花却说“菊开有黄色花”，这大概是因为菊花颜色纯正，孑然独立，不与众花草为伍，因此变换词语来描绘它。范成大由《礼记》对开黄花的菊的独特表述，指出菊花“正色”的地位，绝非空穴来风。在古代农业社会，人们对阴阳运转，天地万物的变化极为敏感，日月更替，寒来暑往，春生、夏长、秋收、冬藏，秋收过后，庄稼收过，万物凋零，大地露出黄土本色，联系起来看的话，这秋天开放的黄色菊花，就不是那么简单，它仿佛就是这天地正色的代言人。可能范成大生怕有人觉得这样解释有些牵强，所以他接下来又从基本的人情事理来说明人们对菊花特别喜爱的原因。原来菊花开放之时，秋

①（宋）范成大等著《梅兰竹菊谱》，中华书局，2010年，第202页。

高气爽，人们心情舒闲，无论是天时还是心境，都极为适合饮酒赏花，此时盛开的菊花自然就深得爱菊人的偏爱了。当然，中国人爱菊，与喜爱梅兰竹等花草一样，并非仅仅是看花那么简单，换句话说，如果只是饮酒赏菊，就不是真正的爱菊者，更不是菊的知音。正如范成大《菊谱》所言：

> 山林好事者，或以菊比君子。其说以谓岁华畹晚，草木变衰，乃独烨然秀发，傲睨风露，此幽人逸士之操，虽寂寥荒寒，而味道之腴，不改其乐者也。神农书以菊为养性上药，能轻身延年，南阳人饮其潭水，皆寿百岁。使夫人者有为于当年，医国庇民，亦犹是而已。菊于君子之道，诚有臭味哉！①

好事者以菊比德君子，一是因为它在草木变衰的时节，独自艳丽地盛开，凌风傲露，这正如隐逸之士虽寂寥荒寒却不改其乐的高洁情操；二是菊作为养生的上等药材能够轻身健体、延年益寿，正如志士仁人治理国家、庇护百姓一样，有所作为。其实以菊准土地正色、比君子之德，并不是范成大的发明。早在魏晋时期的钟会《菊赋》即有云："故夫菊有五美焉：圆华高悬，准天极也；纯黄不杂，后土色也；早植晚登，君子德也；冒霜吐颖，象劲直也；流中轻体，神仙食也。"②菊一身而兼有高洁隐士与入世仁人两类令人崇尚的君子品格，与君子之道称得上同气相投。缘此，崇尚"穷则独善其身，达则兼济天下"的中国人与菊的"君子之约"，可谓代不乏人。

陶渊明仅用两句诗就赋予了菊"花中隐士"的称号，其曰：

> 结庐在人境，而无车马喧。问君何能尔？心远地自偏。采菊东

①（宋）范成大等著《梅兰竹菊谱》，中华书局，2010 年，第 199 页。

②（宋）李昉等撰《太平御览》（第 9 册），上海古籍出版社，2008 年，第 742 页。

篱下，悠然见南山。山气日夕佳，飞鸟相与还。此中有真意，欲辨已忘言。[①]

这首诗可谓人人皆知，前四句已经写出了一种心境空灵、怡然自得的状态，正是在这样的心境下，诗人到东篱下采菊。采菊干什么呢？诗人没有直说，但联系到诗意及相关文献，还是可以大致推断出陶渊明是去采集用来养生的菊。食菊养生，在中国有久远的传统，屈原《离骚》早就写道“朝饮木兰之坠露兮，夕餐秋菊之落英”，[②]曹魏时的曹丕在《与钟繇九日送菊书》中也说食用菊花可以延年益寿：“故屈平悲冉冉之将老，思餐秋菊之落英，辅体延年，莫斯之贵。谨奉一束，以助彭祖之术。”[③]《西京杂记》则载录了人们用菊花酒强身健体的法子：“九月九日，佩茱萸，食蓬饵，饮菊华酒，令人长寿。菊华舒时，并采茎叶，杂黍米酿之。至来年九月九日始熟，就饮焉，故谓之菊华酒。”[④]陶渊明《九日闲居》也说“余闲居，爱重九之名。秋菊盈园，而持醪靡由，空服九华，寄怀于言。”[⑤]这里的“九华”就是菊花。诗人说，我闲居无事，很喜欢“九月九日重阳节”这个节日，秋菊满园，想喝酒但没有酒可喝，只能空服菊花了。菊花酿酒才是标配，怎奈无酒，那就只好空服。那么，在这首写“饮酒”的诗里，陶渊明到“东篱”去采菊，是去采那用来酿酒的菊花是不言自明的了。就是说在这首诗里，原本“采菊”只是一个出于实用目的的行为，但有意思的是，这采菊人一抬头，却不经意间赋予菊一个淡泊高洁隐士的影子，于是人也超然，菊也超然，人也是菊，菊也是人，在精神

①（东晋）陶渊明著《陶渊明集》，中华书局，1979年，第89页。
②（宋）洪兴祖撰，白化文等点校《楚辞补注》，中华书局，2015年，第9页。
③宋效永、向焱点校《三曹集》，黄山书社，2018年，第148页。
④（东晋）葛洪撰《西京杂记》，中华书局，1985年，第20页。
⑤（东晋）陶渊明著《陶渊明集》，中华书局，1979年，第39页。

境界和文化品格上，菊与人合二为一了。从此以后，这菊俨然就是一位翩翩君子的化身了，此后层出不穷的溢美之词更是给菊的君子人格增添了广度和厚度。

唐朝元稹《菊花》诗云：“秋丛绕舍似陶家，遍绕篱边日渐斜。不是花中偏爱菊，此花开尽更无花。”[①]面对秋天房前屋后一丛丛盛开的菊花，让诗人想起了陶渊明的家，诗人还学着陶渊明的样子赏菊，转遍了篱笆周围。这显然不是简单的模仿，而是要含蓄地表达数百年来薪火相传的士人情怀。后两句诗人表面似乎并没有夸赞菊花有多么多么美，因为比菊花美丽的花多了去了，但它有一点是别的花比不上的，就是傲立风霜的坚贞品格。黄巢的《不第后赋菊》也很有名：“待到秋来九月八，我花开后百花杀。冲天香阵透长安，满城尽带黄金甲。”[②]这首诗直抒胸臆，赋予菊花乐观自信的品格和豪迈阔达的气概。那位画过“无根兰”的郑思肖也对菊花推崇备至，其《寒菊》曰：“花开不并百花丛，独立疏篱趣未穷。宁可枝头抱香死，何曾吹堕北风中。”[③]前两句仍然是写菊花不与百花为伍，傲霜独立的高洁品格，后两句却转而写衰败后的菊花：它虽然艳丽不再，但依然挺立在枝头，绝不向北风低头。从物性特征来说，这并非菊花所独有，也称不上美，但经诗人的点化，这风中败菊却拥有了“宁为玉碎不为瓦全”的凛然风骨和至死不渝的崇高气节。郑思肖的这首菊花诗化腐朽为神奇，赋予菊更宽广的人格魅力。

除了高洁品格的代代传承和层层累积以外，人们对菊保健轻身、延年益寿、赈济充饥之功效及其药用和食用价值所蕴含的奋发有为、

①（唐）元稹《菊花》，《全唐诗》（第12册），中华书局，1960年，第4560页。
②（唐）黄巢《不第后赋菊》，《全唐诗》（第21册），中华书局，1960年，第8384页。
③（宋）郑思肖著，陈福康校点《郑思肖集》，上海古籍出版社，1991年，第289—290页。

济世救民的另一重君子品格也多有追捧。苏轼云:“吾方以杞为粮,以菊为糗,春食苗,夏食叶,秋食花实而冬食根,庶几乎西河南阳之寿。”①苏轼是说,他期望通过一年四季食用杞与菊,来达到延年益寿的效果。宋朝王禹偁是山东巨野人,他到淮南西路的蕲州做官,长年累月的美酒佳肴让他颇觉腻烦,亟须清爽的素餐以清洁肠胃,疏通身心。于是采一把篱笆边青嫩的甘菊芽,洗去露痕,让庖厨做成了甘菊冷淘。煮熟后,放在冷水中,青色惹人,芳香可口。终于忍不住写诗记录,其曰:

> 经年厌粱肉,颇觉道气浑。孟春奉斋戒,敕厨唯素飧。淮南地甚暖,甘菊生篱根。长芽触土膏,小叶弄晴暾。采采忽盈把,洗去朝露痕。俸面新且细,溲摄如玉墩。随刀落银镂,煮投寒泉盆。杂此青青色,芳草敌兰荪。②

如果说屈原和曹丕所食用的“秋菊之落英”,苏轼食用春苗、夏叶、秋实、冬根以延年益寿,这些都还有些超凡脱俗的话,这甘菊冷淘却已化身为百姓生活的平常日用,是全身全影的入世姿态了。

梅兰竹菊,原本只是与我们生在同一个世界,与我们共生共长的花草树木。但多情多感的中国人在与梅兰竹菊的朝夕相处中,发现了它们的美,并在心物一体、物我两忘的精神关照中,赋予梅兰竹菊以君子人格,从而在中国人的视野中,梅兰竹菊也由单纯的视觉形象提升到了品格象征,兼有自然审美与精神风尚。君子是儒学的理想人格,也是中国人孜孜以求的至高人生境界。中国文人向来有香草美人以自喻的传统,坚贞俊逸的傲雪冬梅、馨香清雅的幽谷春兰、直节虚心的猗猗夏竹、淡泊高洁的凌霜秋菊,既是中国文人高度崇尚和赞誉的花中四

①(宋)苏轼撰,孔凡礼点校《苏轼文集》(第1册),中华书局,1986年,第4页。
②(宋)王禹偁《甘菊冷淘》,《全宋诗》(第2册),中华书局,1995年,第679页。

君子,又是自身人格的外化,也是中国传统的人生观、价值观的高度凝结,是中华文化普遍认同和不可或缺的精神象征、文化符号,永久驻守在中华儿女心灵深处。

◆ 练习与思考

围炉煮茶

围炉煮茶不比茶杯冲泡，围炉煮茶是为休闲，故其一则需要从容不迫的时间，一则需要悠游舒泰的心境。

围炉煮茶以二三人为宜，最多四五人，人多则扰攘不堪。茶友以志同道合、同声同气之同学、同事、同好、同行、同道为佳，切不可携妻带子、扶老挈幼。合家团座，围炉煮茶，亦无不可，但要另谋他局。

作为一种活动，饮茶是核心，但不是全部，饮茶是主要内容，但形式似更重要。故茶壶、茶碗、茶海、茶则等茶具不可或缺，赏茶、温壶、装茶、润茶、冲泡、浇壶、温杯、运壶、斟茶、品茶等程序不可或缺，奉茶有序、谦恭礼让等礼节不可或缺，观其色、闻其香、品其味、享其甘、闻余香、赏其器等步骤不可或缺。

自古以来，饮茶方式众多，程序千变万化，但万变不离其宗：人乃主体，茶乃对象，茶具乃饮茶之辅助；饮的是茶，品味的是茶道，在围炉团坐中，在饮茶闲聊中，茶与人达成默契，“天人合一”。茶道即人道，乃修养之道，礼仪之道，体悟之道，交流之道。

茶本俭，喝茶人须外在行为上的素朴，内在心境上的俭约，方才与茶性合拍。茶性洁，故人与茶与水与环境、茶具等，都要干净。茶境静，围炉煮茶，既要营造幽静的氛围，又可通过饮茶达到去尘凡、静心灵的目的。

所谓煮茶，乃煮水泡茶也。煮水可用无烟之炭火，也可用电热茶炉；须以红泥紫砂壶或黑泥紫砂壶为佳；水以山泉水为美，井水次之，纯净水或其他干净水亦无不可，但须无杂质、无异味，炭火味、油烟味等所有异味均为茶水之大忌。围炉煮茶，以老白茶、乌龙茶、普洱茶等耐热耐泡、口味醇厚者为佳。

可佐以松子、杏仁、花生、瓜子等坚果，或中国人日常喜食之红枣、板栗、糖果、糕点等，宜精不宜多。

茶室可辅以字画，字画以名家真迹为最，次则古代名家仿真字画，亦可配以古人《煮茶图》，不可随意悬挂，尤忌不入流“大师”之涂鸦，宁可不挂；若茶室宽敞，临窗几案可置鹅颈瓶、纸槌瓶等小花瓶一枚，插一枝含苞未放花，乃佳。

围炉煮茶，宜焚香，宜吟诵，宜鼓琴，宜讲说人物，宜畅谈往事，宜点化筹谋。

识茶

绿茶：主要通过炒、烘、晒、蒸制作而成，不经过任何发酵处理，干茶色泽青绿，茶汤翠绿透亮，味道清新自然。绿茶含有茶叶素、茶多酚、维生素 C 等，性寒味甘，有清热去火、安神明目、清理肠胃、美容保健等功效，经常饮用可以促进胆固醇分解、防止高血压发生。品种有龙井、碧螺春、黄山毛峰、信阳毛尖等。

红茶：主要通过萎凋、揉捻、发酵、烘焙、复焙等制作而成，经过全发酵处理，其所含茶多酚氧化，形成红茶色素，干茶呈红褐色，茶汤红艳明亮，味道鲜香微甜。红茶中的茶碱和咖啡因等含量较低，对肠胃刺激性小。红茶性温热，暖胃补虚、解渴化痰，长期饮用有养生保健之功效。品种有祁门红茶、正山小种、金骏眉等。

白茶：主要通过萎凋、烘焙等制作而成，经过轻微发酵处理，多用细嫩的芽头，加工时不炒不揉，只将其晒干或用文火烘干，叶背白色茸毛完整保留，故称白茶，干茶细长如针、色白如银，茶汤清淡鲜淳。白茶性寒凉，含多种氨基酸，有明目护肝、退热祛暑之功效，长期饮用可以调节血糖、提高人体免疫力。品种有白毫银针、白牡丹、寿眉等。

黄茶：主要通过杀青、闷黄、干燥等制作而成，经过微发酵处理，因经过闷堆渥黄，干茶呈金黄色，茶汤杏黄明净，味道甘醇清雅。黄茶性微寒，在闷制过程中会产生消化酶，黄茶还富含茶多酚、氨基酸、维生素等，具有消食化滞、提神醒脑、消炎杀菌等功效。品种有蒙顶黄芽、雅安黄茶、平阳黄汤等。

黑茶：主要通过杀青、初揉、渥堆、复揉、烘焙等制作而成，经过后发酵处理，其原料粗老，堆积发酵时间较长，氧化作用明显，干茶呈暗褐色，故称黑茶，茶汤橙黄，味苦回甘。黑茶性温，富含茶多糖、茶多酚、氨基酸等，生津止渴、温中益气、消食养胃，有软化血管、降低胆固醇等功效。品种有安化黑茶、湖北老青茶、四川边茶等。

青茶：主要通过萎凋、摇青、炒青、揉捻、烘焙等制作而成，经过半发酵处理，干茶色泽乌润，故又称乌龙茶，茶汤橙黄明亮，味道熟香浓郁。青茶性平和，富含茶多酚、儿茶素及多种氨基酸等，润肤、生津、去火，有抑制胆固醇、降低血脂、减肥美容等功效。品种有铁观音、凤凰单枞、东方美人等。

煮茶

落座：座次以方便、安全为原则，兼顾长者、尊者。落座须以主人为中心，依次安排。主人或为一家之主，或为组局者，执掌奉茶之责。主人座位当在茶台一侧，若茶几较大，则在茶台一侧偏左处，方便执壶分茶。正对主人位置为主宾，其两侧远离茶台或门口处为副宾，另外一侧为次宾。副陪、三陪在主人两侧，副陪在远离茶台或靠里处，另一侧为次陪。

赏茶:主人取茶,向宾朋好友介绍茶的品种、特性等,可依次传递,欣赏茶的形状、颜色,亦可嗅品干茶香味。

温壶:放置茶叶前,开水冲入空壶,使壶体温热,并去除陈味,随后将水倒入茶船,谓之“温壶”。

装茶:用茶匙将茶叶装入茶壶中,以茶壶容量的三分之二为宜,若茶壶较小,亦可满壶,否则味道寡淡。切忌不可手抓,以免手气混入。

润茶:茶叶久放,便有生冷气,热水洗润有温热唤醒之意,同时润泽一过,亦可滤去陈杂。以沸水冲壶至满,继而倾于茶洗。

温杯烫盏:用茶夹持茶杯,置入茶洗中,以润茶茶水一一温烫,温杯烫盏可去除茶杯茶盏从前余味,提高杯盏温度,更好呈现茶香。

冲泡:冲泡水温与茶之老嫩程度有关,细嫩茶尖制成的绿茶、红茶等用八九十度水冲泡最佳,此为常识,不必赘言。如老白茶、乌龙茶、普洱茶等耐热耐泡茶,往壶中冲入开水冲泡即可,是为第一泡。

浇壶:冲泡完毕,盖上茶盖,以开水浇壶,使壶内外温度一致,充分激发壶内茶香。

运壶:泡好第一泡茶后,握紧壶把手或提梁,沿茶船边沿轻轻运行数周,目的是壶底水滴入茶船,以免倒茶时落入杯盏串味,雅称“游山玩水”。

斟茶:温洗过的茶盏一字排开,依次来回浇注,不可一杯倒满再倒第二杯,以保持茶汤味道均匀,杯中茶水七分满为宜。

品茶

茶要品,既然是“品”,须仔细分辨和体会茶的味道。借用古人的话来说,“杯大为饮,杯小为品”,“一杯是品,二杯是解渴的蠢物,三杯便是驴饮了”。那么,所谓品,就是小杯啜饮,小杯慢饮,所以说围炉煮茶时的一份闲心是必不可少的。单有余暇还不够，品茶是一种功夫，这功夫是要常喝茶才能练出来的，“有好茶喝，会喝好茶，是一种清福”，品茶是人生的福。

品茶是色香味触的全知觉体验，关乎视觉、嗅觉、味觉和触觉。手捧一杯茶，先要观其色、闻其香，微闭双目，深吸芬芳，静观细品，待其茶香冲鼻上头，然后小啜一口，品其味，先在唇吻与舌尖稍停片刻，继而轻轻吞咽，带着芳香和温热的茶汤经过舌喉，落入肠胃，生津润燥，舌有余甘，沁人心脾。连饮数杯后，茶的香味、温度在人体穿流，终于肌肤微微透汗，筋脉舒畅，神清气爽。

茶里乾坤大，壶中日月长，品茶贵赏其韵。其韵在眼、在鼻、在口、在喉，在一身全体之五脏六腑、奇经八脉。茶水冲泡产生的汤氲，茶汤上泛起的沫饽，茶汤的颜色、杯盏的外形与质地等，可作眼韵观；其鼻腔、口腔、喉腔滞留的茶香，可作鼻韵、口韵、喉韵观，其韵萦绕纠缠，余味绕梁，久久不绝；其通体提神之功效，可作体韵、神韵观，其妙在穿透身体每一个细胞，终至茅塞顿开，醍醐灌顶。

茶礼

茶具整洁：茶具须清洗干净，并摆放整齐，以示郑重。

新客换茶：有新客入席，须换新茶，重新起泡。

茶水宜浅：茶水浅，合其俭约之性，亦是品赏的条件，此外，热茶过满，容易烫伤，饮用不便。

奉茶有序：奉茶遵循尊老敬长、谦恭礼让的规则，第一杯茶须敬尊者、长者。

接茶有礼：客人接茶，须用双手，一手托杯底，一手扶杯沿。

喝茶有节：客人喝茶，要轻轻啜饮，细品慢饮，不可发出声响，不要一饮而尽。

杯空茶尽：临行告别，杯空茶尽，以示对主人的赞赏和尊重。

谈资

茶宜：无事、佳客、幽坐、吟咏、挥翰、徜徉、睡起、宿醒、清供、精舍、会心、赏鉴、文僮。茶忌：不如法、恶具、主客不韵、冠裳苛礼、荤有杂陈、忙冗、壁间案头多恶趣。（明·冯正卿《岕茶笺》）

若明窗净几，花喷柳舒，饮于春也。凉亭水阁，松风萝月，饮于夏也。金风玉露，蕉畔桐阴，饮于秋也。暖阁红垆，梅开雪积，饮于冬也。僧房道院，饮何清也，山林泉石，饮何幽也。焚香鼓琴，饮何雅也。试水斗茗，饮何雄也。梦回卷把，饮何美也。古鼎金瓯，饮之富贵者也。瓷瓶窑盏，饮之清高者也。（明·黄龙德《茶说》）

一碗喉吻润，两碗破孤闷。三碗搜枯肠，唯有文字五千卷。四碗发轻汗，平生不平事，尽向毛孔散。五碗肌骨清，六碗通仙灵。七碗吃不得也，唯觉两腋习习清风生。（唐·卢仝《走笔谢孟谏议寄新茶》）

延伸探究

在国际中文教学中有机融入中华优秀传统文化，可以大大增强中文课堂的趣味和魅力，同时也有利于推动中华文化交流互鉴。除了目前较为常见的春节、中秋节、饺子、月饼、剪纸、国画、民歌、中国功夫，等等，中华优秀传统文化中还有哪些事项可以作为文化教学的内容？在国际中文课堂中如何进行有效的传统文化教学？中华优秀传统文化怎样发挥文明交流互鉴的纽带作用？如何在构建人类命运共同体的过程中贡献中国智慧、中国方案？可参考以下文献，就上述某一问题进行深入思考,并撰写五千字左右的研讨论文。

参阅文献:陈莹《国际汉语文化与文化教学》;张利满《国际汉语文化教学标准研究》;梁漱溟《中国文化要义》;张岂之《中华优秀传统文化的核心理念》。

下编

精读

◆【哲学思想】

《老子》(节选)

二章

天下皆知美之为美，斯恶已；皆知善之为善，斯不善已。有无相生，难易相成，长短相形，高下相盈，音声相和，前后相随。是以圣人处无为之事，行不言之教。万物作而弗始，生而弗有，为而弗恃，功成而弗居。夫唯弗居，是以不去。

【译文】天下人都知晓美之所以为美，于是丑的观念就产生了；都知晓善之所以为善，于是不善的观念就产生了。有和无相互生成，难和易相互成就，长和短相互对照，高和下相互呈现，音和声相互应和，前和后相互连接。因此，有道之人以无为的态度来做事，以无言的方法来施行教化。万物兴起而不造作事端，生成万物而不据为己有，作育万物而不自恃其能，成就功业而不居功自傲。正因为不居功自傲，所以功业不会泯灭。

八章

上善若水。水善利万物而不争，处众人之所恶，故几于道。居善地，心善渊，与善仁，言善信，政善治，事善能，动善时。夫唯不争，故无尤。

【译文】最良善的人就好像水一样。水善于滋润万物而不与万物相争，停留在大家都厌恶的地方，所以最接近于道。居处甘于选择低下之地，心胸善于保持深沉渊默，待人善于友爱无私，说话善于恪守信用，为政善于宽松简约，处事善于担当作为，行动善于把握时机。正因为与世无争，所以没有怨咎。

九章

持而盈之，不如其已；揣而锐之，不可长保。金玉满堂，莫之能守；富贵而骄，自遗其咎。功成身退，天之道也。

【译文】把持盈满，不如适时停止；锤炼而使之锐利，难以保持长久。金玉满堂，没有人能守得住；富贵骄横，自留祸患。功业完成，含藏收敛，这是符合自然规律的道理。

十二章

五色令人目盲，五音令人耳聋，五味令人口爽，驰骋畋猎，令人心发狂，难得之货，令人行妨。是以圣人为腹不为目，故去彼取此。

【译文】缤纷的颜色让人眼花缭乱，纷乱的声音让人听觉不敏锐，繁杂的味道让人失去味觉，纵情狩猎使人心思放荡，稀有的物品使人行为不轨。所以圣人只求温饱而不追逐声色之娱，所以摒弃物欲的诱惑，而选择简朴的生活。

七十六章

人之生也柔弱，其死也坚强。草木之生也柔脆，其死也枯槁。故坚强者死之徒，柔弱者生之徒。是以兵强则灭，木强则折。强大处下，柔弱处上。

【译文】人活着的时候身体是柔软的，死了就变得僵硬了。草木活着的时候枝干是柔脆的，死了就变得枯槁了。所以坚强是死亡的属性，柔弱是活着的属性。因此用兵逞强就会灭亡，树木强大就要折损。强大的处于下势,柔弱的处于上势。

（原文据中华书局陈鼓应《老子注译及评介》校录）

《庄子》(节选)

内篇　逍遥游

北冥有鱼,其名为鲲。鲲之大,不知其几千里也。化而为鸟,其名为鹏。鹏之背,不知其几千里也。怒而飞,其翼若垂天之云。是鸟也,海运则将徙于南冥。南冥者,天池也。

《齐谐》者,志怪者也。《谐》之言曰:“鹏之徙于南冥也,水击三千里,抟扶摇而上者九万里。去以六月息者也。”野马也,尘埃也,生物之以息相吹也。天之苍苍,其正色邪?其远而无所至极邪?其视下也,亦若是则已矣。

且夫水之积也不厚,则其负大舟也无力。覆杯水于坳堂之上,则芥为之舟;置杯焉则胶,水浅而舟大也。风之积也不厚,则其负大翼也无力。故九万里,则风斯在下矣,而后乃今培风;背负青天而莫之夭阏者,而后乃今将图南。

蜩与学鸠笑之曰:“我决起而飞,抢榆枋,时则不至而控于地而已矣,奚以之九万里而南为?”适莽苍者,三餐而反,腹犹果然;适百里者,宿舂粮;适千里者,三月聚粮。之二虫又何知!

小知不及大知,小年不及大年。奚以知其然也?朝菌不知晦朔,蟪蛄不知春秋,此小年也。楚之南有冥灵者,以五百岁为春,五百岁为秋;上古有大椿者,以八千岁为春,八千岁为秋,此大年也。而彭祖乃今以久特闻,众人匹之,不亦悲乎!

【译文】北海里有一条鱼，它的名字叫鲲。鲲的巨大，不知道有几千里。变化成为鸟，它的名字叫作鹏。鹏的脊背，不知道有几千里。奋起而飞，它的翅膀就好像天边的云。这只鸟，海风吹起的时候就迁往南海。南海，是个天然的大池。

《齐谐》这本书，是记载怪异之事的。《谐》书上说："当鹏迁往南海的时候，水浪激起有三千里，翅膀拍着旋风飞上了九万里的高空，它是乘着六月的风飞去的。"野马般的游气，飘扬的游尘，都是活动着的生物被风吹拂而飞动。天空苍苍茫茫，是它的本色吗？它的辽远是没有尽头的吗？它往下看，也像这个样子吧。

水的集聚不深厚，那么它就没有负载大船的力量。倒一杯水在堂前洼地的上面，那么一棵小草就能当一艘船；放一个杯子就胶着住了，这是水浅而船大的原因。聚集的风强度不够，那么负载巨大的翅膀也就没有力量。因此鹏在九万里的高空飞行，那风就在它的下面，然后才凭着风力，背负青天而没有阻碍，然后才准备飞往南海。

蝉和小鸠讥笑鹏说："我们奋力而飞，碰到榆树和檀树就停止，有时飞不上去，落在地上就是了，何必飞九万里到南海去呢？"去郊外的，只带三餐粮食当天返回，肚子仍然饱饱的；到百里外的，要准备一宿的粮食；到千里外的，要备下三个月的粮食。这两只虫鸟又怎么知道呢！

小智比不上大智，寿命短的比不上寿命长的。怎么知道是这样的呢？朝生暮死的菌子不知道一个月的时光，夏生秋死的寒蝉不知道一年的时光，这就是"小年"。楚国的南边有一只灵龟，以五百年为一个春季，五百年为一个秋季；上古时代有一种大椿树，以八千年为一个春季，八千年为一个秋季，这就是"大年"。彭祖到如今还以年寿长久而闻名于世，大家和他相比，难道不可悲吗！

（原文据中华书局陈鼓应《庄子今注今译》校录）

《论语》(节选)

为政篇第二

孟武伯问孝。子曰:“父母唯其疾之忧。”

【译文】孟武伯向孔子请教孝道。孔子说:“做父母的只是为孩子的疾病担忧。”

子游问孝。子曰:“今之孝者,是谓能养。至于犬马,皆能有养;不敬,何以别乎?”

【译文】子游请问孝道。孔子说:“现在所谓的孝,只是说能够养活爹娘就可以了。就连狗马都能养活;不能做到‘敬’,与养活狗马有什么区别吗?”

子夏问孝。子曰:“色难。有事,弟子服其劳;有酒食,先生馔,曾是以为孝乎?”

【译文】子夏请问孝道。孔子说:“难在经常有和悦的容色。有事情,孩子们替他效劳;有酒有肴,给老人吃喝,竟然以为这就是孝吗?”

里仁篇第四

子曰:“事父母几谏,见志不从,又敬不违,劳而不怨。”

【译文】孔子说:“侍奉父母,(对待他们的过错),要委婉地劝告。发现自己的想法没有被听从,仍然恭敬地不触犯他们,虽然忧愁,但不怨恨。”

子曰:“父母在,不远游,游必有方。”

【译文】孔子说："父母在世，不出远门，如果非要出远门，也必须有一定的去处。"

子曰："父母之年，不可不知也。一则以喜，一则以惧。"

【译文】孔子说："父母的年纪，不可以不记在心里。一方面因为他们年长而欢喜，一方面因为他们年长而惧怕。"

（原文据中华书局杨伯峻《论语译注》校录）

附

孔子行，闻哭声甚悲。孔子曰："驱，驱，前有贤者。"至，则皋鱼也，被褐拥镰，哭于道傍。孔子辟车与之言曰："子非有丧，何哭之悲也？"皋鱼曰："吾失之三矣，少而学，游诸侯，以后吾亲，失之一也；高尚吾志，间吾事君，失之二也；与友厚而小绝之，失之三也。树欲静而风不止，子欲养而亲不待也。往而不可追者年也，去而不可见者亲也。吾请从此辞矣。"立槁而死。孔子曰："弟子诫之，足以识矣。"于是门人辞归而养亲者十有三人。

【译文】孔子出行，听到有人的哭声很是伤悲。孔子说："快赶车，快赶车，前面有贤人。"到了跟前，原来是皋鱼，身披粗布，抱着镰刀，在道旁哭泣。孔子下车对皋鱼说："你又没有丧事，为什么哭得如此悲伤？"皋鱼说："我有三个过失，少时为了学习，周游诸侯国，把侍奉双亲放在后面，这是过失之一；我志向高远，耽搁了侍奉君王，这是过失之二；和朋友交情深厚却因为小事断绝联系，这是过失之三。树想静下来可风却不停，子女想好好赡养父母可父母却不在了。过去而不能追回的是岁月，逝去而再也见不到的是亲人。请允许我从此离别人世吧。"（于是）站着不动，枯槁而死。孔子说："弟子们要引以为戒，这件事足以让你们明白其中的道理啊。"于是，辞行回家赡养双亲的门徒有十三人。

（原文据中华书局许维遹《韩诗外传集释》校录）

《孟子》(节选)

公孙丑章句上

孟子曰:“人皆有不忍人之心。先王有不忍人之心,斯有不忍人之政矣。以不忍人之心,行不忍人之政,治天下可运之掌上。所以谓人皆有不忍人之心者,今人乍见孺子将入于井,皆有怵惕恻隐之心。非所以内交于孺子之父母也,非所以要誉于乡党朋友也,非恶其声而然也。由是观之,无恻隐之心,非人也;无羞恶之心,非人也;无辞让之心,非人也;无是非之心,非人也。恻隐之心,仁之端也;羞恶之心,义之端也;辞让之心,礼之端也;是非之心,智之端也。人之有是四端也,犹其有四体也。有是四端而自谓不能者,自贼者也;谓其君不能者,贼其君者也。凡有四端于我者,知皆扩而充之矣,若火之始然,泉之始达。苟能充之,足以保四海;苟不充之,不足以事父母。”

【译文】孟子说:“每个人都有怜恤别人的心。先王因为有怜恤别人的心,这才有怜恤别人的政治。用怜恤别人的心,施行怜恤别人的政治,治理天下就可以像在手掌上转动小物件一样容易。之所以说人都有怜恤别人的心,是因为譬如现在有人突然看到一个孩子要掉到井里去了,任何人都会有惊恐同情的心情。这并不是因为要同孩子的父母攀交情,不是要在乡里朋友中博取好名声,也不是讨厌那孩子的哭叫声才这样做的。由此看来,一个人如果没有同情心,那就不是人;如果没有羞耻心,那就不是人;如果没有谦让心,那就不是人;如果没有是非心,那就不是人。同情心是仁的萌芽,羞耻心是义的萌芽,谦让心是礼的萌芽,是非心是智的萌芽。人有这四种萌芽,就如他有四肢一样。有这四种萌芽,却认为自己不行的人,这是自暴自弃的人;认为他的君主不行的人,这是暴弃他君主的人。凡是具有这四种萌芽的人,如若懂得扩大充实它们,就会像火刚刚燃烧,泉水刚刚涌出(势头凶猛,无法遏止)。如果能扩充它们,就足以安定天下;如果不扩充它们,那就连侍奉父母都不行。”

(原文据中华书局杨伯峻《孟子译注》校录)

《孙子兵法》(节选)

谋攻篇

(十四)孙子曰:夫用兵之法,全国为上,破国次之;全军为上,破军次之;全旅为上,破旅次之;全卒为上,破卒次之;全伍为上,破伍次之。是故百战百胜,非善之善也;不战而屈人之兵,善之善者也。

【译文】孙子说:大概用兵的方法,使敌国完整地屈服为上策,攻破或打败敌国就差些;使敌人全军屈服为上策,打败或消灭他们就差些;使敌人全旅屈服为上策,打败或消灭他们就差些;使敌人全卒屈服为上策,打败或消灭他们就差些;使敌人全伍屈服为上策,打败或消灭他们就差些。因此百战百胜不是最好的谋攻,不战而使敌人屈服才是最好的谋攻。

(十五)故上兵伐谋,其次伐交,其次伐兵,其下攻城。攻城之法,为不得已。修橹轒辒,具器械,三月而后成;距堙,又三月而后已。将不胜其忿而蚁附之,杀士卒三分之一,而城不拔者,此攻之灾也。故善用兵者,屈人之兵而非战也,拔人之城而非攻也,毁人之国而非久也,必以全争于天下，故兵不顿而利可全，此谋攻之法也。

【译文】因此用兵的上策是在谋略上战胜敌人，其次是在外交上战胜敌人，再其次是战胜并消灭敌人，其下策是攻占城池。攻城的方法是不得已才用的。建造有楼橹的巢车，准备攻城的器械，三个月以后才能完成；构筑高于敌人城墙的土山，也需要三个月以后才能完成。主将非常愤怒焦躁，驱使士兵蝼蚁般爬上城墙，这样使士卒伤亡三分之一，但城池却不能攻下来，这是攻城的灾难。因此善于用兵的人，使敌人的军队屈服，而不是用战斗的方法，夺取敌人的城池，却不是用强攻的方法，攻破敌人的国家而不用旷日持久，一定要设法使用全胜的计谋争夺天下，这样军队不会受到挫伤，而胜利可以完美获得，这就是以谋略进攻敌人的方法。

（十六）故用兵之法，十则围之，五则攻之，倍则分之，敌则能战之，少则能逃之，不若则能避之。故小敌之坚，大敌之擒也。

【译文】因此用兵的方法，兵力十倍于敌人就包围它，五倍于敌人就进攻它，两倍于敌人就分散它，势均力敌就战胜它，少于敌人就躲避它，不如敌人就避开它。因此弱小的军队固执地坚守，会被强大的军队擒获。

（十九）故知胜有五：知可以战与不可以战者胜，识众寡之用者胜，上下同欲者胜，以虞待不虞者胜，将能而君不御者胜。此五者，知胜之道也。

【译文】因此可以看到胜利的条件有五点：能够判明能战胜对方还是不能战胜对方的就会打胜仗，懂得使用大部队或小部队的就会打胜仗，上上下下同心协力的就会打胜仗，以有作战准备的等待没有作战准备的就会胜利，将军有指挥才能而国君不干预的就会胜利。这五点，是懂得取胜的道理。

（二十）故曰：知彼知己，百战不殆；不知彼而知己，一胜一负；不知彼，不知己，每战必败。

【译文】所以说：了解敌我双方的情况，每次作战都没有危险；不了解敌方的情况但了解自己的情况，有可能胜也有可能败；不知道敌我双方的情况，每次作战都会失败。

（原文据上海古籍出版社郭化若《孙子译注》校录）

《周易》（节选）

系辞上

（一）天尊地卑，乾坤定矣；卑高以陈，贵贱位矣；动静有常，刚柔断矣；方以类聚，物以群分，吉凶生矣；在天成象，在地成形，变化见矣。是故刚柔相摩，八卦相荡。鼓之以雷霆，润之以风雨，日月运行，一寒一暑。乾道成男，坤道成女。乾知大始，坤作成物。乾以易知，坤以简能。易则易知，简则易从。易知则有亲，易从则有功。有亲则可久，有功则可大。可久则贤人之德，可大则贤人之业。易简而天下之理得矣，天下之理得，而成位乎其中矣。

【译文】天高地低，代表阳性的乾道和代表阴性的坤道因此确定了；自然尊卑秩序定下来，人的贵贱位置也就确立了；天动地静的自然规律恒久不变，阳刚阴柔的道理也就清楚了。事物走向按其性质聚合，阴阳爻画按其规律分布，吉凶便因此产生。在天成为日月星辰，在地形成山泽动植，阴阳变化的道理也就呈现出来了。因此刚柔相互交错，八卦相互推衍。雷霆鼓动于天，风雨润泽于地，日月往来运行，寒暑交相更替。乾道构成阳性物质，坤道构成阴性物质。乾道创始万物，坤道成就万物。乾道以平易的方式发挥功能，坤道以简约的方式产生作用；由于平易所以容易认知，由于简约所以容易遵从；容易认知便有人亲近，容易遵从便能有事功；有人亲附就可以长久，能有事功就可以广大；可以长久便是贤人的美德，可以广大便是贤人的功业。懂得了平易简约便把握了“天下之理”，把握了“天下之理”便可以成就天地之中万物万事了。

（二）圣人设卦观象，系辞焉而明吉凶，刚柔相推而生变化。是故吉凶者，失得之象也；悔吝者，忧虞之象也；变化者，进退之象也；刚柔者，昼夜之象也。六爻之动，三极之道也。是故君子所居而安者，《易》之序也；所乐而玩者，爻之辞也。是故君子居则观其象而玩其辞，动则观其变而玩其占，是以自天佑之，吉无不利。

【译文】圣人创制了六十四卦，观察卦爻之象、撰写系属文辞以表明吉凶，通过阴阳刚柔的相互推移而生发变化。所以吉凶是表示外在的得失，悔吝是表示内在的忧虑；变化是表示进退趋向，刚柔是表示昼夜等现象。六爻的变动，体现了天、地、人的运动规律。所以君子平日起居时所考察的，是《周易》卦序的承接转化，闲暇逸乐时而玩味的，是爻辞的内涵哲理。所以说君子居处时，则观察卦爻之象而揣摩卦爻之辞，行动时则观察卦爻之象的变化而玩味卦爻之辞的占筮，这样就能得到上天的佑助，从而大吉大利。

（原文据中华书局陈鼓应、赵建伟《周易今注今译》校录）

《论衡》（节选）

（汉）王充

论死

世谓人死为鬼，有知，能害人。试以物类验之，人死不为鬼，无知，不能害人。何以验之？验之以物。

人，物也；物，亦物也。物死不为鬼，人死何故独能为鬼？世能别人物不能为鬼，则为鬼不为鬼，尚难分明。如不能别，则亦无以知其能为鬼也。人之所以生者，精气也，死而精气灭。能为精气者，血脉也，人死血脉竭，竭而精气灭，灭而形体朽，朽而成灰土，何用为鬼？人无耳目，则无所知，故聋盲之人，比于草木。夫精气去人，岂徒与无耳目同哉！朽则消亡，荒忽不见，故谓之鬼神。人见鬼神之形，故非死人之精也。何则？鬼神，荒忽不见之名也。人死精神升天，骸骨归土，故谓之鬼。鬼者，归也；神者，荒忽无形者也。或说：鬼神，阴阳之名也。阴气逆物而归，故谓之鬼；阳气导物而生，故谓之神。神者，申也。申复无已，终而复始。人用神气生，其死复归神气。阴阳称鬼神，人死亦称鬼神。气之生人，犹水之为冰也。水凝为冰，气凝为人；冰释为水，人死复神。其名为神也，犹冰释更名水也。人见名异，则谓有知，能为形而害人，无据以论之也。

【译文】世上的人说人死后变成鬼，有知觉，能害人。试用各类事物来验证，人死后不能变成鬼，没有知觉，不能害人。用什么来验证这一点呢？用物来验证它。

人是物，人以外的万物也是物。物死后不变成鬼，人死后为什么偏偏能够变成鬼呢？世人即使能够辨明人和物死后不能变成鬼，那么能否变成鬼尚且难以弄清。如果不能辨明人和物死后是否能变成鬼，那么也就无法知道人死后能变成鬼了。人之所以活着，是因为精气，人死了精气就不存在了。能够成为精气的是血脉，人死了血脉就枯竭，血脉枯竭精气就不存在了，精气不存在形体就腐朽了，形体腐朽而化成灰土，靠什么变成鬼呢？人没有耳目就不会知道什么，所以聋人盲人，如同草木一样。精气离开人体，哪里只是和人没有耳目一样呢！腐朽了就会消亡，成了恍恍惚惚看不见形体的东西，所以把它叫“鬼神”。人们所见到的鬼神的形象，本来就不是死人的精神变成的。为什么呢？因为鬼神是“荒忽不见”的东西。人死后精气上升到天上，尸骨回归土中，所以叫它“鬼”。鬼，是归的意思；神，是荒忽无形的意思。有人说：鬼神是阴气和阳气的名称。阴气阻止万物生长而使它们的形体归于地，所以就叫它鬼；阳气帮助万物使它们获得生命，所以就叫它神。神，是伸展的意思。伸展回归没有止境，终而复始。人靠阳气获得生命，人死后它又回到自然界的阳气中去。阴气阳气称为鬼神，人死也称为鬼神。阳气使人获得生命，就像水结成冰一样。水凝结成冰，气凝聚成人；冰融化为水，人死还原为阳气。它的名称叫神，好比冰融化后就改称为水一样。人们见名称不同，就认为鬼有知觉，能变成形体而害人，这是毫无根据地在讨论这个问题。

（原文据上海古籍出版社张宗祥《论衡校注》校录）

《坛经》(节选)

若欲修行，在家亦得。无相颂

大师言："善知识！若欲修行，在家亦得，不由在寺。在寺不修，如西方心恶之人；在家若修，如东方人修善。但愿自家修清净，即是西方。"使君问："和尚！在家如何修，愿为指授。"大师言："善知识！慧能与道俗作无相颂，尽诵取，依此修行，常与慧能一处无别。颂曰：说通及心通，如日处虚空，惟传顿教法，出世破邪宗。教即无顿渐，迷悟有迟疾，若学顿教法，愚人不可悉。说即须万般，合离还归一，烦恼暗宅中，常须生惠日。邪来因烦恼，正来烦恼除，邪正悉不用，清净至无余。菩提本清净，起心即是妄，净性在妄中，但正除三障。世间若修道，一切尽不妨，常见自己过，与道即相当。色类自有道，离道别觅道，觅道不见道，到头还自恼。若欲见真道，行正即是道，自若无正心，暗行不见道。若真修道人，不见世间过，若见世间非，自非却是左。他非我有罪，我非自有罪，但自去非心，打破烦恼碎。若欲化愚人，是须有方便，勿令彼有疑，即是菩提现。法元在世间，于世出世间，勿离世间上，外求出世间。邪见是世间，正见出世间，邪正悉打却，菩提性宛然。此但是顿教，亦名为大乘。迷来经累劫，悟则刹那间。"

【译文】大师说："善知识！若是真想修行佛法，在家中也可以，不一定非得在寺庙。住在寺院，但不作修行，就像西方佛国心恶的人；不出家，但如果真实修行，就像东方人也可修得善果。只要自身追求内心清净，就是西方极乐世界。"使君问："和尚，在家如何修行，请为我们指点。"大师说："善知识！惠能为在座的僧、俗大众作有无相颂，请大众都念诵记取。按照这个修行，就像经常与惠能在一起一样。颂是这样的：既有说通又有心通，犹如阳光普照大地。只有祖传顿悟教法，度人出世破除外道。佛法并无顿渐之分，觉悟速度有快有慢。若要修习顿悟教法，愚昧之人不能尽知。经论所说千头万绪，真实道理只有一个。烦恼不除如处暗宅，常需生起智慧光明。邪念生起由于烦恼，正念生起烦恼便除。邪念正念全不理会，清清静静一切皆无。菩提智慧本来清净，执着心起便是虚妄。清净佛性在虚妄中，只要正修可除三障。世人若想修习佛道，出家在家都不妨碍。时时反省自己过失，就与佛道已经契合。万物之中自有佛道，何须离道另去觅道。另觅佛道不见佛道，结果却是自寻烦恼。若要求取真正佛道，心正无邪就是佛道。自己若无端正之心，暗中行走不见道路。若是真正修道之人，不会看见世人过错。若是看见世人过错，自己过错更甚于他。他人过错我不责怪，我若责怪即我有罪。只要自己去除过错，就能破除烦恼。如要教化愚昧之人，是要一定方便度人。不要让他心有疑虑，这样就是菩提现身。佛法原来就在世间，在现世中求得佛法。不必离开现世生活，另外寻求彼岸世界。邪见出于人世之间，正见也在人世之间。邪见正见统统打消，菩提惠性就在眼前。这个就是顿悟之教，又起名字叫作大乘。迷惑历经重重劫难，顿悟则在刹那之间。”

（原文据中华书局郭朋《坛经校释》校录）

《近思录》(节选)

(宋)朱熹 吕祖谦

为学大要

根本须是先培壅,然后可立趋向也。趋向既正,所造浅深,则由勉与不勉也。

【译文】为学应该先培植根本,然后可以确立方向。方向正确了,至于造诣深浅,就看努力不努力了。

懈意一生,便是自弃自暴。

【译文】懈怠的意念一产生,就是自暴自弃。

伊川先生曰:"古之学者,优柔厌饫,有先后次序。今之学者,却只做一场话说,务高而已。"常爱杜元凯语:"若江海之浸,膏泽之润,涣然冰释,怡然理顺,然后为得也。"今之学者,往往以游、夏为小,不足学。然游、夏一言一事,却总是实。后之学者好高,如人游心于千里之外,然自身却只在此。

【译文】程颐说:"古代的学者,从容地学习,深入地体会,有个先后顺序。今天的学者,却把学道只当作一个场面话说,夸夸其谈。"一直喜欢杜预的话:"为学就像江海之水的浸透,就像春雨的润泽,如冰在水中涣然消融,弄通了道理心中怡然自乐,然后算是学有所得。"今天的学者,往往认为子游、子夏的学问太小,不值得学。但子游、子夏的一言一事,却都是实在的。后代的学者好高骛远,就如一个人的心在千里之外游荡,但本人却只在这里没动。

今之为学者，如登山麓。方其迤逦，莫不阔步，及到峻处便止。须是要刚决果敢以进。

【译文】现在为学的人，就像登山一样。当山路曲折连绵的时候，都大步前进，等到了险峻的地方就停下了。必须是要勇敢果断的前行。

学者须是务实，不要近名方是。有意近名，则是伪也。大本已失，更学何事？为名与为利，清浊虽不同，然其利心则一也。

【译文】学道的人应该是追求实际的学问，不要追求名声才对。有追求名声的心意，就是作伪。为学的根本已经丢失，还要学什么呢？追求名声和利益，虽然有清高和浊俗的不同，但其利己之心却是一样的。

古之学者为己，其终至于成物。今之学者为物，其终至于丧己。

【译文】古代学道的是为了自身修养，最终成就了外物。如今学道的是为了给别人看，结果是丧失了自己的善性。

为天地立心，为生民立道，为往圣继绝学，为万世开太平。

【译文】为天地确立生生之心，为百姓指明通途大道，为以往的圣人继承不传的学问，为世世代代开辟太平基业。

人多以老成则不肯下问，故终身不知。又为人以道义先觉处之，不可复谓有所不知，故亦不肯下问。从不肯问，遂生百端欺妄人我，宁终身不知。

【译文】人们大多因为自己年事已高就不肯向晚辈请教，因此有些东西一辈子都不知道。再有人自以为早已明白了道义，不可能还有什么不知道的，因此也就不肯向晚辈请教。从来不肯请教询问，就生发数不清的骗人把戏，自己宁可一辈子不懂。

（原文据上海书店影印商务印书馆江永《近思录集注》校录）

《传习录》(节选)

(明)王阳明

陆澄录

问:“静时亦觉意思好,才遇事,便不同,如何?”先生曰:“是徒知养静,而不用克己工夫也,如此,临事便要倾倒。人须在事上磨,方立得住,方能‘静亦定,动亦定’。”

【译文】陆澄问:“静修的时候也感觉心里的想法很好,一旦遇到事情就不行了,为什么?”先生说:“这是只知道静心修养,却不下克制自己私欲的功夫。这样的话,遇到事情那些想法就都不管用了。人必须在具体事情上磨炼,才能站得稳,才能‘静心时也能守持天理,行动时也能守持天理’。”

问:“知识不长进,如何?”先生曰:“为学须有本原,须从本原上用力。渐渐‘盈科而进’。仙家说婴儿,亦善譬。婴儿在母腹时,只是纯气,有何知识?出胎后,方始能啼,既而后能笑,又既而后能识认其父母兄弟,又既而后能立、能行、能持、能负,卒乃天下事,无不可能。皆是精气日足,则筋力日强,聪明日开。不是出胎日便讲求推寻得来,故须有个本原。圣人到‘位天地、育万物’,也只从‘喜怒哀乐未发之中’上养来。后儒不明格物之说,见圣人无不知、无不能,便欲于初下手时讲求得尽,岂有此理!”又曰:“立志用功,如种树然。方其根芽,犹未有干,及其有干,尚未有枝,枝而后叶,叶而后花实。初种根时,只管栽培灌溉,勿作枝想,勿作叶想,勿作花想,勿作实想。悬想何益?但不忘栽培之功,怕没有枝叶花实？”

【译文】陆澄问：“学问没有进步，该怎么办？”先生说：“做学问必须从根本上下功夫，一步一步，循序渐进。道家用婴儿作比，就是很好的比喻。婴儿在母亲的肚子里时，只是一团气，有什么学问？出生以后，方才能够啼哭，然后能够笑，又然后能够认识父母兄弟，又然后可以站立、可以行走、可以拿东西、可以背负东西，最后世上的事情无所不能。这是因为婴儿的精气日益充足，筋骨也越来越强壮，聪明才智日益增长。学问不是一出生就能推寻探究获得的，所以必须有个根本。圣人‘让天地各安其位，助自然化育万物’，也不过是从‘喜怒哀乐尚未生发出来的中和状态’上面培养起来的。后代的儒生们不懂得格物的学问，看到圣人无所不知、无所不能，于是就想一开始便追求把学问全部掌握，哪有这样的道理！”先生又说：“立下志向用功夫做学问，好像种树一样。当它生根发芽时，还没有树干，等到它有了树干，还没有枝条，长出枝条后才有树叶，长出叶子后才开花、结果。刚种下生根时，只管培土灌溉，不要想着生枝，不要想着长叶，不要想着开花，不要想着结果。空想有什么用呢？只要不忘记培土灌溉，怎怕没有枝、叶、花、果？”

一日，论为学功夫。先生曰：“教人为学，不可执一偏。初学时心猿意马，拴缚不定，其所思虑，多是人欲一边，故且教之静坐、息思虑。久之，俟其心意稍定，只悬空静守，如槁木死灰，亦无用，须教他省察克治。省察克治之功，则无时而可间，如去盗贼，须有个扫除廓清之意。无事时，将好色、好货、好名等私欲，逐一追究，搜寻出来。定要拔去病根，永不复起，方始为快。常如猫之捕鼠，一眼看着，一耳听着，才有一念萌动，即与克去，斩钉截铁，不可姑容与他方便，不可窝藏，不可放他出路，方是真实用功，方能扫除廓清。到得无私可克，自有端拱时在。虽曰‘何思何虑’，非初学时事。初学必须思省察克治，即是思诚，只思一个天理。到得天理纯全,便是'何思何虑'矣。"

【译文】一天,讨论做学问的功夫。先生说:"教人做学问,不能偏执一个方面。刚开始学习的时候心不在焉,不能集中精力,他所考虑的多是个人私欲方面的,因此姑且教他静坐,平息私欲杂念。久而久之,当他的心思渐渐安定,如果只是凭空静坐,如槁木死灰一般,也没有什么作用,必须教他反省体察克制私欲的功夫。省察克治的功夫无论何时都不能间断,就像铲除盗贼,必须有个彻底清除的决心。没有事的时候,要把好色、贪财、求名等私欲,一个一个追问根由,搜寻出来。一定要拔出病根,使它永不复生,这才觉得痛快。就像猫捉老鼠,一边用眼睛盯着,一边用耳朵听着,刚刚有丝毫的私心杂念萌动,立马就克服掉,如斩钉截铁般坚决,不可以姑息纵容给它机会,不可以窝藏它,不可以让它逃走,这才是真正下功夫,才能扫除干净心中的私欲。等到心中无私欲需要克除,自然可以有端坐拱手、轻轻松松的时候。虽然说'无思无虑',却不是初学时候的事。初学时必须想着省察克治,就是想着诚意,只想着一个天理。到了天理纯正圆满的境界,就是'无思无虑'了。"

澄在鸿胪寺仓居,忽家信至,言儿病危,澄心甚忧闷,不能堪。先生曰:"此时正宜用功,若此时放过,闲时讲学何用?人正要在此等时磨炼。父之爱子,自是至情,然天理亦自有个中和处,过即是私意。人于此处多认做天理当忧,则一向忧苦,不知已是'有所忧患不得其正'。大抵七情所感,多只是过,少不及者。才过,便非心之本体,必须调停适中始得。就如父母之丧,人子岂不欲一哭便死,方快于心?然却曰'毁不灭性'。非圣人强制之也,天理本体自有分限,不可过也。人但要识得心体,自然增减分毫不得。"

【译文】陆澄在鸿胪寺衙舍居住,忽然家信到了,说儿子病危,他心里十分忧愁烦闷,不能承受。先生说:"这时正好用功,如果这个时候放过，平时讲的学问有什么用处？人就是要在这时候磨炼身心。父亲爱儿子，自然是最深切的感情，但天理也原本有个中正适度，过度了就是私心。人们在这个时候多认为按天理应该忧苦，就去一味忧苦，不知道这已经是‘过度愁苦不能保持中正平和’了。一般说来，七情六欲所引发的情绪，往往过分的多，不及的少。稍有过分，就不是心的本来面貌，必须进行调节，适合中正之道才行。比如父母双亲去世，做儿女的难道不想一下子哭死，才能心里痛快吗？但圣人却说‘孝子哀伤不能伤害性命’。并非圣人强行抑制这种情感，天理本身自有限度，不可以过分。人只要认识了心体，自然分毫都不能增减。”

（原文据上海古籍出版社《王阳明全集》校录）

《焚书》(节选)

(明)李贽

童心说

龙洞山农叙《西厢》，末语云："知者勿谓我尚有童心可也。"夫童心者，真心也。若以童心为不可，是以真心为不可也。夫童心者，绝假纯真，最初一念之本心也。若失却童心，便失却真心；失却真心，便失却真人。人而非真，全不复有初矣。

童子者，人之初也；童心者，心之初也。夫心之初，曷可失也！然童心胡然而遽失也？盖方其始也，有闻见从耳目而入，而以为主于其内而童心失。其长也，有道理从闻见而入，而以为主于其内而童心失。其久也，道理闻见日以益多，则所知所觉日以益广，于是焉又知美名之可好也，而务欲以扬之而童心失，知不美之名之可丑也，而务欲以掩之而童心失。夫道理闻见，皆自多读书识义理而来也。古之圣人，曷尝不读书哉！然纵不读书，童心固自在也；纵多读书，亦以护此童心而使之勿失焉耳，非若学者反以多读书识义理而反障之也。夫学者既以多读书识义理障其童心矣，圣人又何用多著书立言以障学人为耶？童心既障，于是发而为言语，则言语不由衷；见而为政事，则政事无根柢；著而为文辞，则文辞不能达。非内含于章美也，非笃实生辉光也，欲求一句有德之言，卒不可得。所以者何？以童心既障，而以从外入者闻见道理为之心也。

夫既以闻见道理为心矣，则所言者皆闻见道理之言，非童心自出之言也，言虽工，于我何与？岂非以假人言假言，而事假事、文假文乎？盖其人既假，则无所不假矣。由是而以假言与假人言，则假人喜；以假事与假人道，则假人喜；以假文与假人谈，则假人喜。无所不假，则无所不喜，满场是假，矮人何辩也！然则虽有天下之至文，其湮灭于假人而不尽见于后世者，又岂少哉！何也？天下之至文，未有不出于童心焉者也。苟童心常存，则道理不行，闻见不立，无时不文，无人不文，无一样创制体格文字而非文者。诗何必古选，文何必先秦，降而为六朝，变而为近体，又变而为传奇，变而为院本，为杂剧，为《西厢曲》，为《水浒传》，为今之举子业，皆古今至文，不可得而时势先后论也。故吾因是而有感于童心者之自文也，更说什么六经，更说什么《语》《孟》乎！

夫六经、《语》《孟》，非其史官过为褒崇之词，则其臣子极为赞美之语，又不然，则其迂阔门徒、懵懂弟子，记忆师说，有头无尾，得后遗前，随其所见，笔之于书。后学不察，便谓出自圣人之口也，决定目之为经矣，孰知其大半非圣人之言乎！纵出自圣人，要亦有为而发，不过因病发药，随时处方，以救此一等懵懂弟子，迂阔门徒云耳。药医假病，方难定执，是岂可遽以为万世之至论乎？然则六经、《语》《孟》，乃道学之口实，假人之渊薮也，断断乎其不可以语于童心之言明矣。呜呼！吾又安得真正大圣人童心未曾失者而与之一言文哉！

【译文】龙洞山农在《西厢记》序言末尾说："有识之士不要认为我还有童心就可以了。"童心，就是真心。如果认为不该有童心，就是以为不该有真心。所谓童心，毫无造作绝对真诚，最开始纯正善良的本心。如果失掉童心，便是失掉真心；失去真心，也就失去了真人的本性。人若不以真诚为本，就完全不再有当初的良善本性。

儿童，是人生的开始；童心，是心灵的本源。心灵的本源怎么可以遗失呢！那么，童心为什么会突然丢失呢？在人的启蒙时期，有见闻通过眼睛和耳朵进入心里，以这些见闻在内心起主导作用，童心就丢失了。长大之后，有的道理通过见闻进入心里，以这些道理在内心起主导作用，童心就丢失了。久而久之，所得的道理、见闻日益增多，所能感知、觉察的日益扩大，于是又知道美名是好的，就想要去显扬美名，童心就丢失了；知道恶名是丑的，想要遮盖掩饰，童心就丢失了。道理、见闻都是通过多读书明义理才获得的。古代的圣贤何尝不读书呢！然而纵使不读书，童心本来自己就在，纵使多读书，也用来守护童心，不使它丢失。绝不像那些书生反会因为多读书识义理，反而堵塞了自己的童心。既然书生会因为多读书识义理而雍蔽童心，圣人又何必忙于著书立说以至于堵塞书生的心窍呢？童心一旦雍塞，于是表现为说话，就言不由衷；参与政事，政事就没有根基；写成文章，文章就无法明白畅达。一个人不是内心美好而溢于言表，不是真才实学生发光辉，想要从他那里得到一句有道德的话，终究不可能。为什么这样呢？因为童心已经遮蔽，由外界进入的见闻道理主宰了心灵的缘故。

既然以见闻道理为本心，那么说的话就成了见闻道理的话语，不是出自童心的由衷之言。话说得虽然花哨，跟我又有什么相干，难道不是以假人说假话，办假事，写假文章吗？大概那人一旦假了，就没有什么不是假的了。由此去对假人说假话，假人欢喜；跟假人讲假事，假人欢喜；给假人谈假文章，假人欢喜。没有什么不是假的，便没有不欢喜的，满天下全是假的，不明真相的人怎么能分辨真假！然而即使是天下的绝妙文章，因被假人忽视埋没而后人无从得见的，难道还少吗！为什么？天下的好文章，没有不是出自童心的。如果童心常在，那些所谓的见闻、道理就没有立足之地，没有什么时候不可以作文章，没有什么人不能作文章，没有什么创新的体裁、文字不是文章。诗歌何必古代选本，文章何必先秦，诗文演变成六朝，再演变为近体，又演变为传奇，演变为金代院本，为元人杂剧，为《西厢记》，为《水浒传》，为当今举子的功课，都是古往今来的好文章，不能以时代先后来评判。所以我对那些发自内心的文章深有体会，何必又说什么六经，又说什么《论语》《孟子》呢！

六经以及《论语》《孟子》，不是史官的溢美之辞，就是臣下的阿谀之言，不然的话，就是那些浮夸门生、糊涂弟子，追忆老师的言语，有的有头无尾，有的有尾无头，根据自己所听到的，写到书上。后代学人不仔细查考，就以为出自圣人之口，决定把它视为经典，哪里晓得这多半不是圣人的言论呢！即使出自圣人，大概也是有的放矢，不过根据病症用药，切合实际开方子，来救治这一些糊涂弟子、浮夸门生而已。医生对症下药，也难以有固定的药方，这怎么可以当成万古不变的真理呢？然而六经、《论语》《孟子》是道学家的话柄，假人的根源，绝对不能和发自童心的话相提并论是清楚的。哎呀！我又到哪里寻找童心未曾丢失的真正大圣人，与他一起探讨作文之本呢？

（原文据中华书局《焚书　续焚书》校录）

《日知录》(节选)

(清)顾炎武

廉耻

《五代史·冯道传论》曰:"'礼义廉耻,国之四维,四维不张,国乃灭亡'。善乎,管生之能言也!礼义,治人之大法;廉耻,立人之大节,盖不廉则无所不取,不耻则无所不为。人而如此,则祸败乱亡,亦无所不至,况为大臣而无所不取,无所不为,则天下其有不乱,国家其有不亡者乎?"然而四者之中,耻尤为要。故夫子之论士,曰:"行己有耻。"孟子曰:"人不可以无耻,无耻之耻,无耻矣。"又曰:"耻之于人大矣,为机变之巧者,无所用耻焉。"所以然者,人之不廉,而至于悖礼犯义,其原皆生于无耻也。故士大夫之无耻,是谓国耻。

吾观三代以下,世衰道微,弃礼义,捐廉耻,非一朝一夕之故。然而松柏后凋于岁寒,鸡鸣不已于风雨,彼昏之日,固未尝无独醒之人也。顷读《颜氏家训》有云,"齐朝一士夫尝谓吾曰:'我有一儿,年已十七,颇晓书疏,教其鲜卑语及弹琵琶,稍欲通解,以此伏事公卿,无不宠爱。'吾时俯而不答。异哉,此人之教子也!若由此业自致卿相,亦不愿汝曹为之"。嗟乎!之推不得已而仕于乱世,犹为此言,尚有《小宛》诗人之意。彼阉然媚于世者,能无愧哉!

罗仲素曰:"教化者,朝廷之先务,廉耻者,士人之美节,风俗者,天下之大事。朝廷有教化,则士人有廉耻;士人有廉耻,则天下有风俗。"

古人治军之道,未有不本于廉耻者。《吴子》曰:"凡制国治军,必教之以礼，励之以义，使有耻也。夫人有耻，在大足以战，在小足以守矣。"《尉缭子》言："国必有慈孝廉耻之俗，则可以死易生。"而太公对武王："将有三胜，一曰礼将，二曰力将，三曰止欲将。故礼者所以班朝治军，而《兔罝》之武夫，皆本于文王后妃之化，岂有淫刍荛、窃牛马，而为暴于百姓者哉！"《后汉书》："张奂为安定属国都尉，羌豪帅感奂恩德，上马二十匹，先零酋长又遗金鐻八枚，奂并受之，而召主簿于诸羌前，以酒酹地曰'使马如羊，不以入厩；使金如粟，不以入怀'。悉以金马还之。羌性贪而贵吏清，前有八都尉率好财货，为所患苦，及奂正身洁己，威化大行。"呜呼！自古以来，边事之败，有不始于贪求者哉？吾于辽东之事有感。

杜子美诗："安得廉颇将，三军同晏眠。"一本作"廉耻将"，诗人之意，未必及此。然吾观《唐书》言："王佖为武灵节度使，先是，吐蕃欲成乌兰桥，每于河壖先贮材木，皆为节帅遣人潜载之，委于河流，终莫能成。蕃人知佖贪而无谋，先厚遗之，然后并役成桥，仍筑月城守之。自是朔方御寇不暇，至今为患，由佖之黩货也。"故贪夫为帅，而边城晚开。得此意者，郢书燕说，或可以治国乎！

【译文】《五代史·冯道传论》说："'礼义廉耻，国之四维，四维不张，国乃灭亡'。好啊，管子善于议论！礼义是治理人民的大法；廉耻，是为人立身的大节，大凡不廉就什么都可以拿，不耻就什么都可以做。人到了这种地步，那么灾祸、失败、逆乱、灭亡，也就都来了。何况作为大臣什么都拿，什么都做，那天下哪有不乱，国家哪有不亡的呢？"然而在这四者当中，耻尤其重要。因此孔子论及士人处世之道，说："个人行事要有羞耻之心。"孟子说："人不可以没有羞耻，对可耻的事不感到羞耻，便是无耻了。"又说："耻对于人关系大极了，那些搞阴谋诡计耍花样的人，是根本谈不上羞耻的。"之所以如此，因为一个人的不廉洁，乃至于违犯礼义，其原因都产生在没有羞耻之心上。因此士大夫的无耻，可谓国耻。

我考察自三代往后，社会道德日益衰微，礼义廉耻被抛弃，不是一朝一夕的事了。但是凛冽的冬寒中有不凋的松柏，风雨如晦中警世鸡鸣不停息，那些昏暗的日子里，实在未尝没有独具卓识的清醒者啊。最近读到《颜氏家训》上有一段话说："齐朝一个士大夫曾对我说：'我有一个儿子，已经十七岁，颇能写点公文书信，教他讲鲜卑话，还学弹琵琶，稍为通晓一点，用这些技能侍候公卿大人，到处受到宠爱。'我当时低首不答。怪哉，此人竟是这样教育儿子的！倘若通过这些能使自身做到卿相，我也不愿你们这样干。"哎呀！颜之推不得已而出仕于乱世，尚且能说这样的话，还有《小宛》诗人的精神，那些曲意逢迎献媚于世俗的人，能不感到惭愧么！

罗仲素说："教化是朝廷急要的工作，廉耻是士人美好的节操，风俗是天下的大事。朝廷有教化，士人便有廉耻；士人有廉耻，天下就有良风美俗。"

古人治军的方法，没有不以廉耻为本的。《吴子》说："凡是治理国家、管理军队，必须教导军民守礼，勉励他们守义，使他们有耻。当人有了羞耻之心，从大处讲就能战攻，从小处讲就能退守了。"《尉缭子》说："国家必须有慈孝廉耻的风尚，那就可以用牺牲去换得生存。"而太公对答武王说："有三种将士能打胜仗，一是知礼的将士，二是有勇力的将士，三是能克制贪欲的将士。因为有礼，所以朝廷上管理军队的，粗野的武夫，都能遵循文王后妃的教化行事，难道还有欺凌平民、抢劫牛马，对百姓施行暴力的吗！"《后汉书》记载："张奂任安定属国都尉，羌族首领感激他的恩德，送上二十匹马，先零族的酋长又赠送他八枚金鐻，张奂一起收下，随即在羌族众人面前召唤属下的主簿，以酒酹地说：'即使送我的马多得像羊群那样,我也不让它们进马厩;即使送我的金子多得如粟米,我也不放进我的口袋。'把金和马全部退还给他们。羌人的性格重视财物而尊重清廉的官吏,以前的八个都尉,大都贪财爱货,为羌人所厌恶,直到张奂正直廉洁,威望教化才得到了发扬。"哎呀!自古以来,边疆局势的败坏,哪里有不从贪求财货开始的么?我对辽东的事件很有感悟。

杜子美诗道:"安得廉颇将,三军同晏眠。"有一种版本作"廉耻将"。诗人本来的意思,未必想到这点,但我读《唐书》说:"王佖做武灵节度使时,以前吐蕃人想造乌兰桥,每次在河边岸上事先堆积木材,都被节度使派人暗暗地运走木材,投入河流,桥始终没有造成。吐蕃人了解到王佖贪而无谋,先重重地贿赂了他,然后加紧赶工造成了桥,并且筑了小城防守。从此以后朔方抗击敌寇的战事就没完没了,至今还成为边患,都是由于王佖的贪财引起的。"所以贪财的人作将帅,便是边关到夜间也洞开着。懂得这个道理,即使是郢书燕说式的穿凿附会,或许也可以治国吧!

(原文据上海古籍出版社黄汝成《日知录集释》校录)

◆【古典诗词】

《诗经》(选篇)

桃夭

桃之夭夭,灼灼其华。之子于归,宜其室家。

桃之夭夭,有蕡其实。之子于归,宜其家室。

桃之夭夭,其叶蓁蓁。之子于归,宜其家人。

【译文】桃树少壮繁茂,桃花鲜艳盛开。这位姑娘要出嫁,夫妻美满和顺。

桃树少壮繁茂,硕果累累红又白。这位姑娘要出嫁,早生贵子家兴旺。

桃树少壮繁茂,桃叶纷呈茂盛。这位姑娘要出嫁,齐心携手家和睦。

蓼莪

蓼蓼者莪,匪莪伊蒿。哀哀父母,生我劬劳。

蓼蓼者莪,匪莪伊蔚。哀哀父母,生我劳瘁。

瓶之罄矣,维罍之耻。鲜民之生,不如死之久矣!无父何怙?无母何恃?出则衔恤,入则靡至。

父兮生我,母兮鞠我。拊我畜我,长我育我,顾我复我,出入腹我。欲报之德,昊天罔极!

南山烈烈，飘风发发。民莫不谷，我独何害！
南山律律，飘风弗弗。民莫不谷，我独不卒！

【译文】看那高高的莪蒿，不是莪蒿是散蒿。可怜我的爹与娘，生我养我太辛劳。

看那高高的莪蒿，不是莪蒿却是蔚。可怜我的爹与娘，生我养我太劳累。

汲水瓶儿空了底，装酒的坛子真羞耻。孤独活着没意思，不如早点死去吧！没有亲爹何所靠？没有亲娘何所依？出门行走心含悲，入门茫然无处去。

父母啊，生下了我，养育了我。你们抚我爱我，喂养我培育我，照顾我庇护我，出来进去怀抱我。想报爹娘大恩德，老天降祸难预测！

南山峭拔高耸，飙风凄惨悲切。大家没有不幸事，唯我为何受伤害！

南山高耸峭拔，飙风悲切凄惨。大家没有不幸事，唯我不能终养爹娘！

（原文据中华书局程俊英、蒋见元《诗经注析》校录）

《九歌》（选篇）

（战国）屈原

云中君

浴兰汤兮沐芳，华采衣兮若英。
灵连蜷兮既留，烂昭昭兮未央。

謇将憺兮寿宫，与日月兮齐光。
龙驾兮帝服，聊翱游兮周章。
灵皇皇兮既降，猋远举兮云中。
览冀州兮有余，横四海兮焉穷。
思夫君兮太息，极劳心兮忡忡。

【译文】在芳香的兰汤中沐浴，五彩的衣服啊如花一样。
云神在翩翩起舞，环停云端，不断地发出璀璨神光。
请安留在这供神的寿宫，与太阳和月亮同放光芒。
乘驾龙车，身穿帝服，姑且在四周遨游盘旋。
云神在辉光中降临，倏忽间又飞返高远的云中。
您不止俯览神州大地，更可横行四海，无尽无穷。
思念你云神啊，我只有叹息，无比的愁思，忧心忡忡！

（原文据上海古籍出版社蒋立甫《楚辞集注》校录）

《饮酒》（其五）

（东晋）陶渊明

结庐在人境，而无车马喧。
问君何能尔，心远地自偏。
采菊东篱下，悠然见南山。
山气日夕佳，飞鸟相与还。
此中有真意，欲辨已忘言。

【译文】居住在人世间，却没有车马的喧嚣。

问我为何能如此，心志高远自然所处僻静。

在东篱之下采摘菊花，悠然之间南山映入眼帘。

山中的气息傍晚的景色十分好，飞鸟结着伴儿归来。

这里面蕴含着人生的真谛，想要辨识却忘了如何表达。

（原文据上海古籍出版社《陶渊明全集》校录）

敕勒歌

敕勒川，阴山下。天似穹庐，笼盖四野。
天苍苍，野茫茫。风吹草低见牛羊。

【译文】敕勒大草原，在阴山脚下。天如毡制的圆顶大帐篷，盖住了草原的四面八方。

蔚蓝的天空一望无际，碧绿的草原茫茫不尽。风吹过，草低伏，满眼都是成群的牛羊。

（原文据上海古籍出版社聂世美、仓阳卿《乐府诗集》校录）

登幽州台歌

（唐）陈子昂

前不见古人，后不见来者。
念天地之悠悠，独怆然而涕下！

【译文】回头看看不见古代礼贤君王，放眼望去不见后世惜才明主。想到天悠悠而高远、地悠悠而广袤，我独自在天地间忧伤落泪！

（原文据中华书局《全唐诗》校录）

春江花月夜

（唐）张若虚

春江潮水连海平，海上明月共潮生。
滟滟随波千万里，何处春江无月明。
江流宛转绕芳甸，月照花林皆似霰。
空里流霜不觉飞，汀上白沙看不见。
江天一色无纤尘，皎皎空中孤月轮。
江畔何人初见月？江月何年初照人？
人生代代无穷已，江月年年望相似。
不知江月待何人，但见长江送流水。
白云一片去悠悠，青枫浦上不胜愁。
谁家今夜扁舟子？何处相思明月楼？
可怜楼上月裴回，应照离人妆镜台。
玉户帘中卷不去，捣衣砧上拂还来。
此时相望不相闻，愿逐月华流照君。
鸿雁长飞光不度，鱼龙潜跃水成文。
昨夜闲潭梦落花，可怜春半不还家。
江水流春去欲尽，江潭落月复西斜。

斜月沉沉藏海雾，碣石潇湘无限路。

不知乘月几人归，落月摇情满江树。

【译文】春天的江潮水势浩荡，与大海连成一片，一轮明月从海上升起，好像与潮水一起涌出来。

月光照耀着春江，随着波浪闪耀千万里，春江处处都有明亮的月光。

江水曲曲折折地绕着花草丛生的原野流淌，月光照射着开遍鲜花的树林好像细密的微雪。

夜空中月色如霜般流荡，洲上的白沙和月色融合在一起看不分明。

一色的江水与天空没有一点微尘，明亮的空中只有一轮孤月高悬。

江边什么人最初看见月亮？江上的月亮哪一年最初照耀着人？

人生一代代地无穷无尽，只有江上的月亮一年年总是相像。

不知江上的月亮等待着什么人，只见长江不断地送别流水。

游子缓缓地离去只剩下一片白云，思妇站在青枫浦上不胜忧愁。

哪家的游子今晚坐着小船？哪里有人在明月照耀的楼上思念？

可怜楼上移动的月光，应该照耀着离人的梳妆台。

月光照进思妇的门帘收卷不去，照在捣衣砧上拂拭不掉。

这时都望着月亮可是互相听不到声音，我希望追逐月光去照耀着您。

鸿雁不停地飞却不能飞出无边的月光，鱼龙在水中跳跃也只激起阵阵波纹。

昨天夜里梦见花落闲潭，可惜的是春天过了一半还不能回家。

春光随着江水将要流尽，江潭上的月亮又要西落。

斜月慢慢下沉藏在海雾里，碣石与潇湘的距离无限遥远。

不知有几人趁着月光回家，那西落的月亮摇荡着离情洒满了江边的树林。

（原文据中华书局《全唐诗》校录）

登　高

（唐）杜甫

风急天高猿啸哀，渚清沙白鸟飞回。
无边落木萧萧下，不尽长江滚滚来。
万里悲秋常作客，百年多病独登台。
艰难苦恨繁霜鬓，潦倒新停浊酒杯。

【译文】天高地阔疾风劲吹猿猴凄哀地啼叫，江水青青沙洲透白鸟儿飞来飞去。

无边无际的树木呼呼地随风飘落枯叶，没有尽头的长江之水滚滚奔腾而来。

悲对秋景漂泊万里常年为客，一生疾病缠身独自登上高台。

历经艰难恼恨白发爬满了双鬓，失意潦倒新近暂停了浇愁的酒杯。

（原文据中华书局《全唐诗》校录）

鸟鸣涧

(唐)王维

人闲桂花落,夜静春山空。
月出惊山鸟,时鸣春涧中。

【译文】山中人迹罕至只有桂花无声地飘落,深夜万籁俱寂仿佛什么都没有。

月亮升起来惊动了山里的鸟,时而在溪谷中发出阵阵的鸣叫声。

(原文据中华书局《全唐诗》校录)

枫桥夜泊

(唐)张继

月落乌啼霜满天,江枫渔火对愁眠。
姑苏城外寒山寺,夜半钟声到客船。

【译文】月亮落下去乌鸦啼叫寒霜遍地,对着江边枫树和江中渔火忧愁而眠。

姑苏城外那寂寞清冷的寒山古寺,半夜里的钟声传到了游子的船上。

(原文据中华书局《全唐诗》校录)

无　题

（唐）李商隐

相见时难别亦难，东风无力百花残。
春蚕到死丝方尽，蜡炬成灰泪始干。
晓镜但愁云鬓改，夜吟应觉月光寒。
蓬山此去无多路，青鸟殷勤为探看。

【译文】见面的机会很难分别时也难，东风将收的暮春天气百花残谢。

春蚕结茧到死时丝线才可吐完，蜡烛燃烧成灰像泪一样方才滴干。

早晨照镜只担忧丰茂如云的鬓发改变颜色，晚上长吟不寐定然感到冷月袭人。

从这里到蓬莱仙山没有多少路程，期望青鸟使者情真意切地帮我去探问消息。

（原文据中华书局《全唐诗》校录）

虞美人

（南唐）李煜

春花秋月何时了，往事知多少。小楼昨夜又东风，故国不堪回首月明中。

雕栏玉砌应犹在，只是朱颜改。问君能有几多愁？恰似一江春水向东流。

【译文】春去秋来一年的时光什么时候才能了结，不堪的往事记起的有太多太多。昨夜小楼上又吹来了春风，明月当空回忆失去的南国伤痛难当。

精雕细刻的栏杆玉石砌成的台阶应该还在，只是那故人美好的面容早已衰老。要问我心中有多少哀愁？正好像这不尽的春江水滚滚东流。

（原文据上海古籍出版社《李煜词集》校录）

八声甘州

（宋）柳永

对潇潇暮雨洒江天，一番洗清秋。渐霜风凄紧，关河冷落，残照当楼。是处红衰翠减，苒苒物华休。唯有长江水，无语东流。

不忍登高临远，望故乡渺邈，归思难收。叹年来踪迹，何事苦淹留！想佳人、妆楼颙望，误几回、天际识归舟。争知我、倚阑杆处，正恁凝愁！

【译文】面对着黄昏的疾风骤雨从天空洒落在江面上，一番风雨冲洗出凄清的秋景。凄凉秋风一阵紧似一阵，关塞山河一片冷清萧条，落日的余晖映照在高楼上。到处红花凋零翠叶枯落，一切美好的景物渐渐地衰残。只有那滔滔的长江水，不声不响地向东流淌。

不忍心登高看向远方，远望故乡渺茫浩远，回家的心思难以收拢。叹息这些年来的行踪，为什么苦苦地长期停留！想着佳人正在居处的小楼上抬头凝望，多少次错把远处的船当作心上人回家的船。哪里知道我，倚着栏杆，正如此的愁思深重。

（原文据上海古籍出版社胡云翼《宋词选》校录）

惠崇春江晚景

（宋）苏轼

竹外桃花三两枝，春江水暖鸭先知。
蒌蒿满地芦芽短，正是河豚欲上时。

【译文】竹林之外有三两枝桃花，春江水暖鸭子最先感知。

蒌蒿遍地芦笋也发出了幼芽，正是河豚想要逆流而上的时节。

（原文据商务印书馆《苏东坡集》校录）

鹊桥仙

（宋）秦观

纤云弄巧，飞星传恨，银汉迢迢暗度。金风玉露一相逢，便胜却人间无数。

柔情似水，佳期如梦，忍顾鹊桥归路。两情若是久长时，又岂在朝朝暮暮！

【译文】轻巧的云彩变幻多端，牵牛织女传递着愁怨，悄悄渡过遥远无边的银河。在秋风白露的七夕一旦相会，就胜过尘世间所有的一切。

柔情似水一般，美好相会如梦一般，怎忍回头去看那鹊桥路。两人的感情如果天长地久，又何必天天从早到晚在一起呢！

（原文据上海古籍出版社胡云翼《宋词选》校录）

一剪梅

（宋）李清照

红藕香残玉簟秋。轻解罗裳，独上兰舟。云中谁寄锦书来，雁字回时，月满西楼。

花自飘零水自流。一种相思,两处闲愁。此情无计可消除,才下眉头,却上心头。

【译文】粉红的荷花已败香味已消,冷滑如玉的竹席透出秋的凉意。轻轻的脱掉薄纱衣裳,独自登上一叶兰舟。云卷云舒处谁会寄来锦书,雁群排成人“字”阵南归的时候,月光洒满了西边的亭楼。

花自顾自地飘零水自顾自地流淌。这两处一样的相思,一样的离愁。这样的情感无法排遣,刚刚从紧蹙的眉间消失,却又缠绕在心头。

(原文据上海古籍出版社胡云翼《宋词选》校录)

青玉案

(宋)辛弃疾

东风夜放花千树,更吹落、星如雨。宝马雕车香满路。凤箫声动,玉壶光转,一夜鱼龙舞。

蛾儿雪柳黄金缕。笑语盈盈暗香去。众里寻他千百度。蓦然回首,那人却在,灯火阑珊处。

【译文】东风吹开了元宵节的火树银花,又吹得漫天的礼花,犹如星雨。豪华的马车在飘香的街道行过。悠扬的凤箫声四处回荡,玉壶般的明月渐渐西落,一夜舞动鱼灯、龙灯不停歇。

美人头上都戴着华丽的饰物,笑语盈盈地随人群走过,只有衣香犹在暗中飘散。我在人群中寻找她千百回,猛然回头,不经意间却在灯火零落之处发现了她。

(原文据上海古籍出版社胡云翼《宋词选》校录)

扬州慢

（宋）姜夔

淳熙丙申至日，予过维扬。夜雪初霁，荠麦弥望。入其城，则四壁萧条，寒水自碧，暮色渐起，戍角悲吟。予怀怆然，感慨今昔，因自度此曲。千岩老人以为有“黍离”之悲也。

淮左名都，竹西佳处，解鞍少驻初程。过春风十里，尽荠麦青青。自胡马窥江去后，废池乔木，犹厌言兵。渐黄昏，清角吹寒，都在空城。

杜郎俊赏，算而今、重到须惊。纵豆蔻词工，青楼梦好，难赋深情。二十四桥仍在，波心荡、冷月无声。念桥边红药，年年知为谁生。

【译文】淳熙年丙申月冬至这天，我经过扬州。夜雪初晴，满眼都是荠菜和麦子。进入扬州城，到处萧条冷落，河水惨绿凄清，天色渐晚，城楼中响起凄凉的号角。我心怀悲凉，感慨于扬州城今昔之变，于是自创了这支曲子。千岩老人认为有《黍离》的悲凉意蕴。

扬州乃淮南东路名城，这里有风景秀丽的竹西亭，初到扬州解鞍下马稍作停留。当年那歌舞繁华的地方，都是青青荠麦。自从金兵侵犯长江退去以后，荒废的池苑和古老的大树，都厌恶说起战争。渐渐到了黄昏，凄凉的号角在寒风中吹起，回荡在残破的扬州城。

曾在这里冶游赏玩的杜牧，料想今天重来此地一定吃惊。纵使豆蔻芳华的词极为精巧，歌咏青楼一梦绝妙才能，也难抒写这沉痛的情感。二十四桥仍然还在，江水荡漾，凄冷的月色静静地照着。想那桥边红色的芍药花，不知年年为谁而生？

（原文据上海古籍出版社胡云翼《宋词选》校录）

◆【传统生活】

《黄帝内经》(节选)

素问·四气调神大论

春三月,此谓发陈,天地俱生,万物以荣。夜卧早起,广步于庭,被发缓形,以使志生。生而勿杀,予而勿夺,赏而勿罚,此春气之应,养生之道也。逆之则伤肝,夏为寒变,奉长者少。

夏三月,此谓蕃秀,天地气交,万物华实。夜卧早起,无厌于日,使志无怒,使华英成秀,使气得泄,若所爱在外,此夏气之应,养长之道也。逆之则伤心,秋为痎疟,奉收者少,冬至重病。

秋三月,此谓容平,天气以急,地气以明。早卧早起,与鸡俱兴,使志安宁,以缓秋刑,收敛神气,使秋气平,无外其志,使肺气清,此秋气之应,养收之道也。逆之则伤肺,冬为飧泄,奉藏者少。

冬三月,此谓闭藏,水冰地坼,无扰乎阳。早卧晚起,必待日光,使志若伏若匿,若有私意,若已有得,去寒就温,无泄皮肤,使气亟夺,此冬气之应,养藏之道也。逆之则伤肾,春为痿厥,奉生者少。

天气,清净光明者也,藏德不止,故不下也。天明则日月不明,邪害空窍,阳气者闭塞,地气者冒明,云雾不精,则上应白露不下。交通不表,万物命故不施,不施则名木多死。恶气不发,风雨不节,白露不下,则菀槁不荣。贼风数至,暴雨数起,天地四时不相保,与道相失,则未央绝灭。唯圣人从之,故身无奇病,万物不失,生气不竭。

逆春气，则少阳不生，肝气内变；逆夏气，则太阳不长，心气内洞；逆秋气，则太阴不收，肺气焦满；逆冬气，则少阴不藏，肾气独沉。夫四时阴阳者，万物之根本也。所以圣人春夏养阳，秋冬养阴，以从其根，故与万物沉浮于生长之门。逆其根，则伐其本，坏其真矣。故阴阳四时者，万物之终始也，死生之本也，逆之则灾害生，从之则苛疾不起，是谓得道。道者，圣人行之，愚者佩之。从阴阳则生，逆之则死，从之则治，逆之则乱，反顺为逆，是谓内格。

是故圣人不治已病，治未病，不治已乱，治未乱，此之谓也。夫病已成而后药之，乱已成而后治之，譬犹渴而穿井，斗而铸锥，不亦晚乎！

【译文】春天的三个月，是生命新发的季节，天地万物焕发生机，欣欣向荣。应当晚睡早起，多到室外散步，解开头发，舒展肢体，以便使情志宣发。天地万物焕发的生机不要遏制，施与而不要剥夺，褒赏而不要破坏，这乃是顺应春天的阳气，养护生发之气的法则。违背这一法则，就会伤害肝气，到了夏天变为虚寒之气，这是供给夏日滋长之气少的缘故。

夏天的三个月，是万物繁盛的季节，天地之气交会，万物开花结果。应当晚睡早起，不要对天热感到厌倦，使情绪平和，使光彩焕发，使体内的阳气得到宣散，就像喜欢的东西在外面那样对事物具有浓厚兴趣，这乃是顺应夏气，滋长旺盛的法则。违背了这一法则，就会伤害心气，秋天产生疟疾，秋收之气不够，冬天会导致疾患。

秋天的三个月，是万物成熟的季节，天气劲急，地气清肃。应当早睡早起，鸡打鸣就起床，使情志安定平静，用以舒缓秋天的肃杀之气，收敛神气，使人体适应秋气，不要让情志外泄，使肺气清爽，这乃是顺应秋气，养护收敛的法则。违背了这一法则，就会伤害肺气，冬天产生腹泻，闭藏之气不够。

冬天的三个月，是万物闭藏的季节，水面结冰，大地冻裂，不要扰动阳气。早睡晚起，一定等到太阳出来，使情志像潜伏像藏匿，就像人有隐私不外露，好像得到了东西不外借，远离寒冷，求取温暖，不要让皮肤外露，使阳气大量丧失，这乃是顺应冬气，养护闭藏的法则。违背这一法则，就会伤害肾气，春天还会得四肢痿弱的病症，生发之气不够。

天气是清净光明的，上天升降往复之德藏而不露，生生不息，因此上行天上。天气理应清明，日月却不明亮，邪气就会通过孔窍伤害人，阳气闭塞不通，地上的阴气把阳气遮住了，云雾不能消散，那么天上下应地气的甘露就不会降下。天地阴阳的交感就不会发生，万物的生机因此不能延续，生机不能延续，高大的树木便大量枯死。有害之气不能散发，风雨不能按时到来，甘露不能降下，草木就会枯萎而不繁茂。邪风频频刮来，暴雨屡屡降下，天地阴阳、四季之气不能相互保持协调，与正常规律背离，那么万物还没达到生命顶点就灭亡了。只有圣人能够顺应四季阴阳的变化，所以身体从无大病，万物之理既无所失，生气就不会枯竭。

违背了春天的物候规律，少阳之气不能生发，肝气就会内郁病变；违背了夏天的物候规律，太阳之气不能滋长，心气就会内空虚寒；违背了秋天的物候规律，太阴之气不能收敛，肺气就会枯萎胀满；违背了冬天的物候规律，少阴之气不能闭藏，肾气就会失常泻泄。因此，阴阳四季的变化，是万物生发、滋长、收敛、闭藏的根本。所以圣人在春夏季节保养阳气，在秋冬季节保养阴气，以顺应生命的根本规律，就能与万物在生命运动中消长变化。违背这个根本规律，就会摧残人体的本元，毁坏人体的真气。因此阴阳四时的变动，是万物显现的终结与起始，生命所以死亡与生存的根本，违背它灾害就会发生，遵从它就不会得重病，这就是所谓的合于大道。阴阳四时之道，圣人顺应它，愚人违背它。顺从阴阳之道就会生，违背它就会死，遵从它就会平安，悖逆它就会混乱，不顺应而是违背阴阳之道，这就是“内格”。

因此圣人不是等到已经生病才治疗，而是尚未生病的时候预防治疗，就像不是等到天下大乱的时候去治理，而是天下未乱的时候治理，就是这个道理。如果已经病了再去用药，祸乱已经有了然后治理，犹如渴了才去打井，打仗了才去铸造兵器，不也是晚了吗！

（原文据上海古籍出版社王冰次注、林亿等校正《黄帝内经素问》校录）

《备急千金要方》（节选）

（唐）孙思邈

论大医精诚第二

张湛曰：夫经方之难精，由来尚矣。今病有内同而外异，亦有内异而外同，故五脏六腑之盈虚，血脉荣卫之通塞，固非耳目之所察，必先诊候以审之。而寸口关尺有浮沉弦紧之乱，俞穴流注有高下浅深之差，肌肤筋骨有厚薄刚柔之异，唯用心精微者，始可与言于兹矣。今以至精至微之事，求之于至粗至浅之思，其不殆哉！若盈而益之，虚而损之，通而彻之，塞而壅之，寒而冷之，热而温之。是重加其疾而望其生，吾见其死矣。故医方卜筮，艺能之难精者也。既非神授，何以得其幽微？世有愚者，读方三年，便谓天下无病可治；及治病三年，乃知天下无方可用。故学者必须博极医源，精勤不倦，不得道听途说，而言医道已了，深自误哉。

凡大医治病，必当安神定志，无欲无求，先发大慈恻隐之心，誓愿普救含灵之苦。若有疾厄来求救者，不得问其贵贱贫富，长幼妍媸，怨亲善友，华夷愚智，普同一等，皆如至亲之想，亦不得瞻前顾后，自虑吉凶，护惜身命。见彼苦恼，若己有之，深心凄怆，勿避崄巇，昼夜寒暑，饥渴疲劳，一心赴救，无作功夫形迹之心，如此可为苍生大医。反此则是含灵巨贼。自古名贤治病，多用生命以济危急，虽曰贱畜贵人，至于爱命，人畜一也。损彼益己，物情同患，况于人乎！夫杀生求生，去生更远，吾今此方，所以不用生命为药者，良由此也。其虻虫、水蛭之属，市有先死者，则市而用之，不在此例。只如鸡卵一物，以其混沌未分，必有大段要急之处，不得已隐忍而用之，能不用者，斯为大哲，亦所不及也。其有患疮痍下痢，臭秽不可瞻视，人所恶见者，但发惭愧、凄怜、忧恤之意，不得起一念蒂芥之心，是吾之志也。

夫大医之体，欲得澄神内视，望之俨然，宽裕汪汪，不皎不昧。省病诊疾，至意深心，详察形候，纤毫勿失，处判针药，无得参差。虽曰病宜速救，要须临事不惑，唯当审谛覃思，不得于性命之上，率尔自逞俊快，邀射名节，甚不仁矣。又到病家，纵绮罗满目，勿左右顾眄，丝竹凑耳，无得似有所娱，珍馐迭荐，食如无味，醽醁兼陈，看有若无。所以尔者，夫一人向隅，满堂不乐，而况病人苦楚，不离斯须，而医者安然欢娱，傲然自得，兹乃人神之所共耻，至人之所不为，斯盖医之本意也。

夫为医之法，不得多语调笑，谈谑喧哗，道说是非，议论人物，炫耀声名，訾毁诸医，自矜己德。偶然治差一病，则昂头戴面，而有自许之貌，谓天下无双，此医人之膏肓也。老君曰：人行阳德，人自报之；人行阴德，鬼神报之。人行阳恶，人自报之；人行阴恶，鬼神害之。寻此二途，阴阳报施岂诬也哉。

所以医人不得恃己所长，专心经略财物，但作救苦之心，于冥运道中，自感多福者耳。又不得以彼富贵，处以珍贵之药，令彼难求，自炫功能，谅非忠恕之道。志存救济，故亦曲碎论之。学人不可耻言之鄙俚也。

【译文】张湛说："经典的医方难以精通，由来已久了。"疾病有内在的病因相同而外在症状不同，也有内在的病因不同而外在症状相同。因此，五脏六腑是充盈还是虚损，血脉营卫之气是畅通还是阻塞，本来就不是单凭人的耳朵眼睛所能观察得到的，一定先要诊脉来辨别它。但寸口关尺的脉象有浮、沉、弦、紧的不同，俞穴气血的流走有高低浅深的差别，肌肤有厚薄、筋骨有强壮柔弱的区分，只有用心精深的人，才可以同他谈论这些道理。现在把极精细、极微妙的医学道理，用最粗略最浮浅的思想去探求它，难道不是很危险吗？如果实症却用补法治它，虚症却用泻法治它，气血通利却去疏通它，不顺畅却去阻塞它，寒症却用寒凉药治它，热症却用温热药治它。这都是加重病人的病情，却希望他能痊愈，我看他危重了。所以医方、占卜，是难以精通的技艺。既然不是神仙传授，如何懂得那深奥微妙的道理呢？世上有些愚蠢的人，读了三年医方书，就认为天下没有什么病值得治疗，等到治了三年病，才知道天下没有现成的方子可以用。所以学医的人一定要广泛深入地探究医学原理，专心勤奋不知疲倦，不能道听途说、一知半解，就说已经明白了医学原理，深深地害了自己呀！

凡是品德医术俱优的医生治病，一定要安定神志，无欲念，无希求，首先生发慈悲同情之心，决心拯救人类的痛苦。如果有患病苦来求救治的，不管他是贵贱贫富，老幼美丑，是仇人还是亲近的人，是密切友好的还是一般的，是汉族还是少数民族，是愚笨的人还是聪明的人，一律同样看待，都像对待最亲近的人一样的想法，也不能瞻前顾后，考虑自身的利弊得失，爱惜自己的身家性命。看到病人的烦恼，就像自己的烦恼一样，内心悲痛，不避忌艰险、昼夜、寒暑、饥渴、疲劳，全心全意地去救护，不能产生推托和摆架子的想法，这样才能称作百姓的好医生。与此相反，就是人类的大害。自古以来，有名的医生治病，多数都用活物来救治危急的病人，虽然说牲畜是低贱的，人是高贵的，但说到爱惜生命，人和牲畜都是一样的。损害别个有利自己，是生物之情共同憎恶的，何况是人呢！杀害牲畜的生命来求得人的生命，远离“生”的道义就更远了，我这些方子不用活物做药的原因，确实就在这里！其中虻虫、水蛭这一类药，市上有已经死了的，就买来用它，不在此例。只是像鸡蛋这样的东西，因为它还处在成形前的状态，一定遇到非常紧急的情况，不得已而忍痛用它，能不用活物的人，这才是见识超越寻常的人，也是我比不上的。如果有病人患疮疡、泻痢，污臭不堪入目，别人都不愿看的，然而医生有发自内心的不安、怜悯、关心的心意，不能产生一点不快的念头，这就是我的志向。

一个德艺兼优的医生的风度，应能全神贯注，收敛内省，看上去很庄重的样子，气度宽宏，不卑不亢。诊察疾病，专心致志，详细了解病状脉候，一丝一毫不得有误，处方判断，施针用药，不能有差错。虽然说对疾病应当迅速救治，重要的是需要面临病症不迷惑，只应当仔细观察，深入思考，不能在人命关天的事情上，轻率地炫耀自己洒脱迅捷，猎取名誉，这样做就太不仁德了！还有到了病人家里，纵使满目都是华丽的铺设，也不要左顾右盼，各种音乐充斥耳边，不能看上去有所喜乐，美味佳肴轮流进献，吃起来也像没有味道一样，各种美酒一并陈设出来，看了就像没看见一样。之所以这样做，是因为只要有一个人悲痛，满屋子的人都不快乐，更何况病人的痛苦，一刻也没有离身，如果医生安心地高兴娱乐，傲慢地洋洋自得，这是人神都感到可耻的，品德高尚的人所不能做的，这些大概就是医生的原本之意吧。

做医生的准则，不能随意跟别人开玩笑，不大声喧哗，谈说别人的对错，议论别人，炫耀自己的名声，诽谤攻击其他医生，夸耀自己的功德。偶然治好了一个病人，就昂头仰面而有自我赞许的样子，认为自己天下无双，这些都是医生的不可救药的坏毛病。老子说："一个人公开地有德于人，人们自然会报答他；一个人暗中有德于人，鬼神会报答他。一个人公开地作恶于人，人们自然会报复他；一个人暗中作恶于人，鬼神会来害他。"探求这两个方面的行为，阳施有阳报，阴施有阴报，难道是骗人的吗？

所以医生不能依仗自己的专长，一心谋取财物，只要存有救济别人痛苦的想法，在冥冥之中，自会感到无限幸福。也不能因为别人有钱有地位，给他开珍贵的药物，让他难以找到，来炫耀自己的技能，想来这不符合儒家的忠恕之道。我志在救护帮助世人，所以也就琐碎地谈论了这些。学医的人不能因为我说得粗俗而感到耻辱。

（原文据人民卫生出版社影印本《备急千金要方》校录）

《茶经》（节选）

（唐）陆羽

六之饮

翼而飞，毛而走，呿而言，此三者俱生于天地间，饮啄以活，饮之时义远矣哉！至若救渴，饮之以浆；蠲忧忿，饮之以酒；荡昏寐，饮之以茶。

茶之为饮，发乎神农氏，闻于鲁周公，齐有晏婴，汉有杨雄、司马相如，吴有韦曜，晋有刘琨、张载、远祖纳、谢安、左思之徒，皆饮焉。滂时浸俗，盛于国朝，两都并荆渝间，以为比屋之饮。

饮有粗茶、散茶、末茶、饼茶者。乃斫、乃熬、乃炀、乃舂，贮于瓶缶之中，以汤沃焉，谓之痷茶。或用葱、姜、枣、橘皮、茱萸、薄荷之等，煮之百沸，或扬令滑，或煮去沫，斯沟渠间弃水耳，而习俗不已。

于戏！天育万物，皆有至妙，人之所工，但猎浅易。所庇者屋，屋精极；所著者衣，衣精极；所饱者饮食，食与酒皆精极之。凡茶有九难：一曰造，二曰别，三曰器，四曰火，五曰水，六曰炙，七曰末，八曰煮，九曰饮。阴采夜焙，非造也；嚼味嗅香，非别也；膻鼎腥瓯，非器也；膏薪庖炭，非火也；飞湍壅潦，非水也；外熟内生，非炙也；碧粉缥尘，非末也；操艰搅遽，非煮也；夏兴冬废，非饮也。

夫珍鲜馥烈者，其碗数三。次之者，碗数五。若座客数至五，行三碗；至七，行五碗；若六人以下，不约碗数，但阙一人而已，其隽永补所阙人。

【译文】有翅而飞的禽鸟，长皮毛善于奔跑的兽类，开口说话的人类，这三者都生活在天地间，依靠喝水、吃东西来生存，饮的时间长久，意义深远啊。解渴要饮浆水，消愁解闷要喝酒，解除瞌睡要喝茶。

茶作为饮料，开始于神农氏，闻名于周公旦，春秋时齐国的晏婴，汉代的扬雄、司马相如，三国时吴国的韦曜，晋代的刘琨、张载、远祖纳、谢安、左思等人，都爱喝茶。后来流传日广，逐渐成为风气，盛行于唐朝，在西安、洛阳两个都城和江陵、重庆等地，已是家家户户饮茶。

饮用的茶有粗茶、散茶、末茶、饼茶。伐枝采叶、蒸熬、烤炙、碾磨，放到瓶缶中，用开水冲泡，这叫作泡茶。或者用葱、姜、枣、橘皮、茱萸、薄荷等，煮开很长的时间，或者把茶汤扬起使之柔滑，或者煮茶时把沫去掉，这是倒在沟渠里的废水吧，然而风俗习惯延续不变！

啊，天生万物，都有它最精妙之处，人们擅长的，只是搜求浅显易做的。遮风挡雨的是房屋，房屋精致极了；所穿的是衣服，衣服精美极了，填饱肚子的是饮食，食物和酒都精美极了。茶要做到精致有九难：一是制造，二是识别，三是器具，四是火候，五是择水，六是炙烤，七是研末，八是烹煮，九是品饮。阴天采摘，夜间焙制，是制作不当；口嚼辨味，鼻闻辨香，是鉴别不当；沾染了腥膻气的锅碗，是器具不当；有油烟的柴和烤过肉的炭，是燃料不当；用流动很急或停滞不流的水，是用水不当；烤得外熟内生，是炙烤不当；研磨成绿色的粉末，是研末不当；操作不熟练，搅动太急，是烹煮不当；夏天喝冬天不喝，是饮用不当。

珍贵鲜美馨香的茶，一炉只有三碗。其次，是五碗。假若座上的客人达到五人，就分舀三碗；达到七人，就分舀五碗；假若是六人以下，不必管碗数，只不过缺少一人的就行了，用“隽永”来补充所缺的那个人。

（原文据中华书局“中华生活经典”《茶经》校录）

《棋经十三篇》（节选）

（宋）张拟

合战篇第四

博弈之道，贵乎谨严。高者在腹，下者在边，中者占角，此棋家之常然。法曰：宁输数子，勿失一先。有先而后，有后而先。击左则视右，攻后则瞻前。两生勿断，皆活勿连。阔不可太疏，密不可太促。与其恋子以求生，不若弃子而取势。与其无事而强行，不若因之而自补。彼众我寡，先谋其生。我众彼寡，务张其势。善胜者不争，善阵者不战。善战者不败，善败者不乱。夫棋始以正合，终以奇胜。必也，四顾其地，牢不可破，方可出人不意，掩人不备。凡敌无事而自补者，有侵绝之意也。弃小而不救者，有图大之心也。随手而下者，无谋之人也。不思而应者，取败之道也。诗云："惴惴小心，如临于谷。"

【译文】围棋之道，可贵之处在于谨严。高手在乎中腹，水平低的在乎边线，中等水平的在乎四角，这是棋家的常态。棋法说：宁愿失去数颗棋子，不要失去先手。有看起来是先手而实际上是后手的，有看起来是后手而实际上是先手的。攻击左边则要照顾右边，进攻后面则要照顾前面。对方两块活棋不必切断，自己两块活棋不必相连。局面广阔不可以太大意，局面紧凑不可以太急促。与其贪恋残子以求得生存，不如弃子取势。与其无事生非勉强行棋，不如乘机自我弥补。对方棋子多我方棋子少，先要考虑能否活棋。我方棋子多对方棋子少，先要考虑扩张我方势力。善于取胜的不拘泥于局部的争斗，善于布阵的可以不战而胜。善于作战的可以战而不败，善于收拾败局的可以临阵不乱。围棋开始要遵循棋理合乎规矩，最终要用出其不意取胜。一定要全面观察棋面布局，没有漏洞、牢不可破，才可以出其不意攻其不备。凡是对手没有遭受攻击却自我补救的，下一手有侵袭的意图。放弃局部棋子不救的，有图谋全局的想法。随手落子的，是没有谋略的人。不假思索而仓促应对，是自取败亡。《诗经》说："忐忑不安，小心翼翼，就像面临深谷。"

自知篇第六

夫智者见于未萌，愚者暗于成事。故知己之害而图彼之利者，胜。知可以战不可以战者，胜。识众寡之用者，胜。以虞待不虞者，胜。以逸待劳者，胜。不战而屈人者，胜。《老子》曰：“自知者明。”

【译文】聪明的人在事物发生前预见将来，愚昧的人在事情完结后依然不明白。因此知道自己的要害，而能谋求对方利益的，可以取胜。知道何时可以战，何时可以不战的，可以取胜。知道兵多兵少使用调配的，可以取胜。用准备充分迎战准备不充分的，可以取胜。用充分休息等待疲劳之师的，可以取胜。不用激战就使敌人屈服的，可以取胜。《老子》说：“能正确认识自己的人是聪明的人。”

（原文据中华书局“中华生活经典”《棋经十三篇》校录）

《陈氏香谱》（节选）

（宋）陈敬

韩魏公浓梅香（又名返魂梅）

黑角沉半两，丁香一分，郁金半分（小麦麸炒令赤色）。腊茶末一钱，麝香一字，定粉一米粒（即韶粉），白蜜一盏。右各为末，麝先细研，取腊茶之半汤澄清，调麝。次入沉香，次入丁香，次入郁金，次入余茶及定粉，共研细。乃入蜜，使稀稠得宜，收沙瓶器中，窨月余，取烧，久则益佳，烧时以云母石或银叶衬之。

黄太史《跋》云：“余与洪上座同宿潭之碧厢门外舟中，衡岳花光仲仁寄墨梅二枝，扣船而至，聚观于灯下。予曰：‘祇欠香耳。’洪笑，发谷董囊，取一炷焚之，如嫩寒清晓行孤山篱落间。怪而问其所得。云自东坡得于韩忠献家，知余有香癖，而不相授，岂小鞭其后之意乎？其后驹父集古今香方，自谓无以过此，以其名意未显，易之为‘返魂梅’云。”

【译文】黑角沉半两，丁香一分，郁金半分（用小麦麸炒成红色）。腊茶末一钱，麝香一字，定粉一米粒（即韶粉），白蜜一盏。以上各味制成粉末，麝香先研细，腊茶冲泡的汤澄清后，取一半与麝香调和，接着加入沉香，再加入丁香，再加入郁金，再加入剩下的茶汤与定粉一同研细。然后加入蜜，使其稀稠合适，收藏在沙制的瓶器中，窖藏一个多月，取出焚烧，长期窖藏则更佳，焚烧时以云母石或银叶衬香。

黄庭坚《跋》说："我和惠洪一起住在水潭碧厢门外的船上，衡山花光寺的仲仁托人送来两幅墨梅图，停下船拿到，在灯下围观。我说'只是缺少点香'。惠洪笑着打开老旧布袋，取出一炷香焚烧，就像在微寒的清早行走在孤寂的山野篱落间闻到的梅花香味。惊异地问他从哪里得来的。他说是从苏轼处得来，苏轼得自韩琦家，知道我有香癖，却不肯传授香方，难道是鞭策后进的意思吗？此后洪驹父搜集古往今来的香方，自认为没有超过这味香的，认为它的名声不显著，改名为'返魂梅'。"

（原文据上海书店出版社《陈氏香谱》校录）

《王氏兰谱》（节选）

（宋）王贵学

序

窗前有草，濂溪周先生盖达其生意，是格物而非玩物。予及友龙江王进叔，整暇于六籍书史之余，品藻百物，封植兰蕙，设客难而主其谱。撷英于干叶香色之殊，得韵于耳目口鼻之表，非体兰之生意不能也。所禀既异，所养又充，进叔资学亦如斯兰。野而岩谷，家而庭阶，国有台省，随所置之，其房无斁。夫草可以会仁意，兰岂一草云乎哉！君子养德，于是乎在。淳祐丁未孟春戊戌蒲阳叶大有序。

【译文】窗前长有青草，濂溪周敦颐先生便通晓了自然万物生生不息的意义，是推究事物道理而不是赏玩事物。我和龙江的朋友王进叔，在认真研读经史书籍的闲暇时候，品评各种事物，培植兰蕙，设想宾客的问难，而主编关于兰蕙的书谱。通过耳目口鼻等获得兰花茎干、叶子、香味、颜色的独特韵味，如果无法体会兰花的生机是不能做到的。兰花的禀赋奇特，培养也充足，进叔的资性才学也像这兰花。在野外则生长在山谷里，在家则庭院，在朝廷则机关衙署，房子里随处都可以放置，不会令人讨厌。既然由青草可以领会仁爱之意，兰花岂能只是一株青草那么简单呢？君子涵养品德，就在这兰花里。淳祐丁未年孟春月戊戌日蒲阳叶大有作序。

万物皆天地委形，其物之形而秀者，又天地之委和也。和气所钟，为圣为贤，为景星，为凤凰，为芝草，草有兰亦然。世称三友，挺挺花卉中，竹有节而啬花，梅有花而啬叶，松有叶而啬香，惟兰独并有之。兰，君子也。餐霞饮露，孤竹之清标；劲柯端茎，汾阳之清节；清香淑质，灵均之洁操。韵而幽，妍而淡，曾不与西施何郎等伍，以天地和气委之也。予嗜焉成癖，志几之暇，具于心，服于身，复于声誉之间，搜求五十品，随其性而植之。客有谓予曰："此身本无物，子何取以自累？"予应之曰："天壤间万物皆寄尔。耳，声之寄；目，色之寄；鼻，臭之寄；口，味之寄。有耳目口鼻而欲绝夫声色臭味，则天地万物将无所寓其寄矣！若总其所以寄我者而为我有，又安知其不我累耶！"客曰："然。"遂谱之。淳祐丁未龙江王贵学进叔敬书。

【译文】万物都是天地赋予的形体，其中形质秀美的，又是天地赋予的和气。和气所聚集的，孕育成为圣贤，成为瑞星，成为凤凰，成为芝草，百草中的兰花也是如此。世人称竹、梅、松“岁寒三友”，挺拔的花卉中，竹子有节却少花，梅有花却少叶，松有叶却少香，唯独兰花全部都有。兰，花中君子啊。餐食日霞，渴饮天露，身具孤竹君伯夷叔齐的清高；茎干端正劲直，堪比汾阳介子推的坚贞气节；她清香美善，有着屈原的高洁情操。既韵致又幽雅，既妍丽又淡泊，不屑与西施何晏等相提并论，因为她是天地之和气所赋予的。我喜爱兰花成癖，志于学业的闲暇时候，留意于心中，佩戴于身上，又在出名的兰花中访求五十个品种，依照她们的习性来培植。有朋友对我说：“人的身体本无外物牵绊，你为何用兰花来拖累自己呢？”我回答他说：“天地之间万物都是有所寄托的。耳朵，是声音的寄托；眼睛，是颜色的寄托；鼻子，是气味的寄托；嘴巴，是味道的寄托。有耳目口鼻却要杜绝声色臭味的感知，那么天地万物就没有地方寄托了呀！如果汇聚这些寄托于我的东西为我所有，又怎么知道它不拖累我呢！”朋友说：“是这样的。”于是就写了《兰谱》。淳祐丁未年龙江王贵学进叔恭敬地题写书序。

（原文据中华书局“中华生活经典”《王氏兰谱》校录）

《瓶花谱》（节选）

（明）张谦德

品瓶

凡插贮花，先须择瓶。春冬用铜，秋夏用磁，因乎时也。堂厦宜大，书室宜小，因乎地也。贵磁铜，贱金银，尚清雅也。忌有环，忌成对，像神祠也。口欲小而足欲厚，取其安稳而不泄气也。大都瓶宁瘦毋过壮，宁小毋过大。极高者不可过一尺，得六七寸、四五寸瓶插贮，佳。若太小，则养花又不能久。铜器之可用插花者曰樽，曰罍，曰觚，曰壶，古人原用贮酒，今取以插花，极似合宜。古铜瓶、钵，入土年久，受土气深，以之养花，花色鲜明如枝头，开速而谢迟，或谢则就瓶结实。若水锈、传世古则尔，陶器入土千年亦然。古无磁瓶，皆以铜为之，至唐始尚窑器，厥后有柴、汝、官、哥、定、龙泉、均州、章生、乌泥、宣、成等窑，而品类多矣。尚古莫如铜器，窑则柴、汝最贵，而世绝无之。官、哥、宣、定，为当今第一珍品，而龙泉、均州、章生、乌泥、成化等瓶，亦以次见重矣。瓷器以各式古壶、胆瓶、樽、觚、一枝瓶，为书室中妙品；次则小蓍草瓶、纸槌瓶、圆素瓶、鹅颈壁瓶，亦可供插花之用；余如暗花、茄袋、葫芦样、细口、匾肚瘦足药坛等瓶，俱不入清供。古铜壶、龙泉、均州瓶，有极大高三二尺者，别无可用，冬日投以硫黄，斫大枝梅花插供亦得。

【译文】凡是插花，首先要选择瓶器。春天和冬天选用铜的，秋天和夏天选用瓷的，这是根据季节的变化。厅堂适合大一点的，书房适合小一点的，这是根据地点。以瓷器和铜器为贵重，以金器和银器为低贱，这是崇尚清雅。忌讳有环耳，忌讳成对摆放，这样好像神祠一样。开口要小，底座要厚重，选取它安稳而不泄气的优点。大多数花瓶宁可细瘦，不要过于粗壮，宁可细小，不要过大。最高的不可超过一尺，用六七寸、四五寸的瓶插花最好。如果太小，则供养的瓶花不能长久存活。可以用来插花的铜器有樽、罍、觚、壶，古人原先用来盛酒，现在拿来插花，似乎非常合适。古代的铜瓶、铜钵，埋在土里年岁久了，深受土气的渗透，用来养花，花朵颜色鲜艳明丽，好像枝头上的一样，开得早而凋谢得晚，有的凋谢了，就在瓶中结果。像水锈、传世古两种古瓶则不是这样，陶器埋在土里千年也能达到这种效果。古代没有瓷瓶，都是用铜制作的，到了唐代开始崇尚窑器，此后有柴、汝、官、哥、定、龙泉、均州、章生、乌泥、宣、成等窑，品种繁多。崇尚古雅，没有比得上铜器的，窑器则以柴窑、汝窑最好，但世上已不多见了。官、哥、宣、定的窑器，为当今第一珍品，而龙泉、均州、章生、乌泥、成化等瓶器，也依次被看重。瓷器如各种各样的古壶、胆瓶、樽、觚、一枝瓶，是书房中的好瓶器。其次是小蓍草瓶、纸槌瓶、圆素瓶、鹅颈壁瓶，也可以用来插花。其余的如暗花、茄袋、葫芦样的瓶器，细口、匾肚瘦足药罐等瓶器，都不能进入清供行列。古代的铜壶、龙泉、均州瓶，有非常高大差不多二三尺的，别无用处，冬天的时候投入硫磺，砍下大枝的梅花插供也是可以的。

折枝

折取花枝，须得家园邻圃，侵晨带露，择其半开者折供，则香色数日不减，若日高露晞折得者，不特香不全，色不鲜，且一两日即萎落矣。凡折花须择枝，或上葺下瘦，或左高右低，右高左低。或两蟠台接，偃亚偏曲。或挺露一干中出，上簇下蕃，铺盖瓶口。取俯仰高下，疏密斜正，各具意态，全得画家折枝花景象，方有天趣。若直枝蓬头花朵，不入清供。花不论草木，皆可供瓶中插贮。第摘取有二法：取柔枝也，宜手摘取，劲干也，宜剪却。惜花人亦须识得，采折劲枝尚易取巧，独草花最难摘取，非熟玩名人写生画迹，似难脱俗。

【译文】折取花枝，一定是在家中庭园、邻近花圃，天还没亮带着露水，选择那种半开的花枝折下插供，那么花香和色泽很多天都不会减损，如果太阳高照露水晒干后折的花枝，不仅香味不能保全，色泽不鲜艳，而且一两天就枯萎败落了。凡是折花需要挑选花枝，或者上端重叠繁茂下端细小瘦削的，或者左边高右边低的，或者右边高左边低的，或者两边花枝弯曲呼应，低垂偏倚，或者一条枝干从中间挺拔突出，上下都繁茂成簇，覆盖着瓶口。采取俯仰、高下、疏密、斜正的标准，每一枝都具有独特的意趣情态，完整取法画家折枝花作品的景象，才能有天然的趣味。如果枝条直上蓬松散乱的花朵，不能进入清供。花不论是草本还是木本，都可以供瓶中插贮。只是摘取的方法有两点：折取柔嫩枝条，宜于手摘，折取坚硬枝干，宜于剪取。爱惜花草的人也应该知道，采折刚劲的花枝，尚且容易采取巧妙的方法，唯独草花最难摘取，不是认真钻研名人的写生绘画作品，似乎难以脱俗。

插贮

折得花枝，急须插入小口瓶中，紧紧塞之，勿泄其气，则数日可玩。大率插花须要花与瓶称，令花稍高于瓶。假如瓶高一尺，花出瓶口一尺三四寸，瓶高六七寸，花出瓶口八九寸，乃佳。忌太高，太高瓶易仆，忌太低，太低雅趣失。小瓶插花宜瘦巧，不宜繁杂。若止插一枝，须择枝柯奇古、屈曲斜袅者。欲插二种，须分高下合插，俨若一枝天生者，或两枝彼此各向，先凑簇像生，用麻丝缚定插之。瓶花虽忌繁冗，尤忌花瘦于瓶。须折斜欹花枝，铺撒小瓶左右，乃为得体也。瓶中插花，止可一种、两种，稍过多便冗杂可厌，独秋花不论也。

【译文】折下花枝后，必须急速插入小口径的瓶中，紧紧塞住瓶口，不要泄露瓶中之气，可以赏玩好几天。大概插花需要花与瓶相称，让花稍微高于瓶。假如瓶高一尺，花须高出瓶口一尺三四寸，瓶高六七寸，花须高出瓶口八九寸，这样才好。忌讳太高，太高了花瓶容易倾倒，忌讳太低，太低了就失去了雅趣。小瓶插花适宜瘦巧，不宜繁杂。如果只插一枝花，需要择取枝条奇特古朴、曲折斜绕的。想要插两种花枝，必须分出高低组合插贮，宛如天生的一枝花，或者两枝花彼此面向，先丛聚成团像天然的一样，用麻线绑住插入。瓶花虽然忌讳纷繁庞杂，但尤其忌讳花枝瘦于花瓶。需要折取倾斜的花枝，散铺在小瓶的两边，才较为得体。瓶中插花，只能一两种，稍微过多就繁杂得令人讨厌，唯独秋菊不会如此。

（原文据中华书局“中华生活经典”《瓶花谱》校录）

《食宪鸿秘》（节选）

（清）朱彝尊

饮食宜忌

五味淡泊，令人神爽气清少病。务须洁。酸多伤脾，咸多伤心，苦多伤肺，辛多伤肝，甘多伤肾。尤忌生冷硬物。食生冷瓜菜，能暗人耳目。驴马食之，即日眼烂，况于人乎？四时宜戒，不但夏月也。夏月不问老少吃暖物，至秋不患霍乱吐泻。腹中常暖，血气壮盛，诸疾不生。饮食不可过多，不可太速。切忌空心茶、饭后酒、黄昏饭。夜深不可醉，不可饱，不可远行。虽盛暑极热，若以冷水洗手、面，令人五脏干枯，少津液，况沐浴乎？怒后不可便食，食后不可发怒。凡食物，或伤肺肝，或伤脾胃，或伤心肾，或动风引湿，并耗元气者，忌之。软蒸饭，烂煮肉，少饮酒，独自宿，此养生妙诀也。脾以化食，夜食即睡，则脾不磨。《周礼》“以乐侑食”，盖脾好音乐耳。闻声则脾健而磨，故音声皆出于脾。夏夜短，晚食宜少，恐难消化也。新米煮粥，不厚不薄，乘热少食，不问早晚，饥则食，此养身佳境也。身其境者，或忽之。彼奔走名利场者，视此非仙人耶？饭后徐行数步，以手摩面，摩胁，摩腹，仰面呵气四五口，去饮食之毒。饮食不可冷，不可过热，热则火气即积为毒，痈疽之类，半由饮食过热及炙煿热性。伤食饱胀，须紧闭口齿，耸肩上视，提气至咽喉，少顷，复降入丹田，升降四五次，食即化。治饮食不消，仰面直卧，两手按胸并肚腹上，往来摩运，翻江倒海，运气九口。

【译文】酸、咸、苦、辛、甘五味清淡，让人神气清爽，少生疾病。务必要洁净。酸多了伤脾，咸多了伤心，苦多了伤肺，辛多了伤肝，甘多了伤肾。尤其忌讳生冷和坚硬食物。食用生冷瓜菜，能损伤人的耳目。驴马食用这些食物，当天眼睛腐烂，何况人呢？一年四季应该注意的，不只是在夏天。夏天不管老少多吃成熟、烹制熟的食物，到了秋天就不会患上霍乱腹泻。腹中经常保持温暖，血气旺盛，就不会发生各种疾病。饮食不可以过多，不可以太快。切忌空腹喝茶、饭后喝酒、黄昏后吃饭。夜深时候不可以醉酒，不可以饱食，不可以走太多路。即便盛夏极热，如果用冷水洗手、洗脸，让人五脏干枯，津液较少，何况冷水洗澡呢？发怒过后不可以马上吃饭，饭后不可以发怒。凡是食物，或者伤肺肝，或者伤脾胃，或者伤心肾，或者引发风湿，都是损耗元气的，需要注意。饭蒸的软一点，肉煮的烂一点，少喝酒，独自睡眠，这是养生的重要诀窍。脾脏可以消化食物，夜里吃过食物就睡，脾脏就不消化。《周礼》说“以乐侑食”，大概脾脏喜好音乐吧。听到音乐脾脏就强健有力而消化食物，因此五音都是源于脾脏。夏天夜短，晚上应该少吃，担心难以消化。新米煮粥，不稠不稀，趁热少吃，不管早晚，饿了就吃，这是养生的美妙境界。身处这种境界的人，往往没有留意它。那些奔走于名利场的人，不是把这看成神仙的境界吗？饭后慢慢走几步，用手抚摸脸部、肋部、腹部，仰起头吐气四五次，去除饮食中不好的东西。饮食不可以太冷，不可以太热，热的话火气就积累成毒，毒疮之类的病症多半由于饮食过热，以及烤炙食物中的热性。消化不良肚子胀，需要紧闭嘴巴、咬紧牙齿，抬起肩膀仰视上方，提气到咽喉，一会儿，再下沉到丹田，提气沉气四五次，食物就消化了。

治疗饮食不消化，仰面直卧，两手按在胸部和腹部上，来回按摩，像翻江倒海一样吐纳气息九次。

饮食之人有三：一餔餟之人。食量本弘，不择精粗，惟事满腹。人见其蠢，彼实欲副其量，为损为益，总不必计。一滋味之人。尝味务遍，兼带好名。或肥浓鲜爽，生熟备陈，或海错陆珍，谇非常馔。当其得味，尽有可口。然物性各有损益，且鲜多伤脾，炙多伤血之类，或毒味不察，不惟生冷发气而已。此养口腹而忘性命者也。至好名费价，而味实无足取者，亦复何必？一养生之人。饮必好水（宿水滤净），饭必好米（去砂石、谷稗，兼戒饐而餲）。蔬菜鱼肉，但取目前常物，务鲜，务洁，务熟，务烹饪合宜。不事珍奇，而自有真味；不穷炙煿，而足益精神。省珍奇烹炙之赀，而洁治水米及常蔬，调节颐养，以和于身地，神仙不当如是耶？食不须多味，每食只宜一二佳味，纵有他美，须俟腹内运化后再进，方得受益。若一饭而包罗数十味于腹中，恐五脏亦供役不及。而物性既杂，其间岂无矛盾？亦可畏也。

【译文】饮食之人有三种：一种是吃吃喝喝的人。饭量本来够大，不管是精细还是粗糙，只求填满肚子。人们觉得这种人愚蠢，他们其实想要配得上自己的饭量，有害还是有益，从不计较。一种是美食之人。力求遍尝美味，同时爱好名声。或者浓郁肥美、鲜美爽口，生的熟的全部摆上，或者山珍海味，说是什么不一般的食物。当那些食物味道可口，就要全部吃过。然而食物的品性有好有坏，鲜美的多了伤脾脏，烤炙的多了伤气血之类的，有的毒性不容易发现，不只是生冷、发气的问题而已。这是满足口腹之欲而忘掉性命的人啊。说到好虚名费钱财，味道实在没有什么可取的，又是何必呢？一种是养生之人。喝水必须是品质好的水（停放一夜过滤干净），吃饭必须是品质好的米（去除砂石、稗谷，而且不吃腐朽变质的）。蔬菜鱼肉只取目前常见的东西，一定新鲜、洁净、成熟、烹饪得当。不追求珍馐奇味，却自有纯正的味道；不穷尽烤炙的技艺，却足以有益于精神元气。省下珍馐奇味、烹煮烤炙的费用，而淘洗干净水米以及家常蔬菜，调节养护，与人的身体需要相和谐，神仙不应该像这样吗？吃饭不一定需要很多种类，每次吃饭只宜一两种美味，纵然有其他美味，需要等到肚子里消化以后再进食，方才能够有益处。如果一顿饭就囊括了几十种美味在肚子里，恐怕五脏也受不了。而且食物物性复杂，彼此之间难道没有相生相克的问题？这也是应当畏惧的。

（原文据中华书局“中华生活经典”《食宪鸿秘》校录）

《绣谱》（节选）

（清）丁佩

择地第一

艺之巧拙因乎心，心之巧拙因乎境。诚使窗明几净，虽拙者亦为之改观；室暗灯昏，虽巧者亦失其故步。而且事迫则潦草堪嗤，境嚣则精神不聚，凡艺皆然。而况辨优绌于微茫、争得失于毫末者乎？故刺绣必以择地为最要也。

【译文】技艺的精巧与笨拙由心决定，心灵的精巧与笨拙由环境决定。假若明亮干净，即便是笨拙的人也会变得灵巧，室内光线昏暗，即便灵巧的人也会失去原有的技能。而且事情紧迫，就会潦草应付，遭人嘲笑，环境喧嚣，就会精神不集中，所有的技艺都是这样。更何况在细微之处辨别优劣、在毫末之间议论得失呢？因此，刺绣必须把选择工作场所作为最重要的。

闲

书画皆可以乘兴挥洒，绣则积丝而成，苟缺一丝，通幅即为之减色，故较他艺尤难，断无急就之法。或因事冗而求其即成，或因人杂而冀其速就，安有心如棼丝而能井井不紊者乎？故其境闲，而后其心亦闲，百虑悉屏，神知自生，固未可率尔拈针也。

【译文】书法、绘画都可以乘着兴致大笔挥毫，刺绣则是由丝线积累而成，哪怕缺了一根线，整幅刺绣就因为这减少了光彩，因此刺绣比较其他工艺尤其困难，绝对没有速成的方法。或者因为事务繁忙，或者因为人事纷杂，希望马上绣成，哪里有心乱如麻，却能井井有条、毫不紊乱的呢？所以环境安闲，然后心境也会闲适，摒弃一切杂虑，慧心自然产生。因此不可以草率捻针刺绣。

静

《诗》之美后妃，曰："幽闲贞静"。闲与静为女子之美德，而刺绣者尤当首及也，故继闲而论静。静则其志专，而心无物扰；静则其神定，而目无他营。试观瞽者必聪，聋者必明，遂知五官不能并用。必凝注于一，而后能运灵明于针与指之间，辨其出入、疏密、浓淡、浅深，庶无毫发之憾。今使置身于喧哗纷逐之场，虽灵芸复出，其能收视返听，而作一花一叶否耶？

【译文】《诗经》称颂后妃，说："幽闲贞静"。闲和静是女子的美德，而刺绣者更应该首先具备，所以接着"闲"继而讨论"静"。安静就能专心致志，心思没有外物的干扰；安静就能心神宁定，眼中没有杂事迷乱。试看瞎子必定听觉灵敏，聋子必定视觉出众，就知道五官不能同时使用。必须全神贯注，然后才能在针线与手指间运用聪明智慧，明辨针线的出入、疏密、浓淡、浅深，才没有丝毫的遗憾。如果身处于喧闹烦乱的场所，即便是薛灵芸再世，她能集中精神绣出一花一叶来吗?

明

择地必先择爽朗之区,秋毫必察,而后物无遁形。然所以必求其明者,人皆知之,而所以用其明者,人或略焉。盖室虽明矣,使或向阳而坐,反致炫耀,且损目光,况持手绷必稍向上,亦复易于遮蔽。惟背明而坐,则光明悉照于掌握之间,自然了了。故如窗在左,坐宜向右,窗在前,坐宜向后,此一定之诀也。如用绷,则斜坐亦可。

【译文】选择刺绣场所一定择取明朗开阔的地方,必须是明察秋毫,事物方能清清楚楚。但是人们都知道光线明亮的必要性,而怎样使用明亮的光线,人们却往往忽视了。即使是明亮的房间里,如果面向太阳坐着,反而会因为光线太亮而损伤视力,况且拿着的手绷必定稍稍向上抬起,也会容易遮住光线。只有背着光线而坐,才能让阳光全部照在手握的绣面之间,一目了然。所以如果窗子在左边,座位应该面朝右边,窗子在前面,座位应该朝着后面,这是固定的诀窍。如果用绷架,斜着坐也是可以的。

洁

纨绮有浣濯之方,图画有遮饰之法,绣则稍有不洁,即致昏黯无色,既不能浣,亦无可遮。故室中必先洒扫极净,床几以及应用之物皆使不染纤尘,然后绣成乃如出水芙蕖,自有一种鲜艳之色。否则十指莹然,旋涤旋涴,初不知尘垢之所由来也。

【译文】丝绢织物有洗涤的方法,绘画有遮掩修饰的技巧,刺绣如果稍有不干净,就会导致黯然失色,既不能洗,也无法遮掩。所以,刺绣的场所一定要先洒扫地极为干净,床、几案和使用的器具都要一尘不染,然后绣出的物品才能像出水芙蓉一样,自然有一种鲜明艳丽的色彩。否则双手洗得透亮，刚洗完就被弄脏，起初都不知道尘埃污垢从哪里来的。

（原文据中华书局“中华生活经典”《绣谱》校录）

《饮流斋说瓷》（节选）

许之衡

宋代制瓷，虽研炼极精，莹润无比，而体制端重雅洁，犹有三代鼎、彝之遗意焉。粉定妍巧极矣，而花纹源出秦镜，纯白一色，仍极雅净也。至宋末而加彩兴，始稍稍趋于华美。元瓷间有花彩，然大都步宋规模，且不及宋制之精，时露古拙气象。大抵蒙古历年既短，故制品稍逊于宋代欤？有明聿兴，制作渐备，润色承平，乃及瓷业。龙凤之文最古，殆沿宋制，由是而花卉，而众兽，而人物，增华饰美，然其时绘事，犹见古朴疏宕之气焉。至清康熙，专以名工制瓷，名手绘画，殆纯入于美术范围，而高穆浑雅之气，犹未尽掩。入雍正，则专以佚丽胜矣。至乾隆，则华缛极矣，精巧之至，几于鬼斧神工，而古朴浑厚之致，荡然无存。故乾隆一朝，为有清极盛时代，亦为一代盛衰之枢纽也。政治、文化如是，瓷业亦然。嘉庆虽犹存典型，然仅虎贲中郎之似。道光画笔，出以轻倩，而物料美盛，远逊前朝。咸、同一蹶不振，虽美术退化，亦时势使然也。光绪稍稍复兴，但有形式，而乏精神矣。故观于瓷业之盛衰，与历史世代变迁之局成正比例。然由朴以趋华，由简以趋赜，乃必循之轨也。

【译文】宋代制作的瓷器，虽然研磨锤炼极为精致，晶莹细润无与伦比，但格局端庄沉稳，雅致洁净，仍有夏商周三代鼎彝的遗风余韵。粉定极为妍丽巧妙，然而它的花纹来源于秦镜，纯白这一色，仍然十分雅致洁净。到了宋代末年加彩兴起，开始稍微趋于华丽精美。元代瓷器偶尔有花彩绘饰，然而大多数追随宋代规格，而且不如宋代制作精美，时常显露古雅质朴的气派。大概蒙元时代经历的年岁较短，所以制作的瓷器稍稍逊色于宋代吧？明代兴起，瓷器制作渐渐完备，粉饰太平也关涉瓷器行业。龙凤纹饰最为古雅，大概沿用宋代形制，由此花卉、鸟兽、人物，增添华丽、装饰完美，然而这时的彩绘之事，仍然可见古雅朴拙、恬淡隽永的气象。到了清代康熙年间，专门使用技艺精良的名工制瓷、名手绘画，几乎完全融入美术的范围，而高古肃穆、浑厚典雅的气质，仍然没有完全抹杀。进入雍正年间，则专以精美华丽取胜。到了乾隆年间，则华彩繁缛达到极致，精巧到达的程度，接近于鬼斧神工，而古朴浑厚的气质荡然无存。因此乾隆一朝是清代的极胜时期，也是清代由盛转衰的关键时期。政治、文化如此，瓷器行业也是这样。嘉庆年间虽然还存有旧法，然而只是如虎贲中郎般相似而已。道光年间的画风，轻快优美，而原料的精美丰富远远不如前朝。咸丰、同治年间一蹶不振，虽然是美术退化的原因，也是时代形势使之如此。光绪年间稍微复兴，却只有形式而缺乏内在精神。所以考察瓷器行业的兴衰，与历史上的时代变迁的局面成正比例。然而由质朴而趋向华美，由简约而趋向深奥，乃是必然遵循的规律。

古瓷尚青，凡绿也、蓝也，皆以青括之。故缥瓷入潘岳之赋，绿瓷纪邹阳之编。陆羽品茶，青碗为上。东坡吟诗，青碗浮香。柴窑则雨过天青，汝窑、哥窑、龙泉、东窑均主青色，此宋以前尚青之明证也。至均窑始尚红色，元瓷于青中每发紫色，至明宣德祭红则为红色之极轨。康熙郎窑，递衍递嬗，而豇豆红、胭脂水，尤为时代所尚。故青色以后，红色继兴，至于今益盛，足见由朴趋华之显征也。而西人于重红之外，兼重黑色,青色则稍稍摈弃。此种心理,不解其由,或者物以希为贵欤?由是言之,青为过去之色,红为极盛之色,而黑为异军特起之色。若夫白色者,则除粉定外,不甚见重于世,殆贵华而贱素,固人情所同耶!

【译文】古瓷崇尚青色,凡是绿色、蓝色,都用青色概括。所以淡青色的缥瓷载入了潘岳的赋中,青绿色的绿瓷记入了邹阳的文章。陆羽品茶,以青碗为上等。苏东坡吟咏诗歌,说“青碗浮香”。柴窑是雨过天青之色,汝窑、哥窑、龙泉、东窑都以青色为主,这是宋代以前崇尚青色的明证。到了均窑才开始崇尚红色,元代瓷器每每在青色中现出紫色,到明代宣德年间祭红色成为红色最高楷模。康熙年间的郎窑逐步演变更替,而豇豆红、胭脂水色,尤其为当时所推崇。因此青色往后,红色继而兴起,到了今天更加兴盛,足以可见由质朴趋于华丽的显著特征。而西方人注重红色以外,同时注重黑色,青色则稍微排斥。这种心理,不懂得其缘由,或者是物以稀为贵吧?由此说来,青是过去的颜色,红是极盛的颜色,而黑是异军突起的颜色。至于白色,除了粉定以外,不是很受世人看重,大概以华丽为贵以质朴为贱,原本就是人之常情吧!

(原文据中华书局“中华生活经典”《饮流斋说瓷》校录)

参考文献

(战国)韩非著,王先慎集解《韩非子集解》,上海书店,1986 年。
(汉)郑玄注,(唐)孔颖达正义《礼记正义》,中华书局,1980 年。
(汉)孔安国撰,(唐)孔颖达正义《尚书正义》,中华书局,1980 年。
(汉)郑玄注,(唐)贾公彦疏《周礼注疏》,中华书局,1980 年。
(汉)王充著,张宗祥校注,郑绍昌标点《论衡校注》,上海古籍出版社,2013 年。
(汉)许慎撰,(清)段玉裁注《说文解字注》,上海古籍出版社,1988 年。
(汉)许慎撰,(宋)徐铉校定《说文解字》,中华书局,1963 年。
(汉)高诱注《淮南子注》,上海书店,1986 年。
(汉)司马迁撰《史记》,中华书局,2013 年。
(汉)班固撰《汉书》,中华书局,1962 年。
(汉)刘向撰,刘晓东校点《列女传》,辽宁教育出版社,1998 年。
(汉)曹操著《曹操集》,中华书局,1959 年。
(三国魏)王肃注《孔子家语》,上海新文化书社,1934 年。
(三国魏)王弼注、楼宇烈校释《老子道德经注校释》,中华书局,2008 年。
(西晋)张华等撰《博物志:外四种》,华文出版社,2018 年。
(东晋)葛洪撰《西京杂记》,中华书局,1985 年。
(东晋)陶渊明著《陶渊明集》,中华书局,1979 年。
(南朝宋)刘义庆撰《世说新语》,上海古籍出版社,2012 年。
(南朝宋)鲍照撰,高时显、吴汝霖辑校《鲍氏集》,上海中华书局据宋刻本校刊《四部备要》本。
(南朝齐)谢赫、(南朝陈)姚最撰,王伯敏标点注译《古画品录·续画品录》,人民美术出版社,1959 年。
(南朝梁)吴均撰《吴朝请集》,光绪十八年善化章氏经济堂重刊本。
(南朝梁)刘勰著,范文澜注《文心雕龙注》,人民文学出版社,1958 年。
(南朝梁)沈约撰《宋书》,中华书局,1974 年。
(北魏)郦道元撰《水经注》,中国书店,2012 年,影印明嘉靖黄省曾刻本。
(北齐)颜之推《颜氏家训》,天津人民出版社,1998 年。
(唐)孙思邈撰,高文柱、沈澍农校注《备急千金要方》,华夏出版社,2008 年。
(唐)魏征等撰《隋书》,中华书局,1973 年。
(唐)段成式撰《酉阳杂俎》,中华书局,1981 年。
(唐)孔颖达疏《毛诗正义》,中华书局,1980 年。
(唐)王冰次注,(宋)林亿等校正《黄帝内经素问》,上海古籍出版社,1991 年。
(唐)房玄龄等撰《晋书》,中华书局,1974 年。
(唐)李延寿《南史》,商务印书馆,涵芬楼影印本。
(唐)段安节著《乐府杂录》,古典文学出版社,1957 年。
(唐)封演撰,赵贞信校注《封氏闻见记校注》,中华书局,2005 年。
(唐)陆羽著,沈冬梅编著《茶经》,中华书局,2010 年。
(唐)赵璘撰《因话录》,上海古籍出版社,1979 年。
(唐)姚思廉撰《梁书》,中华书局,1973 年。
(唐)白居易《白氏六帖事类集》,文物出版社,1985 年据傅增湘旧藏影印本。
(唐)白居易著,朱金城笺校《白居易集笺校》,上海古籍出版社,1988 年。
(唐)孟诜撰,(唐)张鼎增补,付笑萍、马鸿祥校注《食疗本草校注》,河南科学技术出版社,2015 年。
(唐)孙思邈著,李景荣等校释《千金翼方校释》,人民卫生出版社,1998 年。
(南唐)李煜著,王兆鹏注评《李煜词全集》,长江文艺出版社,2019 年。
(五代)王仁裕等撰,丁如明辑校《开元天宝遗事十种》,上海古籍出版社,1985 年。
(后晋)刘昫等撰《旧唐书》,中华书局,1975 年。
(宋)张君房编《云笈七签》,上海涵芬楼借印白云观藏正统道藏本。
(宋)李纲著《李纲全集》,岳麓书社,2004 年。
(宋)李昉等撰《太平御览》,上海古籍出版社,2008 年。
(宋)沈义父撰《乐府指迷》,中华书局,1991 年。
(宋)吴文英撰,孙虹、谭学纯校笺《梦窗词集校笺》,中华书局,2014 年。
(宋)苏轼著,石声淮、唐玲玲笺注《东坡乐府编年笺注》,华中师范大学出版社,1990 年。
(宋)陆九渊撰,叶航点校《陆九渊全集》,上海古籍出版社,2022 年。
(宋)黎靖德编,王星贤点校《朱子语类》,中华书局,1986 年。
(宋)朱熹《四书集注》,岳麓书社,1987 年。
(宋)洪兴祖撰,白化文等点校《楚辞补注》,中华书局,2015 年。
(宋)林洪撰,章原编著《山家清供》,中华书局,2013 年版。
(宋)叶梦得《石林避暑录话》,上海书店出版社,1990 年。
(宋)张耒著《明道杂志》,中华书局,1985 年。
(宋)徐兢撰,朴庆辉标注《宣和奉使高丽图经》,吉林文史出版社,1986 年。
(宋)范成大等著《梅兰竹菊谱》,中华书局,2010 年。
(宋)孟元老等著,周峰点校《东京梦华录》,文化艺术出版社,1998 年。
(宋)四水潜夫辑《武林旧事》,浙江人民出版社,1984 年。

(宋)赵汝适撰《诸蕃志》,商务印书馆,1959 年补印本。

(宋)郭茂倩编《乐府诗集》,中华书局,1979 年。

(宋)陈敬著,伍茂源编著《香谱》,江苏凤凰文艺出版社,2019 年。

(宋)苏轼著,李之亮笺注《苏轼文集编年笺注·诗词附》,巴蜀书社,2011 年。

(宋)陶谷撰《清异录》,康熙最宜草堂精写刻本。

(宋)欧阳修等著,杨林坤编著《牡丹谱》,中华书局,2011 年。

(宋)苏轼撰,孔凡礼点校《苏轼文集》,中华书局,1986 年。

(宋)郑思肖著,陈福康校点《郑思肖集》,上海古籍出版社,1991 年。

(宋)周邦彦著,孙虹校注,薛瑞生订补《清真集校注》,中华书局,2007 年。

(宋)黄庭坚著,屠友祥校注《山谷题跋》,上海远东出版社,1999 年版。

(元)朱丹溪著《丹溪心法》,中国医药科技出版社,2018 年。

(元)李存著《俟庵集》,四库全书本。

(元)脱脱等撰《宋史》,中华书局,1985 年。

(明)王守仁撰《王阳明全集》,上海古籍出版社,2011 年。

(明)冯梦龙、邹守益原著,张昭炜编注《王阳明图传》,上海古籍出版社,2021 年。

(明)钱德洪著,朱炯点校整理《钱德洪集》,宁波出版社,2019 年。

(明)王象晋纂辑,伊钦恒诠释《群芳谱诠释》,农业出版社,1985 年。

(明)沈德符著,黎欣点校《万历野获编》,文化艺术出版社,1998 年。

(明)李时珍著《本草纲目》,人民卫生出版社,1981 年。

(明)高濂著《遵生八笺》,人民卫生出版社,2007 年。

(明)周嘉胄编著《香乘》,中国纺织出版社,2019 年。

(明)张谦德、袁宏道著,张文浩、孙华娟编著《瓶花谱 瓶史》,中华书局,2012 年。

(明)张岱著《陶庵梦忆》,岳麓出版社,2003 年。

(明)袁宏道、张谦德著《瓶史》,山东画报出版社,2015 年。

(明)周高起、董其昌著,司开国、尚荣编著《阳羡茗壶系 骨董十三说》,中华书局,2012 年。

(清)王文诰辑注《苏轼诗集》,中华书局,1987 年。

(清)汪灏等著,张虎刚点校《广群芳谱》,河北人民出版社,1989 年。

(清)虫天子编《中国香艳全书》,团结出版社,2005 年。

(清)袁枚著,陈伟明编著《随园食单》,中华书局,2010 年。

(清)董诰等编《全唐文》,上海古籍出版社,1990 年。

(清)顾仲撰《养小录》,商务印书馆,1937 年。

(清)姚礼撰辑,周膺、吴晶点校《郭西小志》,浙江工商大学出版社,2013 年。

(清)何文焕辑《历代诗话》,中华书局,1981 年。

(清)曾国藩撰《曾国藩全集》,岳麓书社,2011 年。

(清)李瀚章编撰、李鸿章校刊《曾文正公全集》,中国书店,2011 年。

(清)张廷玉撰《明史》,中华书局,1974 年。

(清)浦起龙著《读杜心解》,中华书局,1961 年。

(清)王永彬著《围炉夜话》,三秦出版社,2018 年。

(清)梁清标著,梁新顺点校《棠村词》,河北人民出版社,2013 年。

(清)孙诒让注《墨子闲诂》,上海书店,1986 年。

(清)姚鼐撰《惜抱轩尺牍》,安徽大学出版社,2014 年。

饶宗颐初纂,张璋总纂《全明词》,中华书局,2004 年。

沈乃文主编《明别集丛刊》,黄山书社,2015 年。

杨伯峻译注《孟子译注》,中华书局,2010 年。

杨伯峻译注《论语译注》,中华书局,2009 年。

陈鼓应、赵建伟注译《周易今注今译》,中华书局,2015 年。

陈鼓应著《老子注译及评介》,中华书局,1984 年。

陈鼓应注译《庄子今注今译》，商务印书馆，2016 年。
谭属春、严昌注译《俗文化四书五经》，海天出版社，1996 年。
程敏政撰《宋遗民录》，嘉靖二年至四年程威刻本。
蒋立甫校点《楚辞集注》，上海古籍出版社，2001 年。
冀昀主编《吕氏春秋》，线装书局，2007 年。
魏翔凤撰，梁运华整理《管子校注》，中华书局，2004 年。
杨秀礼译注《曾子·子思子译注》，上海三联书店，2018 年。
卢元骏注译《说苑今注今译》，天津古籍出版社，1988 年。
卢盛江、卢燕新主编《中国古典诗词曲选粹·元明清诗卷》，黄山书社，2018 年。
周振甫主编《唐诗宋词元曲全集》，黄山书社，1999 年。
黄墨谷《重辑李清照集》，齐鲁书社，1981 年。
程章灿撰《南北朝诗选》，商务印书馆，2017 年。
刘开田、陈靖著《甲骨文形义集释》，武汉出版社，2007 年。
胡云翼著《宋词选》，北京出版社，2021 年。
吉联抗辑《琴操》（两种），人民音乐出版社，1990 年。
宋效永、向焱点校《三曹集》，黄山书社，2018 年。
杨绛著，罗俞君选编《杨绛散文》，浙江文艺出版社，1994 年。
王国平总主编《杭州文献集成》，杭州出版社，2014 年。
陈来著《有无之境：王阳明哲学的精神》，生活·读书·新知三联书店，2009 年。
覃富鑫选注《帝王名人对联》，广西人民出版社，1993 年。
罗尔纲著《湘军兵志》，中华书局，1984 年。
《曾国藩全书》编辑委员会编《曾国藩大传》，中国文史出版社，2002 年。
董丛林编著《曾国藩年谱长编》，上海交通大学出版社，2017 年。
何贻焜撰《曾国藩评传》，岳麓书社，2016 年。

成晓军著《晚清第一智库:曾国藩幕僚》,东方出版社,2013 年。

胡颂平编著《胡适之先生晚年谈话录》,新星出版社,2006 年。

冯杰著《泥花散帖》,百花文艺出版社,2016 年。

朱自清著《语文杂话》,生活·读书·新知三联书店,2012 年。

王利器辑录《历代笑话集》,上海古籍出版社,1981 年。

周振甫、冀勤编著《钱钟书 <谈艺录> 读本》,巴蜀书社,2019 年。

鲁迅著《朝花夕拾》,陕西师范大学出版社,2009 年。

陈少松著《古诗词文吟诵导论》,中华书局,2017 年。

华锋著《吟咏学概论》,大象出版社,2013 年。

王兆鹏主编《唐宋词汇评·唐五代卷》,浙江教育出版社,2004 年。

施议对译注《人间词话译注:增订本》,岳麓书社,2008 年。

乐砚仲辑录《唐宋茶典手抄八册》,华中科技大学出版社,2019 年。

韩格平等校注《全魏晋赋校注》,吉林文史出版社,2008 年。

钱钟书著《钱钟书集:管锥编》,生活·读书·新知三联书店,2007 年。

丁福保辑《历代诗话续编》,中华书局,2006 年。

王水照编《历代文话》,复旦大学出版社,2007 年。

郭绍虞选编《清诗话续编》,上海古籍出版社,1983 年。

王明明主编《大匠之门》,广西美术出版社,2015 年。

周秉高编著《全先秦两汉诗·两汉卷》,内蒙古大学出版社,2011 年。

陶红亮编著《人间最美古诗词》,现代出版社,2019 年。

朱易安、傅璇琮等主编《全宋笔记》,大象出版社,2006 年。

周瘦鹃著《紫罗兰盦序跋文》,广陵书社,2020 年。

李世华、沈德惠点校《道藏养生书十种》,中医古籍出版社,1987 年。

龙伯坚、龙式昭编著《黄帝内经集解·灵枢》,天津科学技术出版社,2016 年。

曹洪欣总主编、张志斌主编《中医养生大成·养生通论》,福建科学技术出版社，2012 年。
薛洪勣、王汝梅主编《稀见珍本明清传奇小说集》，吉林文史出版社，2007 年。
徐征、张月中、张圣洁、奚海主编《全元曲》，河北教育出版社，1998 年。
梁宗岱著《宗岱的世界·诗文》，广东人民出版社，2003 年。
萧鸿鸣辑注《八大山人研究——八大山人现存诗辑》，北京燕山出版社，2006 年。
周积寅编著《中国历代画论：掇英·类编·注释·研究》，江苏美术出版社，2013 年。
黄君主编《黄庭坚书法精品集·信札行楷书》，江西美术出版社，2014 年。
陈高华编著《元代画家史料汇编》，杭州出版社，2004 年。
徐文治著《瓶花之美》，九州出版社，2018 年。
吕秋艳组编《二十世纪中国散文精选》，吉林出版集团有限责任公司，2010 年。
《全唐诗》，中华书局，1960 年。
《全宋诗》，中华书局，1995 年。
《永乐大典》，书目文献出版社，1983 年。
《清代文字狱史料汇编》，北京图书馆出版社，2007 年。
《丛书集成初编》，中华书局，2011 年。
[法]罗曼·罗兰著，傅雷译《约翰·克里斯多夫》，人民文学出版社，1957 年。
[德]约瑟夫·皮珀著，刘森尧译《闲暇：文化的基础》，新星出版社，2005 年。
[瑞士]费尔迪南·德·索绪尔著《普通语言学教程》，商务印书馆，1985 年。
[美]威廉·贝内特编著，何吉贤主译《美德书》，中央编译出版社，2006 年。
[英]乔治·贝克莱著《人类知识原理》，商务印书馆，2010 年。

后　记

2013年我受聘国际中文教育专业研究生指导教师，并在同年开始讲授名为“中华文化名人名作”的研究生课程。在讲授过程中，我发现这门课程的安排名不副实。课程名称虽为“中华文化”，但授课对象实为跨专业研究生，实际授课内容则是中国古代文学史，就是说本课程设置的初衷其实是为本科阶段非汉语言文学专业的研究生补充中国古代文学基础知识。但对于国际中文教育研究生来说，在“中华文化”的名义下学习中国古代文学，确乎不伦不类，既无法满足其专业需求，又难以提起学习兴趣。

在国际中文教育的课程设置中，传统文化教学是其中的重要内容，但在我看来，现有的传统文化教学存在概论式的泛文化教学和技巧性的传统技艺教学两种课程模式，前者的弊端在于浮泛化，后者的弊端在于“重器轻道”。因此，在这门课程的讲授中，我开始尝试从中华优秀传统文化中寻找有意义的话题，并深入钻研，“假戏真做”，希望逐渐将这门课程“还假作真”“变假为真”。

也是机缘巧合，2015年左右，我受邀参与了几场传统文化讲座，因为效果还不错，后来又不断在中小学、医院、图书馆、企业、高校、军营等举办各种主题的讲座近五十场，有的还举办了系列讲座。对于这些讲座，我的态度是极为认真的，如果不是重复的题目，大多数我都要求邀请单位给我足够的时间准备，一般一至三个月，有的则长达半年甚至一年之久。这样，每一次讲座就成了我对某个专题进行研究与思考的一个重要契机。以此为基础，在 2018 年年底，大约形成了十个左右较为成熟的传统文化讲稿。2019 年起，在接下来长达三年的时间里，我对一些讲稿进行了补充和完善，此外，还专门就几个传统生活的有趣话题，做了理论研究和实践探索，又陆续完成了关于中国香文化、瓶花艺术、茶道精神等几个讲稿。

中华优秀传统文化的讲解需要一定的基础文献支撑，在研究生课程讲授和准备传统文化讲座的过程中，不断搜罗相关资料，集腋成裘，积案盈箱。2017 年 5 月到 10 月我在泰国从事中文教学与教材研发工作，多有余暇，利用手边有限的条件，构建完成了“中华文化名人名作”作品选，包括文史（文学、历史）、艺术（书法、绘画）、思想（哲学、宗教）、生活（中医、茶艺、瓶花、建筑、古琴、饮食）等。回国以后，在使用过程中，发现这个资料选编内容庞杂，大而无当，不符合国际中文教育研究生的实际需求，因此在经过一番尝试以后就弃用了。2022 年又用了大约两三个月的时间，翻箱倒柜，爬罗剔抉，去粗取精，完成了《中华优秀传统文化选讲》的校勘和翻译。

中华文化博大精深，以斗筲之才、穿窬之智研究传统文化，无异于酌蠡水于大海。尽管本书的编写几近十年之功，对于每一个专题，我也都花费了相当的时间去研读原始文献及相关学术资料，有的甚至做到了竭泽而渔，文稿的写作也算得上殚精竭虑，穷思苦索，但必须坦率地承认，于中华优秀传统文化的所有话题，我都还只是一知半解，如果说在其中有些许成熟的思考、精到的见解，完全是因为借鉴了学界的研究成果，即便偶有灵光乍现、只鳞片羽的个人浅见，也多半是因为前辈学人的启发。因此，如果有值得称许之处，都得感谢业界先进，若有疏漏或讹误，自当由本人承担。

张同利

2022年10月写于洹南斗室

2023年8月校定